Dedicamos este libro a los maestros y a los administradores que están implementando en sus escuelas prácticas educativas de alta calidad para el desarrollo de la literacidad en dos idiomas. Esta dedicatoria también va para nuestra hija Mary, que utiliza dos idiomas para ayudar a sus estudiantes de secundaria, recién llegados a este país, a aprender a leer y a escribir en una nueva lengua; a nuestro yerno Francisco, que promueve la lectoescritura de alta calidad en español en sus estudiantes bilingües; y a nuestra hija Ann, que investiga y explora con los nuevos maestros las formas más efectivas para enseñar la lectura y la escritura a todos los estudiantes.

—YSF y DEF

Contenido

Reconocimientos

En esta segunda edición, que nace de la primera, queremos agradecer de nuevo a los maestros y a los educadores de maestros que ayudaron a darle forma a la primera edición con sus valiosos comentarios y ejemplos de sus clases. Son esas historias de los maestros y la escritura de sus estudiantes las que le dan vida a la investigación y la teoría presentadas en este libro.

Esta segunda edición incluye nuevas historias y ejemplos. Deseamos agradecer especialmente a los maestros que compartieron información detallada de sus salones de clases y ejemplos de la escritura de sus estudiantes. Entre ellos están Francisco Soto, Delia Iris Ojeda, Rosa Chapa, Paula García, Elda Valdez, Nancy Cavazos, Irma Magaly Carballo, Ana Barbosa, Patricia Cardoza y Yudith González. También deseamos agradecer a los niños cuyos textos escritos y fotografías aparecen en las páginas de este libro y que nos permiten una mirada cercana a lo que los niños saben y pueden hacer. En particular, quisiéramos agradecer a Juliana Arisleidy Chapa, Nallely Peña Cavazos, Flavio César Cardoza, Leslie Pesina, Alexis González, Alexis Chapa y Citlaly Villareal.

Además, deseamos agradecer a los administradores y los especialistas de los distritos escolares y de las regiones que facilitaron nuestras visitas a las escuelas para observar las clases en las que maestros extraordinarios ofrecían una educación de alta calidad a sus estudiantes bilingües. Entre ellos están Joe González, Ofelia Gaona, Emmy De la Garza, David Villarreal, Debbie González, Noemí Green, Gregorio Arrellano, todo el Distrito Escolar Independiente de Donna y Perla Roerig de la Region One (Oficinas de Servicios Educacionales del sur de Texas). También necesitamos dar las gracias a los maestros de la escuela primaria Runn, la escuela primaria Garza, y la escuela secundaria W. A. Todd, que amablemente nos permitieron fotografiar a sus estudiantes y sus salones de clases.

También extendemos nuestros agradecimientos a las personas que transforman realmente las páginas del manuscrito en un producto acabado. Abby Heim y Vicki Kasabian, nuestras redactoras de producción, han aplicado sus buenas habilidades profesionales para crear este libro. Además del trabajo que normalmente realizan, viajaron desde New Hampshire al sur de Texas y pasaron dos días con nosotros visitando los salones de clases, aconsejando a Julie Farias, nuestra entusiasta fotógrafa, a medida que tomaba foto tras foto de maestros y estudiantes bilingües. Como resultado de su dedicación, este libro incluye imágenes de los estudiantes y de los maestros en los salones sobre los que escribimos. Entre las fotografías tomadas están las de la portada: en una está el maestro Francisco Soto con su estudiante, Daniel Volaños, y en la otra, la maestra Mary Soto y dos de sus estudiantes, Yulissa Morales y Griselda Olivo.

Las otras dos personas a las que queremos agradecer son nuestra editora, Lois Bridges, y a nuestro traductor para esta edición, Juan Carlos Guerra. Lois Bridges es una editora especial que nos hace los comentarios pertinentes para revisar y refinar nuestra escritura. Su conocimiento de la enseñanza y de las mejores prácticas le permite darnos la retroalimentación más apropiada y en el mejor momento. Respetamos el profesionalismo de Lois y valoramos su amistad. Esperamos con agrado poder escribir más libros con el gran equipo de Heinemann.

El traductor de esta edición, Juan Carlos Guerra, ha sido un colega por varios años. De hecho, por sus estudios universitarios en traducción Colombia, él editó la primera versión de este libro en español en 1996, mientras realizaba estudios con nosotros. Después de terminar sus estudios en California, regresó a Colombia, su tierra natal, para convertirse en un líder en el cambio educativo en su país. Estamos muy agradecidos por su trabajo profesional y detallado en esta nueva edición. Juan Carlos nos ha ayudado a llevar este libro a los educadores que enseñan a sus estudiantes en español en los Estados Unidos y en otros países.

—Yvonne y David Freeman

 Reconocimientos del traductor

Quiero agradecer a Yvonne y a David Freeman por haberme invitado a participar de este proyecto tan interesante. Fue por ellos que encontré el lenguaje integral hace algunos años, y a través de ellos, de sus escritos, de su charla y amistad, que sigo expandiendo mis horizontes frente a la enseñanza, el aprendizaje y la literacidad. Este es el componente esencial que me une a la educación, y por esto siento tanta alegría al formar parte de un proyecto que educa a los maestros sobre la importancia de reconocer al estudiante como el punto de partida de su propia educación. A mis estudiantes, que son mi inspiración diaria, a todos los niños que conocí en California y con los que he trabajado en Colombia, que me han permitido ver todas estas teorías en acción. A mis estudiantes universitarios, que son mi compañía en la búsqueda constante de mejores posibilidades para una educación más justa para todos. Ellos, que han aceptado la invitación a pensar sus principios, son los directos beneficiados de este tipo de iniciativas investigativas. Por último, a mis compañeros de la Corporación colombiana del lenguaje integral, quienes le han apostado a una manera diferente de ver la educación y ven el espíritu crítico y colaborativo como la base de nuestro quehacer pedagógico.

Introducción

En los últimos diecisiete años, hemos trabajado con maestros en ejercicio y en formación, que desean ayudar a sus estudiantes a sobresalir en la escuela. Estos maestros saben que la clave está en la lectura y la escritura. Sin embargo, enseñar a leer y a escribir a estos estudiantes es un reto, especialmente en clases bilingües y de doble inmersión.

Yvonne enseña un curso de posgrado sobre el desarrollo de la literacidad en dos idiomas. En las respuestas a las lecturas asignadas, sus estudiantes han escrito sobre las complejidades de enseñar a leer y escribir en dos idiomas. Ellos han reflexionado sobre sus propias experiencias con el aprendizaje de la lectura en una segunda lengua; sobre los intentos de poner en práctica nuevos métodos, en escuelas cuyos administradores y algunos maestros solo se preocupan por los resultados de los exámenes estandarizados; y sobre la dificultad de poner en práctica el enfoque y las estrategias que han estado estudiando en la clases de Yvonne. Las siguientes citas reflejan los retos a los que se enfrentan estos maestros.

> When I attended the elementary schools as a student who was Spanish dominant, I remember my teachers always teaching the lessons through direct instruction in English. It was difficult for me to understand some of the concepts that the teacher would explain because it was done in my second language. The teacher would do all the talking. I would just be listening and trying to comprehend as much as I could. On some occasions when we were reading aloud, the teacher would constantly be correcting all the errors I would make when reading in English. I felt really sad because I was not able to pronounce the words as I should.

Traducción

Cuando asistía a las escuelas primarias, como estudiante que manejaba predominantemente el español, recuerdo que mis maestros siempre enseñaban sus clases directamente en inglés. Era difícil para mí entender algunos de los conceptos que el maestro explicaba porque los enseñaba en mi segunda lengua. El maestro hablaba y hablaba y yo solo escuchaba e intentaba comprender lo que más podía. En algunas ocasiones, cuando leíamos en voz alta, el maestro me corregía constantemente todos los errores que cometía al leer en inglés. Me sentía realmente triste porque no podía pronunciar las palabras como debía.

Elda Valdez, maestra bilingüe de segundo grado, en un programa bilingüe
de transición temprana, dos años de experiencia

Como maestra, puedo ver día tras día las caras de desesperación de mis colegas por tener que enseñar un programa en el que no creen. Un programa hecho por manos inexpertas, por mentes que no tienen ni idea de lo que deben hacer para ayudar a un estudiante a aprender a leer y a sobresalir en la escuela. Los maestros de mi escuela están totalmente cansados de tener que administrar exámenes, ensayos tras ensayos y todo para estar siguiendo las leyes del gobierno federal. Lo más triste, es que los mismos estudiantes reflejan en sus rostros cansancio y fastidio por unos exámenes que para ellos no tienen ningún sentido.

Nancy Cavazos, maestra bilingüe de preescolar y kínder, en un programa
bilingüe de doble inmersión, siete años de experiencia

Durante los últimos meses, en los cuales he estado leyendo los artículos, así como los capítulos de los diferentes libros de texto de mi clase, al tiempo que realizaba entrevistas y prácticas de lectura con mi hija y las observaciones a mis alumnos, he podido comprobar que la lectura es un área fascinante, sobre todo para el docente que realmente esté comprometido con su labor. [. . .] Ha sido para mí muy gratificante poder aprender y conocer cuáles son las mejores opciones en el proceso enseñanza-aprendizaje de la lectura y reconocer que el niño no solo lee letras aisladas en los textos, sino que utiliza múltiples recursos para interpretar y comprender su lectura.

Irma Carballo, maestra bilingüe de kínder y primer grado, en un programa
de doble inmersión, veinte años de experiencia, diecisiete en México y tres en
los Estados Unidos

The readings for this graduate course were eye-opening. I didn't go through the traditional route to become a teacher. I went through the alternative certification program. Common sense told me there were different approaches to teaching reading, but I had no idea the differences and their impact were so great. For many years I thought reading was reading and that if you were a good reader, the meaning would automatically come to you. Boy, I was way off. I will definitely consider the approaches I use and how they impact our students . . . Yes, there are many factors to consider like socioeconomic status, book availability, but it all leads to the fact that we must allow them free time to read and let them read what they want to read. I have spent so much of my own money to build up my classroom library and make sure it has culturally relevant books. I want to make sure my students read in both languages and that they have a good selection of books to choose from.

Traducción

Las lecturas para este curso de posgrado fueron una revelación. No tomé la ruta tradicional para hacerme maestra, sino el programa alternativo de certificación docente. El sentido común me decía que había diversos enfoques para la enseñanza de la lectura, pero no tenía ninguna idea de que las diferencias y el impacto fueran tan grandes. Por muchos años, creí que leer simplemente era leer y si eras un buen lector, entenderías el significado automáticamente. ¡Vaya!, estaba realmente perdida. Consideraré definitivamente los enfoques que utilizo y cómo afectan a nuestros estudiantes. [. . .] Sí, hay muchos factores a considerar como la condición socioeconómica, la disponibilidad de libros, pero todo eso conduce a que debemos darles [a nuestros estudiantes] tiempo libre para leer y dejarlos leer lo que deseen. He gastado bastante de mi propio dinero para crear la biblioteca de mi salón de clases y asegurarme de que contenga libros culturalmente relevantes. Deseo garantizar que mis estudiantes lean en ambos idiomas y que tengan una buena selección de libros para escoger.

Ana Barbosa, maestra bilingüe de tercer grado, en un programa transitorio de educación bilingüe, seis años de experiencia

"¿Cómo enseño la lectura y la escritura en español y en inglés?". Es una pregunta que a menudo se hacen los maestros bilingües principiantes y en ejercicio. Como lo demuestran las citas anteriores, muchos factores influyen en los tipos de programas de lectura y de escritura que los maestros desarrollan. Estos factores incluyen sus propias experiencias con el aprendizaje de la lectura y la escritura, la preparación que recibieron en la universidad y su experiencia docente previa. Además, los maestros deben considerar el acceso a los libros que sus estudiantes tienen en el hogar, sus experiencias con la lectoescritura y los materiales disponibles en las bibliotecas de la escuela y del salón de clases. En este tiempo de la responsabilidad académica, en el cual las escuelas y sus progresos son medidos y comparados por el estado, basándose en los resultados de los exámenes estandarizados, los maestros deben responder apropiadamente a los requisitos federales, estatales y del distrito en cuanto a estos exámenes. Porque saben que la lectoescritura es un factor crítico para el éxito académico de los estudiantes, es esencial que estos educadores tengan en cuenta estos factores para así poder tomar decisiones informadas sobre sus programas de lectoescritura. Los lectores habrán notado que usamos con frecuencia el concepto de *literacidad* en vez de *lectoescritura,* el concepto que usamos en la primera edición. Queremos aclarar que la literacidad involucra muchos factores complejos, como lo han demostrado las citas expuestas. Los maestros hacen mucho más que simplemente enseñar las letras, los sonidos y las palabras. La enseñanza de la literacidad también se ve afectada por el contexto socio-cultural.

Los comentarios de estos maestros nos ayudan a establecer el contexto para entender la complejidad de enseñar a leer y a escribir en dos idiomas. Los maestros en clases bilingües y de doble inmersión se enfrentan con una tarea aún más compleja que otros maestros. No solo están tratando de responder a las normativas sobre la lectura y a la presión de elevar los resultados en los exámenes estandarizados, sino también a la oposición del público e incluso de otros educadores porque enseñan en dos idiomas. Hay muchos malentendidos sobre la educación bilingüe y los maestros bilingües siempre quedan entre la espada y la pared.

Metas de la segunda edición

En este tiempo de la responsabilidad académica, en el cual se espera que cada estudiante alcance logros al nivel de grado apropiados en lectoescritura, enseñar a leer y a escribir en dos idiomas es especialmente difícil. Sin embargo, cuando los maestros adoptan prácticas efectivas, sus estudiantes llegan a ser buenos lectores y escritores. Uno de los propósitos de este libro es proporcionar la información que los maestros bilingües y de doble inmersión necesitan para implementar en sus clases la enseñanza efectiva de la lectura y de la escritura. Ofrecemos a maestros, directores de programas, administradores y padres de familia ideas concretas que puedan ayudar a los estudiantes de clases bilingües y de doble inmersión a alcanzar altos niveles de la lectura y escritura en español y en inglés.

Sin embargo, no es suficiente que los maestros implementen prácticas que conduzcan a sus estudiantes a desarrollar una buena capacidad de leer y escribir en dos idiomas. Deben también desarrollar una comprensión de por qué ciertas prácticas conducen al éxito. Entonces, cuando un nuevo programa o sistema de prácticas se empieza a implementar en su escuela, ellos pueden evaluar ese programa a la luz de su propia comprensión de cómo se desarrollan mejor la lectura y la escritura en las aulas bilingües. Por esa razón, un segundo propósito de este libro es ofrecer a los maestros la teoría que apoya las prácticas que promovemos.

Además de emplear una práctica efectiva, apoyada por la teoría, quisiéramos que los maestros entendieran un poco la historia de la enseñanza de la literacidad. Esta historia proporciona el contexto para entender las prácticas actuales, mediante un repaso de los métodos pasados y cómo se han desarrollado y evolucionado. Un tercer propósito es, entonces, compartir con los maestros un resumen de los métodos que se han utilizado para enseñar la lectura y la escritura en español y en inglés. Preparados con un conocimiento de la historia, de la teoría y de las prácticas efectivas, los maestros bilingües pueden ayudar a sus estudiantes a convertirse en lectores y escritores bilingües y alcanzar altos niveles en su proceso académico.

 ## Razones para una segunda edición

Hay varias razones específicas que nos han llevado a la segunda edición de *La enseñanza de la lectura y la escritura en español en el aula bilingüe*. Desde la primera edición, publicada en 1996, los contextos para la lectoescritura y la educación bilingüe han cambiado dramáticamente, y así lo demostraremos. Debido a la oposición contra la educación bilingüe, al uso creciente de programas controlados de lectura que acentúan habilidades básicas y a un movimiento hacia la responsabilidad académica con el uso constante de pruebas, es más importante que nunca que los maestros bilingües y de doble inmersión desarrollen las habilidades necesarias para promover la literacidad en dos idiomas y el conocimiento para defender las prácticas que eligen utilizar.

Hay otras razones para publicar una segunda edición. Tenemos ahora muchas más experiencias con talentosos maestros en escuelas bilingües y de doble inmersión. Además, algunos estudiantes de posgrado, que son maestros bilingües, han hecho investigación con jóvenes lectores y escritores emergentes bilingües y con estudiantes más avanzados. Nuestras experiencias en las escuelas y los resultados de la investigación de los maestros apoyan nuestros principios sobre la enseñanza de la lectoescritura y la necesidad de compartirlos.

Por último, en esta segunda edición actualizamos las referencias profesionales y de literatura e incluimos nuevas bibliografías de libros en español y en inglés. Muchos de estos textos forman parte de los ejemplos de clases en las cuales los maestros asumen y desarrollan el estudio de unidades temáticas.

 ## Organización de este libro

En el Capítulo 1, iniciamos con la historia de un maestro bilingüe y su recorrido profesional desde la publicación de la primera edición de este libro. Utilizamos esta historia para demostrar cómo han cambiado, en años recientes, las condiciones para la enseñanza de la lectura y la escritura en las aulas bilingües. Después, presentamos la investigación y la teoría que apoyan la educación bilingüe. Explicamos un modelo que demuestra cómo los aprendices de inglés que reciben una enseñanza en dos idiomas alcanzan mejores resultados que aquellos que están en programas donde se enseña solamente en inglés. Además, repasamos brevemente la historia de la educación bilingüe en los Estados Unidos y miramos los efectos de la política actual en la educación bilingüe y la literacidad, a través de ejemplos de clase y de las lecciones de lectura en una unidad sobre el clima, que forma parte de un plan de estudios oficial obligatorio, en una clase donde la enseñanza se da solamente en inglés. En este capítulo, como en todos los otros, concluimos con algunas aplicaciones prácticas para ayudar a los lectores a implementar las ideas presentadas.

En el Capítulo 2, examinamos la primera de dos concepciones de la lectura. Comenzamos con un ejemplo de una clase y sus lecciones de lectura basadas en una unidad sobre el clima, en un salón bilingüe. El maestro enseña a leer desde una perspectiva del reconocimiento de palabras, que se explora a continuación. Usamos, por último, la descripción del Capítulo 1 y la de este para ejemplificar esta perspectiva y presentar nuestros interrogantes frente al uso de este enfoque.

En el Capítulo 3, presentamos una segunda concepción de la lectura. Describimos algunas lecciones de lectura de una unidad sobre el clima, enseñada por una maestra bilingüe que se basa en un enfoque sociopsicolingüístico de la lectura. Presentamos evidencia que apoya esta concepción y analizamos las lecciones para demostrar cómo los métodos y las estrategias que esta maestra utiliza reflejan esta concepción. Concluimos este capítulo con una lista de evaluación para la enseñanza efectiva de la lectura, coherente con la perspectiva sociopsicolingüística, y ofrecemos las descripciones de dos unidades adicionales que demuestran el uso particular de esta lista.

En el Capítulo 4, presentamos una mirada general a la historia de los métodos que se han utilizado para enseñar la lectura en español y en inglés. Este capítulo proporciona las bases para la descripción de cada método. En el Capítulo 5, describimos los métodos tradicionales que se han utilizado para enseñar la lectura en español. Incluimos, además, ejemplos de clases para ilustrar cada uno de los métodos. También consideramos algunos métodos paralelos que se han desarrollado en inglés. En el Capítulo 6, concluimos nuestra discusión de la lectura presentando un enfoque basado en principios. Los maestros con principios adoptan los métodos y las estrategias coherentes con su concepción de la lectura. Explicamos los métodos y las técnicas que demuestran una concepción sociopsicolingüística.

En el Capítulo 7, nos centramos en la escritura. Primero compartimos algunos ejemplos de la escritura de salones de doble inmersión y discutimos cuáles deben ser las metas para los estudiantes. Al igual que hicimos con la lectura, presentamos dos concepciones de la escritura y las implicaciones que cada una tiene en la práctica. Hacemos un contraste del enfoque tradicional de la escritura con el enfoque de proceso. Presentamos una lista de evaluación para la enseñanza efectiva de la escritura. Comenzamos luego una descripción de cómo la escritura se desarrolla en español y en inglés y exploramos la influencia del inglés en la escritura en español y viceversa. Concluimos este capítulo con un ejemplo de un maestro que usa efectivamente esta lista.

Comenzamos el Capítulo 8 con tres ejemplos de escritura que representan diversas etapas en su proceso de desarrollo. Continuamos luego con nuestra descripción del desarrollo de la escritura y compartimos ejemplos de etapas más avanzadas de la escritura, de escritores en español y en inglés que se mueven hacia la escritura convencional. Concluimos este capítulo con una unidad de una maestra del cuarto grado que ayuda a sus estudiantes a desarrollar sus habilidades de escritura.

Aunque brindamos ejemplos de prácticas tomadas del salón de clases en todo el texto, el Capítulo 9 reúne la teoría y las metodologías discutidas en los capítulos anteriores y describe cómo los maestros con principios planean y enseñan unidades temáticas interesantes. Los ejemplos que ofrecemos en este capítulo final también incluyen algunas ideas para ayudar a los estudiantes a moverse naturalmente entre la lectura y la escritura en español y en inglés, mientras se hacen bilingües y desarrollan su potencial lector y escritor en dos idiomas.

El contexto para desarrollar la lectoescritura de los estudiantes bilingües

Ser bilingüe es como vivir en dos mundos. Uno puede hablar con personas en español y entrar en su mundo. Lo mismo pasa cuando hablas, escribes y lees en inglés. Ahora que empecé el programa de educación bilingüe, puedo ver qué tan valioso es ser bilingüe porque hay tantos niños que puedo ayudar en su primer idioma.

 ## Francisco y su experiencia con la enseñanza

Iniciamos este capítulo con una cita que Francisco escribió hace una década, durante su tiempo en el programa de educación. Los lectores de la primera edición de nuestro libro, *La enseñanza de la lectura y la escritura en español en el aula bilingüe,* pueden recordar a Francisco, un estudiante de la universidad que acababa de ingresar al programa para hacerse maestro bilingüe. Yvonne era su profesora y asesora de la universidad. Mucho ha cambiado en la educación bilingüe y en la enseñanza de la lectura y la escritura desde que Francisco escribió esta cita. Incluimos aquí una descripción detallada de lo que Francisco ha experimentado durante estos años, porque creemos que representa la realidad de muchos maestros bilingües.

Francisco llegó a los Estados Unidos desde El Salvador cuando tenía catorce años. Su madre, quien era trabajadora migratoria, tuvo que trabajar por varios años en los Estados Unidos antes de poder reunirse con él y sus otros hijos. Ella quería una mejor vida para ellos de la que podrían tener en su país natal. Cuando Francisco llegó a Fresno, California, ya tenía la edad de un estudiante de secundaria; y como la mayoría de los estudiantes que ingresan a la secundaria, Francisco no recibió ningún tipo de apoyo en su lengua materna. Recibió clases solamente en inglés y estas clases de inglés como segunda lengua (*ESL*) se enfocaban en el lenguaje conversacional y no lo prepararon para las exigencias académicas de la universidad.

Afortunadamente, Francisco era un jugador de fútbol excepcional y asistía a una universidad cristiana local gracias a una beca de fútbol. Por poco deja de asistir a la universidad ya que mantener buenas calificaciones era muy difícil. Sin embargo, gracias al apoyo que recibió de su madre y de su entrenador, persistió. Permanecía en silencio en sus clases universitarias debido a su dificultad con el inglés. Durante su último año de universidad, hizo algunas observaciones de clase en un salón bilingüe de primer grado. Francisco vio por primera vez cómo unos estudiantes de inglés como segunda lengua podían participar plenamente en actividades del aula. Francisco notó la confianza que los niños tenían ya que podían utilizar las fortalezas de su lengua materna, a medida que estudiaban otras materias. Francisco se inspiró y decidió usar su capacidad bilingüe para ayudar a otros, para que no tuvieran que luchar tanto como él.

Debido al alto nivel de conocimiento en lectura y escritura en español que Francisco tenía al llegar a los Estados Unidos, a la edad de catorce años, y con los cursos de literatura y clases de Biblia en español que tomaba en la universidad, Francisco alcanzó un alto nivel de lenguaje académico en español. Así, pudo obtener una pasantía en una escuela rural no muy lejos de Fresno, donde necesitaban maestros que pudieran enseñar contenido académico en español y en inglés. En su primer año, Francisco enseñó en el tercer grado de primaria, luego, fue trasladado por el distrito a otra escuela.

La nueva escuela de Francisco comenzó a crecer tanto que tuvieron que formar grupos adicionales. Para poder hacer esto, la directora pidió a todos los maestros que identificaran a aquellos estudiantes que estaban significativamente por debajo del nivel académico de su grado. Los maestros identificaron a veintiséis estudiantes, la mayoría niños, para formar un solo salón bilingüe de alumnos de segundo y tercer grado de primaria. Este fue el grupo que le tocó asumir a Francisco en su nueva escuela.

No fue ninguna sorpresa que Francisco encontrara su segundo año como maestro, con estos estudiantes en particular, un verdadero reto, pero también tuvo sus satisfacciones. Organizó su año escolar alrededor de temas conectados al contenido regular de tercer grado, incluyendo el sistema solar, las selvas tropicales, el océano y el medio ambiente. Decidió que, ya que sus estudiantes no podían leer ni escribir muy bien en ninguno de los dos idiomas, primero los apoyaría en el desarrollo de su lectura y escritura en español.

Durante la "lectura sobre la alfombra", conocida como *rug time* en inglés—una práctica común con niños pequeños durante la cual los estudiantes se sientan cómodamente sobre una alfombra mientras el maestro lee un libro en voz alta— Francisco leía y discutía una variedad de libros relacionados con los temas que estudiaban en la clase. Trabajaba intensamente con grupos pequeños facilitando la "lectura y la escritura guiada". Mientras le enseñaba a un grupo, los otros estudiantes trabajaban en centros. Estos incluían escritura de diarios, actividades de matemáticas donde los estudiantes trabajaban con problemas relacionados con el tema, lectura en silencio, un centro de escucha donde los estudiantes podían escuchar algunas de las historias grabadas, escritura individual de historias relacionadas con el tema y otro centro donde los estudiantes podían trabajar en parejas o grupos pequeños escribiendo poemas u obras de teatro, los cuales después se presentaban a sus compañeros de salón. Francisco siempre escuchaba a sus estudiantes y respondía a la escritura de cada uno. Cuando sus estudiantes compartían sus textos escritos con él y con el resto del grupo durante el evento "la silla del autor", conocida en inglés como *the author's chair*, era tan emocionante para sus alumnos que comenzaban a leer y a escribir más independientemente.

Tal vez uno de los retos más grandes para Francisco fue Salvador, quien cursaba el tercer grado y quien solo leía y escribía a un nivel de primer grado. Fue difícil para Francisco convencer a Salvador de que escribiera o leyera independientemente. Para evitar la vergüenza de intentar leer y escribir, Salvador se comportaba de una forma inapropiada.

Francisco incluyó a Salvador y a otros niños del tercer grado que tenían dificultad con la lectura en uno de los grupos de "escritura compartida". Junto con Francisco, los estudiantes crearon historias utilizando "la experiencia inicial de escritura compartida", llamada comúnmente en inglés por sus siglas *LEA* o *Language Experience Approach*. Este es un evento de escritura en el cual los estudiantes dictan y el maestro escribe lo que ellos dictan, así que los estudiantes pueden leer sus propias palabras. Francisco les preguntaba acerca de qué querían escribir y les ayudaba a poner sus palabras en el papel, algunas veces sonido por sonido. También les leyó muchos libros predecibles y con patrones, y poco a poco, los estudiantes comenzaron a incorporar estos patrones en sus escritos compartidos y guiados.

A Salvador en particular le gustaba una historia: *Los animales de Don Vicencio* (*The Farm Concert*) (Cowley 1987, 1983), que tenía un patrón predecible e incluía los sonidos de los animales de la granja, los cuales mantuvieron a Don Vicencio despierto durante la noche. Salvador leyó la historia varias veces. Un día, Salvador le pidió papel para llevar a su casa y escribir una historia. Francisco sabía que había logrado un gran progreso, porque dos días después Salvador trajo su historia para leérsela orgullosamente a su maestro. La historia tenía el patrón de la historia que Salvador había leído tantas veces en el salón, pero había cambiado los personajes para crear los suyos en su nueva versión. Le encantaba escribir los sonidos de los animales. Con la ayuda de Francisco, Salvador continuó desarrollando su habilidad para leer y escribir. Al terminar el año escolar, Salvador no había alcanzado todavía el nivel del grado pero había logrado grandes progresos, especialmente porque le encantaba leer y escribir.

Francisco comenzó a enseñar a los estudiantes cómo leer y escribir en su lengua materna, el español. Estos también mejoraron su inglés a medida que transcurría el año escolar. Todos los días, durante la hora de inglés, Francisco les leía poemas, y ellos cantaban y seguían las palabras señaladas por uno de sus compañeros. Ya que los cantos y poemas estaban relacionados con el tema que estaban estudiando, ellos podían entender el inglés y aumentar su vocabulario en esta lengua. A mediados del año, algunos grupos de estudiantes sacaban tiempo de la hora del recreo para escribir y luego leer y editar los textos escritos de sus compañeros. La directora notó el progreso, porque constantemente los estudiantes la buscaban para mostrarle sus escritos en inglés y en español y preguntaban si se los podían leer.

El verano siguiente Francisco se casó con una maestra de la escuela secundaria del distrito. Decidieron que querían mudarse del Valle Central a la costa de California. Estando allí, ambos encontraron trabajo como maestros bilingües, ya que los dos tenían esta certificación. Francisco fue contratado para trabajar como maestro bilingüe en tercer grado. Sin embargo, esta vez Francisco no se encontró con un distrito escolar que apoyara la educación bilingüe seriamente. Varios de los llamados maestros bilingües habían sido contratados con la condición de que alcanzaran un buen nivel de competencia en el español, en un período de cinco años. Como todavía eran principiantes en español, no podían dar sus clases en esta lengua. Sin embargo, el distrito ofrecía clases bilingües solo porque el estado así lo requería. Francisco enseñaba parte del día en español y la otra parte en inglés.

Ese mismo año, la Proposición 227, "Inglés para los niños", fue aprobaba en California. Esta propuesta convirtió la enseñanza en otro idioma diferente al inglés en un acto ilegal, al menos que los padres firmaran un documento donde autorizaban a los maestros para que usaran el español como medio de enseñanza. La administración en el distrito escolar donde trabajaba Francisco eliminó rápidamente la educación bilingüe e incluso, advirtió a los maestros que no hicieran saber a los padres de familia sobre la opción de poder solicitar el uso del español para la enseñanza de sus hijos. Para el segundo semestre, todas las clases se enseñaban en inglés. En su nueva escuela, Francisco usó el inglés y el español durante los primeros cuatro meses, pero después, toda su enseñanza tuvo que ser en inglés. Al respecto, comentó: "Me contrataron como maestro bilingüe, pero solamente enseñé en inglés".

Durante los siguientes cuatro años, la mayoría de las clases de Francisco se hicieron en inglés. Solo algunas veces podía repasar brevemente la lección en español, pero le advirtieron que no debía enseñar en español o se metería en problemas con el distrito escolar. Francisco siguió enfatizando la importancia de la lectura y la escritura. Regularmente leía libros relacionados con sus temas, a y con sus estudiantes. En su cuarto año de trabajo con este distrito, Francisco comenzó a notar que los estudiantes que habían recibido toda su enseñanza en inglés, desde kínder o primer grado, estaban significativamente más atrás en relación con los estudiantes que él había tenido en su primer año en este distrito. Antes, los estudiantes desarrollaban su conocimiento de la lectura y la escritura en español y luego agregaban el inglés. Ahora se les enseñaba a leer y escribir solamente en inglés desde el principio. A pesar de que toda su enseñanza se había dado en inglés, ellos no podían leer material de tercer grado en inglés.

Había otro factor que hacía más difícil la enseñanza para los estudiantes de inglés de Francisco: nuevas normativas sobre la lectura en inglés se adoptaron en esta escuela. Estas le dieron carácter obligatorio a la enseñanza directa de las reglas fono-ortográficas (*phonics*), y de la *conciencia fonémica.* El tiempo asignado para la enseñanza del inglés fue extendido, pero en lugar de permitir que los estudiantes lo usaran para la lectura y la escritura significativas, los maestros fueron obligados a concentrarse en el desarrollo de habilidades básicas. Como si esto fuera poco, los administradores estaban pendientes de los resultados de los exámenes, y para preparar a los estudiantes para tomarlos, se les pedía a los maestros que hicieran exámenes de práctica y desarrollaran sistemas de referencia. Los estudiantes de Francisco sobresalían en sus exámenes, pero fue más difícil mantenerlos interesados en la lectura, la escritura y la organización por temas, ya que cada vez había más y más exámenes requeridos y actividades asignadas. Francisco podía notar cómo sus estudiantes iban perdiendo interés en la escuela. A mediados del año escolar, Francisco y su esposa Mary decidieron tomar un año sabático; buscaron oportunidades para enseñar en otro país y tener otra experiencia, y tal vez, escapar de la fiebre de exámenes que parecía estar invadiendo el país.

Francisco y Mary fueron contratados por una escuela norteamericana en Guadalajara, México. De nuevo, Francisco fue contratado como maestro de tercer grado. Pero esta vez, sus estudiantes estaban en un nivel equivalente al cuarto grado de primaria en los Estados Unidos, ya que el sistema escolar mexicano ofrecía a los estudiantes dos años de primer grado, con el propósito de que ellos pudieran adquirir suficiente inglés para poder estudiar las materias de contenido en esta lengua.

Este año de enseñanza resultó ser una experiencia enriquecedora para Francisco y para Mary, así como para sus estudiantes. Estos eran muy diferentes a los estudiantes de origen mexicano con los que la pareja había trabajado en California. Los estudiantes de California eran hijos de inmigrantes quienes habían llegado a los Estados Unidos buscando una vida mejor. En cambio, los de Guadalajara eran hijos de gente rica y hombres de negocios de México y los Estados Unidos. Estos estudiantes tenían asegurada una vida cómoda, sin importar el nivel de sus logros académicos. Aunque eran respetuosos y cumplían con sus tareas, también estaban acostumbrados a una vida que no les exigía demasiado. Francisco y Mary extrañaban el sentido de misión que tenía trabajar con sus estudiantes en los Estados Unidos. Los estudiantes en la escuela de Guadalajara tendrían éxito sin la ayuda de sus maestros.

Al año siguiente, la pareja regresó a su distrito escolar en California. Francisco fue reasignado, otra vez al tercer grado, en una escuela nueva donde él no conocía ni a la administración ni a los maestros. Sin embargo, las cosas habían cambiado drásticamente en el transcurso del año en el que estuvo fuera. Se estaba implementando en ese momento un nuevo programa de lectura. Los facilitadores del entrenamiento obligatorio hacían énfasis en la necesidad de que los maestros siguieran exactamente la guía del programa durante un período de más de dos horas al día. Se les notificó a los maestros que serían evaluados sobre la base de los resultados de sus estudiantes. Los entrenadores enfatizaban que si el maestro trabajaba la guía al pie de la letra, todos los estudiantes sobresaldrían académicamente, incluyendo los que estaban aprendiendo el idioma inglés. No se les ofreció ningún tipo de apoyo especial a aquellos estudiantes que estaban aprendiendo inglés, aunque los entrenadores del programa prometieron que algunos materiales ya estaban en camino.

Para Francisco, estos entrenamientos fueron muy frustrantes, ya que los facilitadores promovían demasiado lo que ellos llamaban "estudios científicos", pero él sabía que no tenían ningún tipo de relevancia para aquellos estudiantes que estaban aprendiendo inglés. Al empezar el año escolar, se pudo dar cuenta de que no podía enseñar de acuerdo con los temas, organizar actividades en los centros o involucrar a sus estudiantes en actividades de interés como lo había hecho en el pasado.

Para empeorar las cosas, la mala economía en California llevó a que la población de las clases creciera hasta tal punto que Francisco se encontraba al frente de treinta y cinco estudiantes en su aula. En esta clase había cinco estudiantes que recientemente habían llegado a los Estados Unidos y no hablaban ni una palabra de inglés. Casi todos sus estudiantes tenían dificultad con la lectura y no podían leer independientemente. Se le dedicaba muy poco tiempo a la escritura, ya que se la pasaban llenando hojas de trabajo. Se utilizaba una sola historia como base de las lecciones para más de una semana de trabajo, y solamente para enseñar destrezas de lectura. Encima de todo, Francisco y sus estudiantes se daban cuenta de que las historias no tenían sentido. Él comentó: "Yo odiaba lo que hacía. No estaba enseñando. Cualquier persona podría seguir el manual. No estaba ayudando a los niños en ningún sentido".

Recientemente, Francisco, su esposa y su bebé se mudaron a Texas, un estado reconocido por su política de enseñar para pasar los exámenes estatales. Fueron contratados por distritos escolares donde creen en la educación bilingüe y están comprometidos con los estudiantes que están aprendiendo inglés. Más del 50 por ciento de los estudiantes en este distrito están clasificados como estudiantes con competencia limitada en inglés (*LEP*). El superintendente escolar le pidió a la directora del programa bilingüe que implementara un programa de doble inmersión en todas las primarias del distrito. El programa bilingüe de doble inmersión es un modelo de educación que ha llevado a los estudiantes bilingües a sobresalir académicamente (Collier y Thomas 2004; Lindholm-Leary 2001). El cambio de estado fue un paso drástico para la pareja, pero ellos esperan que, a pesar del énfasis en los exámenes en Texas, puedan tener la oportunidad de ayudar a los estudiantes bilingües en sus salones.

La historia de Francisco puede parecer muy familiar a los maestros bilingües en California y en otros estados que han reducido el número de programas bilingües para los estudiantes de inglés. A pesar de lo consistentes que son la teoría y las investigaciones que apoyan la enseñanza en su lengua materna para los estudiantes que están aprendiendo inglés, siempre ha existido oposición a la educación bilingüe. En las siguientes secciones, examinamos primero los estudios y la teoría que apoyan la educación bilingüe, y luego hacemos un breve repaso de la oposición histórica a los programas que incluyen la enseñanza en la lengua materna.

La investigación que apoya la educación bilingüe

Los estudios investigativos que apoyan la educación bilingüe, generalmente, comparan los resultados de los logros académicos en inglés, medidos por los resultados de exámenes estandarizados de estudiantes con características similares en diferentes tipos de programas. Se asume que si los estudiantes entran a la escuela con antecedentes similares, entonces las diferencias en los resultados de los exámenes pueden ser atribuidas al modelo de enseñanza al que fueron expuestos. Puesto que se necesitan de cuatro a nueve años para desarrollar la competencia académica en un segundo idioma (Collier 1989; Cummins 1994; Skutnabb-Kangas 1979), los resultados de los exámenes de los estudiantes con inglés limitado deben ser medidos a través del tiempo. Por esta razón, los estudios deben ser longitudinales.

Un importante estudio longitudinal fue realizado por Ramírez (1991), quien comparó grupos de estudiantes en tres tipos de programas diferentes: inmersión de inglés estructurado, bilingüe de transición de salida temprana (*early exit*) y bilingüe de transición de salida tardía (*late exit*). Los programas de inmersión de inglés estructurado ofrecían apoyo de inglés como segunda lengua para los estudiantes con inglés limitado, pero generalmente no brindaban ningún apoyo en su lengua materna. Los programas de transición de salida temprana incluían la enseñanza en la lengua materna hasta el segundo grado de primaria. Luego, esta se hacía totalmente en inglés. Los estudiantes en los programas de transición de salida tardía continuaban recibiendo enseñanza en su lengua materna hasta por lo menos el cuarto grado. Ramírez concluyó que los estudiantes en el programa de salida tardía obtuvieron mayores logros académicos, por encima de los que estaban en los otros dos programas. Además, encontró muy poca diferencia entre los estudiantes que estaban en el programa de inmersión de inglés estructurado y los del programa de transición de salida temprana.

Entre sus conclusiones, Ramírez anotó que enseñar a los estudiantes en su lengua materna no interfiere con la adquisición del inglés. Los estudiantes de habla hispana, en los programas de transición de salida tardía, alcanzaron académicamente a los de habla inglesa en los exámenes estandarizados, en un período de seis años. Por otro lado, los estudiantes de habla hispana, en el programa de inmersión de inglés estructurado, no pudieron lograr los mismos resultados. Los estudios a corto plazo no reflejan ni revelan los efectos positivos de la enseñanza en la lengua materna.

Una serie de estudios conducidos por Collier y Thomas brindan apoyo adicional a los programas bilingües (Collier y Thomas 2004; Collier 1995; Thomas y Collier 1997, 2002). En estos estudios longitudinales de miles de estudiantes, Collier y

Thomas compararon el nivel de logro académico de los estudiantes que estaban aprendiendo inglés en diferentes tipos de programas, incluyendo el programa tradicional de inglés como segunda lengua (*ESL*), el programa para la adquisición del inglés por medio de contenidos, los programas de educación bilingüe de transición de salida temprana y salida tardía, y el programa bilingüe de doble inmersión. Al igual que Ramírez, ellos han encontrado consistentemente que aquellos estudiantes de inglés, en programas que enseñan el contenido académico en su lengua materna hasta por lo menos el sexto grado, alcanzan mayores logros académicos que los estudiantes en otro tipo de programas. Además, los estudiantes cuya lengua materna es el inglés y los que están aprendiendo inglés, que asisten a un programa bilingüe de doble inmersión, obtienen mejores resultados, por encima de la media nacional, en exámenes de lectura en inglés.

Otro apoyo adicional desde la investigación para la educación bilingüe proviene del meta-análisis conducido por Willig (1985) y Greene (1998). En un meta-análisis, el investigador da un resumen de los resultados de un número de estudios para poder sacar conclusiones generales sobre estos. Por ejemplo, Greene examinó setenta y cinco estudios de programas bilingües. Solo escogió once de los estudios que llenaban los requisitos mínimos de calidad para su diseño de investigación. Combinó los resultados estadísticos de esos estudios, los cuales incluían resultados de 2.719 estudiantes. De estos estudiantes, 1.562 estaban inscritos en programas bilingües en trece estados diferentes.

Basado en los resultados, Greene concluyó que los estudiantes que están aprendiendo inglés, que reciben alguna parte de su enseñanza en su lengua materna, tienen más éxito en los exámenes estandarizados en inglés que aquellos estudiantes que solo reciben enseñanza en inglés. Así, este meta-análisis llevó a los investigadores a la misma conclusión de aquellos estudios longitudinales de gran escala conducidos por Ramírez, Collier y Thomas: la enseñanza en la lengua materna genera mejores logros académicos para los estudiantes que están aprendiendo inglés. El análisis de las investigaciones sobre educación bilingüe demuestra consistentemente que esta es el mejor modelo para educar a aquellos estudiantes que están aprendiendo inglés. Un meta-análisis reciente (Rolstad, Mahoney, et al. 2005) incorporó varios estudios no incluidos en los reportes de Willig o Greene, además de otros reportes de investigación más recientes. De nuevo, los resultados favorecen a la educación bilingüe. Los autores dicen (traducido del inglés):

> En el estudio actual, presentamos un meta-análisis de algunos estudios que comparan los efectos de los programas de enseñanza para estudiantes de inglés, en un intento por clarificar "el panorama" en este debate. Nuestro método se diferencia de otros análisis de la literatura realizados anteriormente, porque incluimos muchos otros estudios no tenidos en cuenta y no

excluimos estudios a priori basados en la calidad del diseño. Aunque nuestro corpus y enfoque metodológico se distinguen de aquellos realizados antes por otros investigadores, nuestras conclusiones son consistentes con la mayoría de los estudios realizados hasta la fecha. Encontramos una ventaja con los métodos que ofrecen enseñanza en la lengua materna de los estudiantes y concluimos que las políticas estatales y federales que restringen o no promueven el uso de la lengua materna, en programas para estudiantes que están aprendiendo inglés, no pueden ser justificadas si se considera realmente la evidencia. (574)

Los investigadores encontraron que la educación bilingüe era más benéfica para los estudiantes que estaban aprendiendo inglés que cualquier otro método de enseñanza enfocado solamente en inglés. También encontraron que los estudiantes en programas bilingües de enriquecimiento, como el de doble inmersión, se desempeñaron mucho mejor que aquellos en programas de transición. En general, entre más tiempo estuvieran expuestos a la enseñanza en su lengua materna, mejores eran los resultados en medidas académicas del inglés.

Los estudios mencionados involucraron grandes cantidades de estudiantes, por largos períodos de tiempo. Los investigadores concluyeron que el uso de la lengua materna para la enseñanza resultó en el mejoramiento del progreso académico de los estudiantes que están aprendiendo inglés. Sin embargo, muchos factores influyen en los resultados de los exámenes. Algunos estudiantes pueden estar en programas llamados "bilingües", pero como en el caso de Francisco, en su escuela en California, puede ser que los maestros no sean bilingües o que tengan un conocimiento limitado del español académico. También, los métodos de enseñanza afectan el aprendizaje de los estudiantes. El maestro puede tener la experiencia y tener un alto nivel de competencia en el segundo idioma, pero como en el caso de Francisco, se le pide enseñar la lectura usando métodos nada efectivos. Por último, especialmente en los grados avanzados, los maestros pueden tener dificultad para encontrar materiales adecuados y poder enseñar el segundo idioma. La mejor práctica educativa para los estudiantes que están aprendiendo inglés debe incluir buenos maestros, buenos métodos y buenos materiales, así como una amplia enseñanza en la lengua materna.

La teoría que apoya la educación bilingüe

¿Cuál teoría puede explicar los resultados positivos consistentes con las investigaciones en la educación bilingüe? El concepto clave es el principio de la interdependencia de Cummins (2000):

Hasta el punto que la enseñanza en L_x es efectiva en promover la competencia en L_x, la transferencia de esta competencia a L_y ocurrirá siempre y cuando haya una exposición adecuada a L_y (ya sea en la escuela o el ambiente) y una motivación adecuada para aprender L_y. (29)

En otras palabras, cuando a los estudiantes se les enseña en la lengua materna, L_x, y desarrollan competencia en esa lengua, la competencia adquirida se transferirá a la segunda lengua, L_y, siempre y cuando los estudiantes estén lo suficientemente expuestos al segundo idioma y estén motivados para aprenderlo. Cummins cita muchos estudios para demostrar que hay una competencia común que subyace a las lenguas. Su modelo de esta competencia, llamada competencia común subyacente conocida en inglés como *CUP* (*Common Underlying Proficiency*), sostiene que lo que sabemos en un idioma es accesible en el segundo idioma, una vez que hayamos adquirido la suficiente competencia en este último.

Para ilustrar este modelo con un ejemplo sencillo, David aprendió acerca de la lingüística estudiando en inglés. Conoce sobre fonemas y sintaxis. También ha adquirido un buen nivel intermedio de español. Aunque no estudió lingüística en español, él puede hacer uso de su conocimiento de lingüística cuando habla en español. Lo que él necesita es conocimiento sobre lingüística en inglés y suficiente gramática y vocabulario en español para discutir sobre lingüística en español.

El concepto de la competencia común subyacente ayuda a explicar por qué a los estudiantes de inglés les va mejor en la escuela cuando alguna parte de su enseñanza la reciben en la lengua materna. Si los estudiantes entran a la escuela hablando otro idioma que no sea el inglés, y si toda la enseñanza ocurre en inglés, no entenderán al maestro y no avanzarán. En contraste, como Krashen (1996) anota, los estudiantes en programas bilingües pueden aprender el contenido académico y desarrollar las habilidades necesarias para solucionar problemas y pensar críticamente en su lengua materna, a medida que desarrollan la competencia en inglés.

Los programas bilingües de salida temprana se basan en esta idea. Estos programas incluyen la enseñanza en lengua materna hasta más o menos el segundo grado. Para entonces, los estudiantes pueden hablar y entender suficiente inglés para beneficiarse de la enseñanza en inglés. La lengua materna es vista como un puente hacia la enseñanza exclusivamente en inglés.

Sin embargo, el estudio citado anteriormente muestra que para que el programa sea efectivo, los estudiantes necesitan por lo menos seis años de enseñanza que incluya su lengua materna. Los programas de transición de salida tardía o programas de doble inmersión brindan este tiempo extra para el desarrollo de la lengua materna. Cuando a los estudiantes se les enseña en su lengua materna, por un período de tiempo extendido, desarrollan más completamente esa lengua.

Consideremos a los nativos de habla inglesa, a quienes se les enseña completamente en inglés. Se les enseña en inglés durante sus años escolares, porque dos o tres años no serían suficientes para que desarrollaran una competencia académica en inglés. O piense en la clase de un idioma extranjero que haya tomado durante la secundaria o la universidad. Los dos o tres años de clases en francés o en alemán, ¿dieron como resultado una alta competencia en el idioma extranjero? Muchas personas que estudian un idioma por un corto tiempo no desarrollan un alto nivel en el idioma y usualmente pierden el idioma si no lo usan regularmente. Muchos de los que estudiaron francés o alemán en la universidad, por cierto, tienen dificultad para poder mantener una conversación en ese idioma con una persona nativa de ese idioma.

Otra razón por la cual los programas de transición de salida temprana no obtienen tan buenos resultados es que, aunque los estudiantes puedan aprender lo que Cummins (1981) nombró como habilidades de comunicación básica interpersonal, conocidas en inglés como *BICS* (*Basic Interpersonal Communicative Skills*), en uno o dos años, ellos no desarrollan la competencia en el lenguaje académico cognoscitivo, conocida como *CALP* (*Cognitive Academic Language Proficiency*). Los estudios demuestran que el desarrollo del lenguaje académico toma de cuatro a nueve años. Como resultado, los estudiantes que salen del programa de transición, después de dos o tres años de recibir enseñanza en lengua materna para entrar al programa de enseñanza exclusiva en inglés, todavía no han desarrollado la competencia académica en su lengua materna necesaria para el éxito escolar en inglés. En contraste, los estudiantes a los que se les enseña en su lengua materna, por un período de tiempo de por lo menos seis años, desarrollan la competencia académica en los dos idiomas.

El modelo de adquisición de la lengua en la escuela de Thomas y Collier

Los modelos en prisma de Thomas y Collier (1997) amplían y clarifican la idea de que el desarrollo de la lengua materna promueve el desarrollo académico en la segunda lengua.

El modelo prisma presenta cuatro grandes componentes de la adquisición del lenguaje: el desarrollo del lenguaje, el desarrollo cognoscitivo, el desarrollo académico, y los procesos sociales y culturales (42) (ver figura 1–1).

En la escuela todos los estudiantes deben continuar su desarrollo del lenguaje. Para muchos estudiantes, esto implica aprender a leer y escribir, así como también incrementar su vocabulario y refinar su sintaxis. Además, los estudiantes continúan

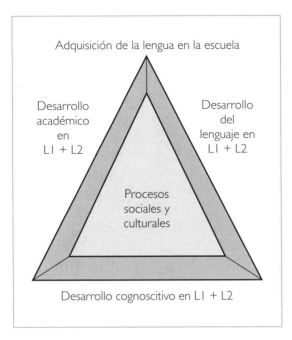

FIGURA 1–1. Modelo de prisma para la educación bilingüe de Thomas y Collier

su desarrollo cognoscitivo; aprenden a solucionar problemas de mejores maneras y aprenden a interactuar con conceptos más complejos. Al estudiar las diferentes áreas de contenido, también se desarrollan académicamente. Esta es la meta del estudio en la escuela: la base para el apropiado desarrollo lingüístico, cognoscitivo y académico en un contexto social y cultural familiar.

Como lo ilustra el modelo prisma, en los ambientes de educación bilingüe y doble inmersión apropiados, los estudiantes desarrollan dos idiomas, a medida que van incrementando sus habilidades cognoscitivas y su conocimiento académico. Al enseñar en la lengua materna, las escuelas reconocen todo el bagaje cultural y social de sus estudiantes. La enseñanza se construye con lo que los estudiantes traen a la escuela y se añade una segunda lengua. El componente sociocultural incluye variables individuales como la ansiedad y la autoestima, así como otros factores sociales de mayor magnitud como la discriminación manifiesta o disimulada. Por esa razón, aunque la escuela brinde oportunidades para el apropiado desarrollo lingüístico, cognoscitivo y académico, se deben tener en cuenta las influencias sociales y culturales en la adquisición del idioma, el desarrollo cognoscitivo y el desempeño académico.

Cuando toda la enseñanza ocurre en inglés, los estudiantes de inglés como segunda lengua se retrasan en su desarrollo lingüístico, cognoscitivo y académico; y mientras no puedan entender lo suficiente en inglés, no podrán beneficiarse de la enseñanza en esta lengua. Para entonces, ya estarán atrasados en relación con sus compañeros de habla inglesa y, estando atrasados, será muy difícil ponerse al día con ellos. Aún más, cuando su lengua materna no es utilizada, la escuela falla al no tener en cuenta los aspectos sociales y culturales que los estudiantes de inglés traen a este espacio. El único aspecto que se promueve es el desarrollo lingüístico en inglés. La figura 1–2 (Thomas y Collier 1997, 44) representa el modelo prisma en un ambiente donde solo se enseña en inglés.

Mirar más de cerca la experiencia educativa de Francisco nos ayuda a ilustrar los efectos de los programas desarrollados exclusivamente en inglés, como lo refleja este segundo modelo prisma. Cuando Francisco llegó a los Estados Unidos como alumno de primer año de secundaria, se encontró repentinamente en un ambiente sociocultural completamente ajeno. No estaba preparado para asistir a una escuela secundaria urbana tan grande, donde ni los maestros ni sus estudiantes tenían una comprensión sobre su cultura. Había estudiantes de El Salvador, pero la mayoría de los latinos provenían de México y muchos de sus maestros asumían que él era mexicano. Así, su educación en la secundaria no se construyó sobre sus antecedentes sociales y culturales.

Aunque Francisco sabía leer y escribir en español, a su nivel, cuando llegó a la escuela, no le ofrecieron ninguna clase avanzada en español. Fue solamente cuando tomó clases de literatura en español y clases de Biblia en la universidad que Fran-

FIGURA 1–2. Modelo de prisma para la educación exclusivamente en inglés de Thomas y Collier

cisco pudo continuar con el desarrollo de su lengua materna. La secundaria sí le ofrecía clases de inglés como segunda lengua, así que comenzó a desarrollar su competencia en inglés. Sin embargo, estas clases se enfocaban en el inglés conversacional, en lugar del inglés académico que era lo que él necesitaba para sobresalir en la escuela.

El desarrollo académico de Francisco se retrasó. Ya que no le ofrecían ninguna materia académica en español, no podía continuar estudiando matemáticas ni ciencias naturales mientras iba aprendiendo inglés. Entonces, fue ubicado en clases de inglés como segunda lengua y otras clases como educación física y carpintería. Aunque Francisco era lo suficientemente grande como para haber completado en gran parte su desarrollo cognoscitivo cuando comenzó a aprender inglés, sus clases por lo general no requerían que él tuviera que pensar críticamente. La mayoría del tiempo de estas clases se la pasaba llenando hojas de trabajo.

Aunque sus experiencias de la secundaria no se construyeron sobre los procesos culturales y sociales de Francisco, retrasaron su desarrollo académico y cognoscitivo, y no lograron ofrecerle un adecuado desarrollo del lenguaje académico en inglés y español, Francisco sobresalió en la universidad por su interés en la escuela y en la lectura, su perseverancia, el gran apoyo de su madre, de su entrenador de fútbol, y de su novia con quien después se casó. Muchos estudiantes de inglés quienes se ubican en el contexto escolar que se representa en el segundo modelo prisma no sobresalen académicamente.

Francisco ahora tiene un alto nivel de desarrollo del bilingüismo y de la literacidad en dos idiomas. Y porque se casó con su novia anglosajona y ha pasado tiempo con su familia, ha también llegado a ser bicultural. Él tiene la esperanza de poder animar a sus estudiantes para que puedan llegar a ser bilingües, eficientes en la lectura y la escritura en dos idiomas, y biculturales, pero sin luchar tanto como él. Ahora está en una escuela nueva donde el distrito promueve la educación bilingüe de doble inmersión. Estos programas promueven el desarrollo lingüístico, académico y cognoscitivo en dos idiomas. El propósito del programa de doble inmersión es ayudar a los estudiantes a que no solo sean bilingües, sino que también puedan llegar a ser personas biculturales y lectores y escritores eficientes en dos idiomas.

 ## La lectoescritura en dos idiomas

Francisco sobresalió en la escuela porque desarrolló un alto nivel de competencia en la lectoescritura en dos idiomas. Una de las metas de este libro es ayudar a los maestros de clases bilingües a comprender cómo promover la lectoescritura en dos idiomas. Hornberger (2003) define la lectoescritura en dos idiomas como "todos y cada uno de los momentos en los cuales la comunicación ocurre en dos (o más) idiomas, por medio o alrededor de la escritura" (xiii). Hemos observado que muchos estudiantes bilingües pueden sostener una conversación básica en dos idiomas, pero no pueden leer y escribir al nivel de grado apropiado en los dos idiomas. Ellos son bilingües pero no han desarrollado la capacidad lectora y escritora en ambas lenguas.

Hornberger analiza las complejidades de la lectoescritura en dos idiomas y encuentra que hay diferentes formas y niveles de esta, que se desarrollan en diferentes contextos sociales; aun en los mismos contextos, las diferencias individuales generan niveles variables de competencia en la lectura y la escritura en dos o más idiomas. También pueden existir diferencias en la habilidad de cada individuo para leer un idioma y su habilidad para escribirlo. Además, Hornberger tiene en cuenta otros factores como el desarrollo simultáneo o sucesivo de los dos idiomas y a relación entre los dos idiomas en cuanto a la forma oral y escrita. Su trabajo puede ayudar a los educadores a conocer los diferentes niveles de la lectoescritura en dos idiomas y los factores que influyen en su desarrollo.

La lengua de inicio en el proceso de la lectoescritura

Aunque no todos los programas tienen el propósito de desarrollar la lectoescritura en dos idiomas, creemos que los programas bilingües deben tratar de ayudar a sus estudiantes a leer, escribir y aprender con igual habilidad en ambos idiomas. La pregunta clave que los administradores y maestros deben hacerse es: ¿debemos introducir la enseñanza de la lectoescritura formal en la lengua materna, en la segunda o en ambas simultáneamente? Un primer enfoque está orientado a que los estudiantes aprendan a leer primero en su lengua materna. Un segundo enfoque pretende que los estudiantes aprendan a leer en los dos idiomas simultáneamente. En algunos programas de doble inmersión 90/10, es decir, con un 90 por ciento de la enseñanza en la lengua materna y un 10 por ciento en la segunda lengua, se presenta un tercer enfoque, en el cual los estudiantes aprenden a leer primero en la lengua materna del grupo minoritario, para luego agregar la lectura en inglés. En estos programas, todos los estudiantes, incluyendo los de habla inglesa, aprenderán a leer primero en español y luego agregarán la lectura en inglés en el segundo o tercer grado.

Los estudiantes que participan en programas en los cuales se introduce la lectura en ambos idiomas desde el principio, así como los que asisten a escuelas que enseñan a leer primero en la lengua materna, han sobresalido en el desarrollo de estos procesos en las dos lenguas. Además, en los programas de doble inmersión, los estudiantes de habla inglesa que aprenden a leer primero en español, alcanzan

La enseñanza de la lectura y la escritura en español y en inglés

buenos resultados en la lectura en ambos idiomas alrededor del quinto grado (Lindholm-Leary 2001).

Desde nuestra comprensión de la lectura, no hay ninguna marcada preferencia por la enseñanza de la lectura en una lengua o dos desde el principio. De hecho, si el lenguaje escrito se puede desarrollar de la misma manera que el lenguaje oral, entonces se puede esperar que los estudiantes aprendan a leer los dos idiomas simultáneamente, de la misma manera que los niños que crecen en hogares bilingües desarrollan la habilidad de hablar y entender dos o más idiomas al mismo tiempo. Mientras que los maestros hagan la escritura comprensible, los estudiantes podrán desarrollar la habilidad de escribir y leer en dos o más idiomas al mismo tiempo. Sin embargo, los estudiantes también pueden desarrollar la capacidad de leer y escribir en un idioma y luego agregar un segundo. Los estudiantes de habla inglesa, a los cuales se les enseña a leer y escribir primero en español, a menudo han tenido la oportunidad de que alguien les haya leído en casa. Muchos de ellos ya llegan a la escuela en etapas iniciales del desarrollo de la lectura y la escritura en inglés. Mientras aprenden a leer en español, continúan recibiendo apoyo en la lectura y la escritura en inglés que realizan en casa. Este esquema se aplica a muchos de los estudiantes de habla inglesa y ayuda a explicar su éxito.

Sin embargo, para los de habla hispana, en general, este mismo nivel de apoyo preescolar no es tan obvio; solo algunos de estos estudiantes reciben apoyo en lectoescritura en español en casa. Si a estos estudiantes se les enseña a leer y escribir inicialmente en inglés, es probable que no aprendan a leer en español. Un importante estudio señala el valor que tiene enseñarles a leer y a escribir a los estudiantes de habla hispana primero en su lengua materna.

Edelsky (1986, 1989) condujo un extenso estudio sobre la escritura infantil en español. Ella analizó la escritura de veinte y seis niños bilingües de segundo y tercer grado en una escuela semirural de población migratoria. Así describió el propósito del estudio:

> Este estudio representó un trabajo arduo en investigación cualitativa, en el cual un equipo de investigadores analizó más de 500 textos escritos de tres aulas distintas; se analizaron el intercambio de código lingüístico, conocido como *codeswitching* en inglés, la ortografía inventada, las convenciones no ortográficas (como puntuación y segmentación), los mecanismos de estilo, las características de la estructura (por ej., principios, finales, conjunciones entre cláusulas), y a calidad del contenido para poder notar cambios a través del tiempo y, así también, hacer comparaciones de corte transversal. (1989, 166)

La investigación de Edelsky ha ayudado a desmitificar algunas de las historias acerca de la lectoescritura en dos idiomas y la educación bilingüe. Quizás, el mito más importante que este estudio haya podido desmontar es aquel que dice que "comenzar el desarrollo de la lectoescritura en español y luego agregar el inglés interfiere con el desarrollo de la lectoescritura en esta segunda lengua" (1986, 73). Por el contrario, Edelsky concluye que el desarrollo de la lectoescritura en la lengua materna apoya el mismo proceso en la otra lengua. Cuando los estudiantes que Edelsky estudió escribían en inglés, usaban sus conocimientos de lectura y escritura de su lengua materna y los aplicaban. El español no interfirió con su adquisición del inglés. De hecho, los estudiantes que pueden leer y escribir en su primer idioma transfieren esas habilidades de lectura y escritura al segundo (Cummins 2000).

El estudio de Edelsky también señala que los estudiantes requieren una amplia exposición a una gran variedad de literatura y otros textos en español. Los estudiantes produjeron sus mejores textos cuando tenían razones auténticas para escribir y verdaderas audiencias con quien compartir. El estudio de Edelsky confirma muchas de las prácticas de los buenos maestros bilingües y brinda un apoyo importante, desde la investigación, a los maestros que están ayudando a sus estudiantes bilingües a leer y escribir en su lengua materna.

Al considerar la lengua de inicio en el proceso de la lectoescritura, es muy importante tener en cuenta el poder del inglés. Cuando las escuelas introducen la lectura en dos idiomas, el inglés siempre recibe más tiempo y énfasis. Los estudiantes de inglés como segunda lengua pueden concluir que su lengua, especialmente en forma escrita, no tiene mucho valor. Por otro lado, el mensaje que recibe un estudiante de habla hispana cuando recibe sus clases en su lengua, es que el español también es un idioma importante. Los estudiantes de habla inglesa nunca reciben el mensaje de que su idioma no tiene valor. En el contexto político actual, puede ser difícil para los maestros bilingües convencer a sus estudiantes de que ambos idiomas son de igual valor. Los programas de doble inmersión promueven el desarrollo de una auténtica capacidad para leer, escribir e interactuar en dos lenguas. Sin embargo, hay una gran resistencia a cualquier tipo de programa bilingüe en la mayor parte del país. Un vistazo a las políticas de la educación bilingüe proporciona información histórica importante para poder comprender esta resistencia.

Las influencias políticas sobre la educación bilingüe

Cuando los Estados Unidos estaban siendo colonizados y establecidos en los años 1600 y 1700, el bilingüismo era aceptado como algo natural. Por ejemplo, Crawford (2004) explica que en 1664 por lo menos dieciocho lenguas, sin incluir las lenguas de los indígenas, se hablaban en la isla de Manhattan, en el poblado de Nueva

York. También era común la enseñanza en alemán-inglés. En la primera mitad del siglo XVIII, el bilingüismo todavía tenía una buena aceptación, a pesar de algunos intentos de parte del presidente Thomas Jefferson y el Congreso de imponer políticas que obligaran a hablar solamente inglés en las nuevas colonias. El estado de Ohio estableció una ley que autorizaba la enseñanza en inglés, en alemán o en ambos idiomas en 1839. De igual manera, el estado de Louisiana siguió su ejemplo con una ley que autorizaba la enseñanza en inglés, en francés o en ambos idiomas en 1847. Al año siguiente, en 1848, el territorio de Nuevo México autorizó la educación bilingüe en español y en inglés. En otras partes del país, las juntas escolares locales permitían la enseñanza en sueco, danés, noruego, italiano, polaco y checo.

A finales del siglo XIX surge la oposición al uso de otro idioma que no fuera el inglés para la enseñanza en las escuelas públicas. El surgimiento de grupos en favor de lo local, como la sociedad secreta, la Sociedad Protectora de los Estados Unidos, conocida como *APA (American Protective Association)*, "marcó el principio de un descenso gradual de la educación bilingüe" (Crawford 2004, 86). La xenofobia era claramente evidente pues "los italianos, los judíos y los eslavos empezaron a superar en cantidad a los irlandeses, alemanes y escandinavos como corriente migratoria" y "la apariencia, los modales, las costumbres y el habla de estos grupos atrajeron más la atención y los comentarios públicos—usualmente negativos" (87).

Cuando los Estados Unidos entraron a la Primera Guerra Mundial en 1917, el sentimiento antialemán dio paso a nuevas restricciones lingüísticas y a leyes que prohibían el uso del alemán en escuelas, iglesias, reuniones públicas, y aun cuando se usaba el teléfono. Los maestros de alemán fueron reasignados para enseñar cultura y ciudadanía estadounidense, y los libros en alemán fueron quemados o vendidos como papel usado. Esta misma fiebre se trasladó a otros idiomas y pronto quince estados generaron leyes para que el inglés fuera el idioma básico de enseñanza (Crawford 2004). Para mediados de la década de 1930, la enseñanza bilingüe estaba "virtualmente erradicada en todos los Estados Unidos" (90).

En la historia reciente, varios actos legislativos han ayudado a constituir la política para la educación de los estudiantes de inglés como segunda lengua. La Ley de la Educación para la Defensa Nacional (*National Defense Education Act*) de 1958, la cual fortaleció la enseñanza de las matemáticas, las ciencias naturales y los idiomas extranjeros, fue la respuesta al lanzamiento del Sputnik por parte de la Unión Soviética y a la preocupación de que esta pudiera ganar la incipiente carrera espacial. La Ley de la Educación Primaria y Secundaria (*Elementary and Secondary Education Act*) de 1965 trató las necesidades de los niños pobres y también afectó la educación de muchos estudiantes bilingües. En la década de 1960, varios políticos de los estados de Arizona y Texas se unieron en la Asociación para la Educación Nacional (*National Education Association*) para abogar por los niños de habla hispana y su situación en las escuelas. Esta asociación dio paso al movimiento bilingüe. La Ley de la Educación Bilingüe (*Bilingual Education Act)* de 1968, también conocida como el *Título VII* de la Ley de la Educación Primaria y Secundaria, eventualmente financió proyectos bilingües en las escuelas y llevó a la implementación de la educación bilingüe en algunos estados, incluyendo a Massachusetts, Texas y California.

Sin embargo, los movimientos de los derechos civiles y de las oportunidades equitativas de la década de 1960 y comienzos de 1970 terminaron en olas migratorias y el crecimiento de la población hispana, que resultaron a su vez, en un sentimiento anti-inmigrante. La educación bilingüe fue acusada de causar división. Los oponentes de ésta alegaban que enseñarles a los niños en su lengua materna iba en detrimento de su aprendizaje del inglés y de su progreso escolar. En 1983, John Tanton, activista de la restricción migratoria, y el político retirado S. I. Hayakawa, fundaron "Inglés para los Estados Unidos" (*U.S. English*), una organización que busca promover leyes para el uso exclusivo del inglés en el país. Algunas celebridades como Walter Cronkite y Arnold Schwarzenegger apoyaron la iniciativa. William J. Bennett, secretario de educación de los Estados Unidos, declaró que la educación bilingüe era un fracaso total. En 1998, la Proposición 227, "Inglés para los niños", la cual exigía programas de inmersión en esta lengua para los estudiantes con baja competencia, fue adoptada por los votantes de California. Otras versiones más estrictas, la Proposición 203 y la Pregunta 2, fueron aprobadas en los estados de Arizona y Massachusetts en 2000 y 2002, respectivamente. Cuando la ley "No Dejar a Ningún Niño Atrás" (*No Child Left Behind Act)* fue aprobada en 2002, la Ley de la Educación Bilingüe llegó a su fin. Las necesidades de los estudiantes de inglés se pusieron bajo el Título III. OBEMLA, la Oficina de Educación Bilingüe y Asuntos de Lenguas Minoritarias (*Office of Bilingual Education and Minority Languages Affairs*) en Washington, DC, desapareció y una nueva oficina, la Oficina de la Adquisición del Inglés (*Office of English Language Acquisition*, OELA) fue establecida para reflejar la posición del gobierno frente a la educación de los estudiantes de inglés.

Este breve repaso de los cambios de la política en los Estados Unidos revela que la oposición a la educación bilingüe se deriva, en gran parte, de una actitud de aislamiento y de temor a los inmigrantes. Aunque las decisiones sobre la enseñanza en la lengua materna de los estudiantes se deben basar en las investigaciones pedagógicas, la mayor parte de estas tienen muy poco que ver con las realidades de la escuela. Ron Unz, el autor y promotor de las proposiciones que exigen el uso exclusivo del inglés en las escuelas, por ejemplo, ha rehusado visitar clases bilingües.

Él no tiene ninguna experiencia en la enseñanza ni en el aprendizaje; y aun así, ha encontrado la manera de establecer leyes que afectan a miles de estudiantes de inglés.

Un ejemplo detallado de una clase de lectura bajo el parámetro oficial de la enseñanza exclusivamente en inglés

Las políticas relacionadas con la educación bilingüe y la enseñanza de la lectura han afectado a todos los estudiantes, especialmente los que están aprendiendo inglés como segunda lengua. Para demostrar los efectos de la enseñanza exclusivamente en inglés, ofrecemos un ejemplo de una clase en el estado de California. El maestro es bilingüe y muchos de sus estudiantes hablan español. Sin embargo, este maestro enseña el área de inglés en esta misma lengua, siguiendo cuidadosamente los lineamientos impuestos a nivel federal, estatal y escolar.

Guillermo y su experiencia con la enseñanza

Guillermo es un maestro que está en su primer año de ejercicio profesional y que enseña primer grado en una escuela grande, en Los Ángeles, California. De sus 30 estudiantes, 21 están clasificados como *LEP*. Algunos de ellos están iniciando el proceso de desarrollo del inglés, mientras que otros están en un nivel intermedio o avanzado. Los estudiantes de Guillermo provienen de un vecindario de clase media baja. Entre ellos hay una gran diversidad cultural—hispanos, afroamericanos, coreo-americanos y anglosajones. Aparte de que tienen diferentes niveles de competencia en inglés, los estudiantes de Guillermo también tienen diferentes niveles en cuanto a la lectura; hay algunos que todavía no pueden leer y otros que pueden leer material de primer grado cómodamente.

Guillermo completó sus estudios pedagógicos para ser maestro en una universidad estatal. Estas universidades recibieron instrucciones claras de la junta educativa estatal para seguir las guías especificadas y promovidas por el gobierno, en el documento "Primero va la lectura: los bloques para la enseñanza de lectura basados en la investigación" (*Put Reading First: The Research Building Blocks for Teaching Children to Read*) (Armbruster y Osborn 2001). Durante su clase de métodos de enseñanza de inglés y de la lectura en particular, su maestro explicó los cinco componentes del programa de lectura basados en la investigación: la conciencia fonémica, las reglas fono-ortográficas, la fluidez, el vocabulario y la comprensión. Guillermo usó el conocimiento que adquirió en esta clase para pasar el examen oficial sobre la enseñanza de la lectura. Durante su práctica de enseñanza como maestro en formación, en un primer grado, la maestra cooperadora le mostró cómo enseñaba la lectura. Ella seguía cuidadosamente los planes propuestos por los libros de texto adoptados por el estado, la mayor parte del tiempo. Cada una de sus lecciones incluía los cinco componentes que Guillermo había estudiado. La maestra cooperadora se aseguraba de asignarles a los estudiantes trabajo extra en las áreas de la conciencia fonémica, las reglas fono-ortográficas, la fluidez y el vocabulario, argumentando que ellos todavía no estaban preparados para enfocarse en la comprensión.

Al siguiente año, Guillermo fue contratado para empezar a enseñar. En agosto, antes de que comenzaran las clases, Guillermo y los otros maestros de su escuela recibieron, durante una semana, un entrenamiento diseñado para ayudarles a implementar correctamente el texto guía adoptado por el estado.

Los facilitadores de este entrenamiento les aseguraron que si trabajaban la guía cuidadosamente, durante las dos horas y media dedicadas a la lectura diariamente, todos sus alumnos aprenderían a leer. Guillermo se sintió tranquilo para empezar a enseñar. Durante su práctica como maestro en formación había aprendido algunas destrezas para mantener una buena disciplina y un control de la clase. Tenía listos los planes de clase para enseñar a leer en su guía del maestro; todo lo que tenía que hacer era seguir el plan y mantener a todos sus alumnos activamente ocupados.

La unidad sobre el clima de Guillermo

El texto de lectura de Guillermo incluye unidades que se relacionan con los estándares para las ciencias naturales y las ciencias sociales en el primer grado. Un estándar para este grado, que se relaciona con las ciencias naturales de la tierra, es el clima. Se espera que los estudiantes aprendan a usar instrumentos como el termómetro para medir las condiciones climáticas y registrar los cambios del clima. Los estándares también piden a los estudiantes que comprendan que, aunque el tiempo cambia frecuentemente, es predecible durante una temporada. Además, los estudiantes deben saber que el sol calienta la tierra, el aire y el agua. Los estándares de ciencias naturales de la tierra incluyen nuevo vocabulario académico que los estudiantes de Guillermo, especialmente los estudiantes de inglés, necesitan aprender.

Puesto que gran parte del día escolar se dedica a la enseñanza de la lectura, hay poco tiempo para las ciencias naturales de la tierra y las ciencias sociales. Por esa razón, Guillermo y los otros maestros tratan de abarcar los estándares de ciencias naturales y sociales mientras enseñan a leer. Se espera que los maestros se concentren en la lectura como base para la exploración de las áreas de contenido. Además, la lectura es la que se evalúa directamente.

La unidad del clima en los textos de lectura incluye varios de los estándares de las ciencias naturales de la tierra. Al mismo tiempo, esta unidad cubre varios estándares del área de inglés (ELA) (Departamento de Educación de California 1999) para primer grado. El primer estándar estatal para la lectura menciona que al finalizar el primer grado,

> los estudiantes comprenden los aspectos básicos de la lectura. Seleccionan patrones de letras y saben cómo interpretarlos en lenguaje oral, usando las reglas fono-ortográficas, la separación silábica y las partes de las palabras. Ellos aplican este conocimiento para lograr fluidez en la lectura oral y silenciosa. (6)

Este estándar apunta a habilidades específicas y de conocimiento en el área de conceptos sobre la letra impresa, la conciencia fonémica, la decodificación, el reconocimiento de palabras, y el desarrollo de conceptos y de vocabulario.

También se espera que los estudiantes de inglés como segunda lengua en la clase de Guillermo cumplan con los estándares del estado en cuanto al desarrollo del idioma inglés (*English Language Development, ELD*) (*English Language Development Standards for California Public Schools Kindergarten Through Grade Twelve* 1999), los cuales especifican las destrezas y el conocimiento que los estudiantes deben alcanzar en diferentes niveles de competencia. Cada unidad de los textos adoptados por el estado que la escuela de Guillermo escogió, incluye una sección diseñada para los estudiantes de inglés. En su gran mayoría, estas secciones proporcionan una práctica extra con ejercicios sobre la conciencia fonémica, las reglas fono-ortográficas, la decodificación y el vocabulario. Aunque Guillermo se siente presionado por el número de estándares que sus estudiantes deben alcanzar, tiene la esperanza de que el texto incluya historias y actividades que le ayudarán a ofrecer a sus estudiantes la enseñanza que ellos necesitan.

Las lecciones de lectura de Guillermo

Vamos a ver más de cerca una lección de la unidad del clima que Guillermo enseña a mediados de septiembre. Mostraremos los dos tipos de estándares—de inglés (*ELA*) y de desarrollo del lenguaje en inglés (*ELD*)—y cómo están asociados a las actividades. Guillermo es bilingüe, pero su escuela no ofrece la educación bilingüe. Por lo tanto, la enseñanza de lectura en esta aula se da solamente en inglés.

El lunes, Guillermo introduce el libro gigante que le servirá como texto básico para la lección durante toda la unidad. Este es un texto corto y predecible, de unas doce páginas y con poca cantidad de texto en cada página. Los libros predecibles incluyen palabras con patrones basados en reglas fono-ortográficas o palabras que hayan aprendido previamente.

Guillermo pide a sus estudiantes que vengan y se sienten en la alfombra al frente de un caballete donde ha puesto el libro gigante. Siguiendo la guía para el maestro, Guillermo lee el título del libro, el nombre del autor y del ilustrador. Le pide individualmente a cada estudiante que señale con sus dedos el título, el autor y el ilustrador para asegurarse de que todos comprendan el concepto. Saber el título y el autor es parte de los conceptos acerca del texto impreso requeridos para los estudiantes de primer grado. Luego, apunta a la ilustración en la portada del libro, que muestra un niño caminando con su perro en el parque, y les pregunta: "¿Qué ven aquí?"

"Un niño", dice Ricardo.

"Él está afuera y está paseando a su perro", añade Ana.

"Muy bien", dice Guillermo. "Esta es una historia acerca de todas las cosas que al niño y al perro les gusta hacer juntos. ¿Alguno de ustedes tiene un perro?"

"Yo sí", responden en coro varios estudiantes.

Guillermo continúa preguntando a algunos estudiantes acerca de sus mascotas y lo que les gusta hacer con ellas. De esta manera, él puede establecer una relación entre la historia y la vida diaria de sus estudiantes y desarrollar un esquema previo de conocimiento antes de leer el cuento. Él se asegura de presentar palabras claves que puedan ser difíciles para sus estudiantes, como *bark* (ladrar) y *jog* (correr o trotar).

Enseguida, muestra el libro por páginas rápidamente y les pregunta qué creen que está pasando en cada página. Mientras hace esto, hace preguntas sugeridas en la guía de maestro para cada página. Además, presenta vocabulario adicional sobre la historia, que incluye palabras sobre el clima como: *cloudy* (nublado), *rainy* (lluvioso), *windy* (ventoso) y *sunny* (soleado).

Los estudiantes regresan a sus asientos después de haber repasado las ilustraciones rápidamente. En sus escritorios, completan dos hojas de trabajo diseñadas para reforzar el vocabulario que Guillermo acaba de presentar. La primera hoja resalta cuatro palabras sobre el clima en un cuadro. Los estudiantes trazan una línea desde cada palabra hasta la ilustración correspondiente. Por ejemplo, para *rainy* (lluvioso), los estudiantes conectan la palabra con la ilustración de un niño y su perro bajo la lluvia. La segunda hoja tiene cinco palabras como: *boy* (niño), *dog* (perro) y *park* (parque). Los estudiantes usan estas palabras para completar cinco oraciones, llenando el espacio en blanco con la palabra que corresponde. Como esta tarea requiere más conocimiento, Guillermo agrupa en parejas a sus estudiantes de inglés con los hablantes nativos de esta lengua, como lo sugiere la guía.

Cuando los estudiantes han terminado sus hojas de trabajo, Guillermo revisa las respuestas con ellos y escribe las respuestas correctas en transparencias para que todos puedan ver. Luego, les pide a sus estudiantes que corrijan cualquier error en sus hojas. Por último, les pide que entreguen su trabajo. Guillermo está satisfecho porque todos terminaron su trabajo, ya sea individualmente o con la ayuda de sus compañeros.

De nuevo, Guillermo invita a sus estudiantes a que regresen a la alfombra. Cuando están todos sentados, les lee el libro gigante. La historia habla acerca de un niño y su perro. Muestra las diferentes actividades que a ellos les gusta hacer juntos. Les gusta caminar en el parque cuando está nublado; les gusta jugar adentro cuando está lluvioso; les gusta volar una cometa de papel cuando hace viento, y les gusta ir a la playa cuando está soleado. Las páginas siguen un patrón. Por ejemplo, si la primera línea dice: "*Ted and his dog like to walk in the park*" (A Ted y a su perro les gusta caminar en el parque), la segunda línea continúa: "*They like to walk when it is cloudy*" (Les gusta caminar cuando está nublado). En la página opuesta, el texto dice: "*They like to walk, but not when it's snowy* (Les gusta caminar, pero no cuando hay nieve). En cada página con el texto "*not when it's snowy*" (no cuando hay nieve), hay un dibujo de Ted y su perro sentados adentro mirando por la ventana. La última página muestra a Ted y a su perro, vestidos con cálida ropa, resbalándose por una loma cubierta de nieve, con las palabras: "*Ted and his dog like to slide when it's snowy. They like it a lot.*" (A Ted y a su perro les gusta deslizarse cuando hay nieve. Les gusta mucho).

El patrón predecible y la correspondencia directa entre el texto y la ilustración ayuda a que todos los estudiantes puedan seguir la historia. Mientras lee, Guillermo señala las palabras con un puntero. De esta manera, ayuda a los estudiantes a desarrollar el estándar que les pide asociar la palabra escrita con su correspondiente representación oral. Guillermo lee la historia dos veces mientras los estudiantes la siguen. Después, les pide que regresen a sus asientos para trabajo individual. Primero, los estudiantes completan una hoja de comprensión. En esta hay cinco ilustraciones de la historia que los estudiantes deben colorear, recortar y organizar en el orden apropiado. Mientras tanto, Guillermo se mueve por el salón, ayudando a los estudiantes que necesiten ayuda para organizar los eventos de la historia. Organizar en secuencia es una de las destrezas de comprensión esenciales que se les pide a los alumnos de primer grado. Cuando terminan sus hojas de trabajo, Guillermo las recoge.

Finalmente, los llama de nuevo a la alfombra para leerles la historia por última vez en el día. Les pide que ellos mismos se unan y lean en coro las palabras o las líneas mientras él lee en voz alta. A Guillermo le da gusto ver que algunos de sus estudiantes puedan hacer esto. Cuando llega a la última página, les pide que predigan lo que va a pasar después. Algunos estudiantes dicen que Ted y su perro se van a enfermar de un resfriado. Otros dicen que ellos se meterán a su casa y beberán algo calentito. Guillermo elogia sus buenas predicciones. Hacer predicciones es una destreza esencial para niños de primer grado. Como última actividad, en esta hora de lectura, Guillermo escribe la palabra *weather* (clima) en el pizarrón. Después, pasa las páginas del libro para que los niños puedan escoger las palabras relacionadas con el clima. Ellos logran identificar palabras como *sunny* (soleado) y *windy* (ventoso). Esta actividad se orienta al estándar del desarrollo de conceptos y vocabulario para clasificar categorías de palabras. También es consistente con el estándar de la identificación de palabras en la escritura del ambiente.

Toda la semana siguiente, Guillermo continúa explorando la unidad del clima. Todos los días relee la misma historia y luego les pide que completen algunas actividades adicionales. Por ejemplo, una de las hojas de trabajo de comprensión muestra dos ilustraciones de la historia. Se les pide a los estudiantes que pongan una X en la segunda ilustración sobre las cosas que sean diferentes de la primera. Algunos de los estudiantes de Guillermo no están familiarizados con este tipo de actividad, así que los agrupa en parejas. Una hoja de vocabulario tiene una oración con un espacio en blanco para que la llenen con la palabra *dog* (perro). Los alumnos escriben la palabra *dog* (perro) y después miran una serie de ilustraciones en la hoja. Ellos deben encerrar con un círculo la ilustración que no tiene un perro. Luego, los estudiantes colorean los perros en las otras ilustraciones.

Aunque los estudiantes realizan algunas actividades de vocabulario y de comprensión, la mayoría de los ejercicios se enfocan en la conciencia fonémica, las reglas fono-ortográficas y la decodificación. Por ejemplo, Guillermo les pide a los estudiantes que escuchen el primer sonido en la palabra *dog* (perro) y que le digan qué sonido perciben. Este ejercicio se hace para cumplir con el estándar de ELD, en el cual los estudiantes principiantes deben reconocer fonemas en inglés que correspondan a los fonemas de su lengua materna. Guillermo sabe que la *d* es un fonema en español, aunque no está seguro de si sus estudiantes coreanos conocen este sonido. También quiere verificar que sus estudiantes intermedios de ELD distingan los sonidos inicial, medio y final en palabras de una sola sílaba. Varios de sus estudiantes pueden hacer esto con las palabras *Ted* y *dog* (perro), pero otros parecen estar confundidos, y Guillermo les ofrece práctica adicional en la identificación de los fonemas en las palabras.

Se espera que los estudiantes avanzados de ELD puedan alcanzar el estándar sobre el uso de morfemas para derivar el significado al dividir palabras en sílabas. Ellos tienen algunos problemas con las palabras sobre el clima. Algunos creen que la palabra *rainy* (lluvioso) debe ser dividida en *rai* y *ny,* mientras que otros dicen que debe ser en *rain* e *y*. ¿Se divide la palabra *windy* (ventoso) en *win* y *dy* o *wind* e *y*? Guillermo, siguiendo la guía del maestro, ayuda a que vean que cada una de estas palabras tiene una base y un sufijo. De esta manera, los estudiantes pueden comprender palabras como *rainy* (lluvioso) o *windy* (ventoso) al encontrar la base de la palabra. Aun así, algunos estudiantes tienen dificultad y pronuncian las palabras como *rai-ny* y *win-dy*. Guillermo pide a algunos estudiantes avanzados que busquen las palabras en su diccionario de ilustraciones para que confirmen la respuesta correcta. Durante toda la semana, Guillermo se dedica a pedirles a sus estudiantes que conecten los sonidos que escuchan en palabras como *dog* (perro) con las correspondientes letras del alfabeto. Su texto de lectura trae todos los fonemas en inglés, en secuencia, y en cada lección se enfatizan ciertos fonemas. Él quiere asegurarse de que todos entiendan los fonemas para la lección. Aparte del libro gigante, el cual lee todos días, una y otra vez, Guillermo les lee cuentos y libros específicos sobre el clima.

Guillermo también les ofrece a sus estudiantes libros por niveles, relacionados con el tema, que ellos puedan leer independientemente o con un compañero. Para determinar su nivel de lectura, él les hizo un diagnóstico al principio del año escolar. Guillermo se asegura de ofrecerles libros que estén de acuerdo con su nivel de lectura. Los libros están clasificados con parámetros estrictos. El primer nivel, por ejemplo, contiene cerca de veinticinco palabras, con oraciones de tres a seis palabras. Las oraciones en este nivel siguen un patrón y una palabra cambia por cada oración. Los libros del primer nivel también presentan una correspondencia directa entre el texto y la ilustración, que se caracteriza por dibujos cercanos a la realidad. Para cada nivel, el número de palabras, las palabras por oración y la variedad de oraciones se incrementan, mientras el apoyo visual desde la ilustración se reduce.

Los estudiantes leen sus textos nivelados todos los días. Mientras ellos leen independientemente o en parejas, Guillermo trabaja con grupos pequeños, brindándoles apoyo adicional y recogiendo más información sobre su proceso. También revisa la fluidez de sus estudiantes. Todos los días les pide a cinco de sus estudiantes que pasen a su escritorio para que le lean en voz alta, en forma individual, un libro nivelado. Guillermo mide el tiempo de lectura, cuenta cuántos errores comete el estudiante y registra el progreso de éste en una tabla de fluidez. Muchos estudiantes se sienten orgullosos del progreso que se evidencia en estas tablas.

Guillermo y sus estudiantes están muy ocupados durante el tiempo de lectura todos los días. Leen juntos y por separado, y llenan sus hojas de trabajo. Los estudiantes se acostumbran a la rutina y a los tipos de ejercicios que el texto requiere. Aunque están mejorando su habilidad para realizar su trabajo, a veces se ponen inquietos. A Guillermo le preocupa que no estén disfrutando su lectura. A ellos les gusta cuando se presenta un libro nuevo, pero al final de la semana, se ven aburridos cuando el maestro vuelve a leer el mismo libro y les entrega otra hoja para completar. Guillermo está un poco preocupado porque los estudiantes que tienen menos fluidez en inglés parecen estar completamente perdidos cuando se les entrega una hoja de trabajo o cuando trata de involucrarlos en actividades orales. Aun así, Guillermo está convencido de que si sigue la guía de maestro cuidadosamente y ayuda a todos sus estudiantes en cada lección, ellos podrán sobresalir.

 ## Conclusión

A Guillermo y a Francisco se les pidió que enseñaran la lectura en inglés, siguiendo las guías estatales. Sin embargo, estos dos maestros son muy diferentes. Teniendo en cuenta su preparación universitaria y su experiencia previa, Francisco sabía que no estaba ofreciéndoles a sus estudiantes de inglés la mejor enseñanza. Como resultado, decidió no seguir trabajando para ese distrito. Guillermo, por el contrario, nunca había enseñado en una clase bilingüe. Además, el método que se le pidió que siguiera para enseñar a leer estaba completamente de acuerdo con lo que había aprendido en la universidad. Por lo tanto, él interpretó la reacción de sus alumnos hacia su forma de enseñar como normal. No tenía ninguna otra experiencia para hacer las cosas de manera diferente. No les ofreció a sus estudiantes la mejor enseñanza posible. Ellos aprendieron a decodificar, pero no se enfocaron en la comprensión; aprendieron a desenvolverse en inglés, pero no desarrollaron su lengua materna.

Es importante que los maestros tengan el conocimiento que les permita evaluar los métodos que se les pide implementar para la enseñanza de la lectura. En los siguientes capítulos examinamos dos perspectivas sobre la lectura. Ofrecemos ejemplos de clases bilingües y de doble inmersión para compartir cómo se materializan estas perspectivas en estas clases. Creemos que una vez que los maestros comprendan la diferencia entre estos dos métodos de enseñanza de la lectura, podrán tomar decisiones informadas acerca de las posibilidades y los métodos para brindar a sus estudiantes la mejor enseñanza posible.

 ## Aplicaciones

1. Iniciamos este capítulo con un ejemplo detallado de la experiencia de Francisco con la enseñanza. Lea de nuevo su historia. ¿Qué acontecimientos o experiencias fueron positivos para él durante estos años? ¿Cuáles fueron negativos?

Haga dos listas. ¿Cuáles influenciaron específicamente los métodos de enseñanza de lectura y/o de escritura implementados por Francisco?

2. Reflexione acerca de las experiencias sobre la enseñanza de la lectura y la escritura que usted ha tenido en los últimos ocho a diez años, o entreviste a un maestro con experiencia para descubrir cuáles han sido sus experiencias. ¿Cómo ha cambiado la enseñanza de la lectura? Si su experiencia en la enseñanza de la lectoescritura ha sido solamente en los últimos cuatro o cinco años, ¿cómo ve usted que se enseña la lectura?

3. ¿Cuáles son los resultados claves de las investigaciones de Ramírez (1991), Thomas y Collier (1997) y Greene (1998) en lo referente a la educación bilingüe? Haga una lista y prepárese para discutirla.

4. Thomas y Collier (1997) presentan dos prismas distintos. Uno demuestra lo que logran los estudiantes en programas bilingües y el otro lo que logran en programas con enseñanza exclusivamente en inglés. Utilizamos a Francisco como un ejemplo del prisma para la enseñanza solamente en inglés. Busque un ejemplo de alguien cuyas experiencias educativas correspondan a uno de los prismas. Prepárese para describir esa correspondencia.

5. Este capítulo incluye una discusión sobre la lengua de inicio en el proceso de la lectoescritura. ¿Cuál es su opinión? Explique.

6. La Proposición 227 en California, la Proposición 203 en Arizona y la Pregunta 2 en Massachusetts son mandatos legislativos en contra de la educación bilingüe. Si usted vive en uno de estos estados, enumere algunos de los efectos de la legislación que usted haya visto. Si vive en otro estado, ¿qué piensa usted sobre las posibilidades que tales medidas puedan tener para ser aceptadas en su estado? Entreviste por lo menos a cinco personas para obtener su opinión sobre la educación bilingüe.

7. Terminamos el capítulo con un ejemplo detallado de la enseñanza de Guillermo. ¿Cuál es su opinión sobre sus lecciones? ¿Cuáles son algunos puntos fuertes? ¿Qué haría usted de manera diferente?

La concepción de la lectura como el reconocimiento de palabras

¿Cómo ocurre la lectura? Es decir, ¿cuál es el proceso que se da cuando observamos símbolos impresos en un papel e intentamos comprender su significado? La perspectiva que un maestro tiene sobre tal proceso influye en los métodos y los materiales que utiliza durante la enseñanza de la lectura.

En este capítulo y en el próximo presentaremos dos concepciones sobre la lectura. Una perspectiva sobre la lectura es un conjunto de creencias sobre cómo se desarrolla el proceso lector. Aunque existen diversas formas de enseñar a leer, los métodos que utilizan los maestros reflejan una de estas dos concepciones. La primera concepción a la que nos referimos es la lectura como el reconocimiento de palabras. Esta concepción sostiene que leer es primordialmente un proceso de aprender a reconocer palabras, convirtiendo así el lenguaje escrito en lenguaje hablado, para luego combinar el significado de estas y construir el significado general del texto. La segunda concepción, la sociopsicolingüística, asegura que leer es un proceso de construcción de significados, desde el texto y en un contexto social, utilizando el conocimiento previo, las estrategias psicológicas y las claves lingüísticas.

Concluimos el primer capítulo con el ejemplo de una lección de lectura en inglés. Este capítulo se inicia con un ejemplo de una clase de lectura en el aula bilingüe de transición de primer grado de Elena. Luego explicamos la concepción del reconocimiento de palabras, para luego hacer una comparación entre la lección de Guillermo, descrita al final del capítulo anterior, y la manera como Elena enseña la lectura, con el propósito de analizar cómo ambos métodos reflejan la perspectiva de la lectura como el reconocimiento de palabras. En el siguiente capítulo seguiremos un esquema similar para ilustrar y describir la concepción sociopsicolingüística. Los maestros cuyas lecciones describimos tal vez no puedan explicitar oralmente su concepción de la lectura, pero la forma en que la enseñan revela sus ideas sobre esta.

 ## La experiencia de Elena con la enseñanza

Elena es una maestra bilingüe de primer grado que trabaja en el sur de Texas, en un pequeño pueblo rural. Por ley, en Texas, el apoyo en la lengua materna es obligatorio. De hecho, la importancia de la lengua materna de un niño se describe en los documentos estatales. Los *TEKS* (*Texas Essential Knowledge and Skills*), que son las destrezas y los conocimientos considerados necesarios para los diferentes niveles de estudio, señalan, en el prólogo de la sección sobre el área de inglés y la lectura para el primer grado, que:

> Para los estudiantes de primer grado cuya lengua no es el inglés, la lengua materna del estudiante sirve como la base para la adquisición del inglés. (TEA 1998c)

Los *TEKS* de primer grado establecen que los estudiantes deben desarrollar habilidades de escucha y de expresión oral; en lectura, reconocer el texto impreso, usar el conocimiento de las reglas fono-ortográficas para decodificar, ser capaces de identificar palabras y leer con fluidez. Además, ellos deben leer una variedad de textos, desarrollar vocabulario y leer para comprender.

Elena enseña en una escuela que tiene un programa bilingüe de transición, en el cual a los estudiantes se les puede enseñar en español hasta el tercer grado, para luego hacer la transición completa al inglés. Ella ha notado que la administración de la escuela anima a los maestros a exponer a los estudiantes más al inglés, aun en el primer grado. Como el estado de Texas administra exámenes de alto impacto y los estudiantes de tercer grado deben pasar uno de estos exámenes en lectura para poder ingresar al cuarto grado, hay una cierta presión en vincular a los estudiantes con el inglés antes de tercero, aun cuando dicho examen se puede tomar en español. La directora de la escuela prefiere que los estudiantes presenten el examen en inglés.

En el Valle de Texas, el área comprendida entre Brownsville y Laredo, a lo largo de la frontera de México con los Estados Unidos, donde trabaja Elena, la mayoría de los estudiantes son mexicanos o de origen mexicano. Muchos llegan a la escuela con poco o ningún conocimiento de inglés. A menudo los inmigrantes recién llegados han tenido una educación interrumpida o ninguna experiencia escolar previa. Muchos niños viven en *colonias*, áreas no desarrolladas que carecen de servicios públicos como mantenimiento de las calles, agua potable, y hasta servicio de energía.

Este es el segundo año de Elena como maestra. Ella recibió su certificación en un programa alternativo que le permitía asistir a la escuela en la noche y dictar sus clases con un certificado de emergencia mientras terminaba sus estudios. Su preparación para enseñar a leer se limitó a solo un curso en el área de lenguaje y a uno de lectoescritura en inglés y español. En sus cursos, aprendió sobre la importancia de planear sus clases centrándose en los estudiantes, usando unidades temáticas y literatura, pero tuvo poca asistencia sobre cómo funcionaría esto en el salón de clases pues su programa no requería una supervisión como practicante. Elena se sentía insegura para enseñar a leer, por esta razón se acercó a otros maestros e intentó hacer actividades similares en sus clases. La directora de su escuela le explicó que debería tener muy presentes los TEKS y los estándares de contenido. Ella sentía la presión de tener que enseñar basándose en estos requerimientos.

Si pudiéramos dar un vistazo al aula bilingüe de segundo grado de Elena, esto sería lo que veríamos. Alrededor del salón de Elena está puesto el alfabeto en español e inglés; también hay un muro de palabras (*word wall*) donde en cada letra del alfabeto hay palabras en español y en inglés, incluyendo los nombres de los niños del salón. Las palabras en español están escritas en rojo y las palabras en inglés, en azul. Sobre los estantes, ubicados por todas las paredes del salón, hay libros y textos de ejercicios en español y en inglés de la serie básica de lectura (*basal readers*), algunos cuentos, y muchos libros por niveles, la mayoría en español y unos cuantos en inglés, que forman parte del programa de lectura requerido por el distrito escolar. Los estudiantes leen libros adecuados para su nivel, presentan un examen en la computadora y reciben puntos que forman parte de su calificación. En los salones donde los estudiantes acumulan suficientes puntos, los maestros los premian con celebraciones con pizza.

La unidad temática sobre el clima de Elena

Al observar el salón, se puede reconocer claramente el tema que está trabajando la clase de Elena, el clima, diseñado para cumplir con el TEKS de ciencias del primer grado. Un tablero de avisos hecho por la maestra, con títulos como *"What's the Weather Like?"* y *"¿Qué tiempo hace?"* muestra fotografías de revistas con varios tipos de climas bajo los títulos de "Hace frío" *"It's cold"*; "Está nublado" *"It's cloudy"*; "Hace sol" *"It's sunny"*; y "Está lloviendo" *"It's raining"*. Otro tablero tiene los trabajos artísticos hechos por los estudiantes: el sol construido con platos de cartón. Un afiche con nubes tiene palabras sobre el clima con patrones ortográficos comunes en inglés como *snow* (nieve), *clouds* (nubes) y *spring* (primavera), y un afiche en español tiene algunas expresiones con el verbo *hacer* como *Hace frío, Hace viento, Hace calor, Hace buen tiempo* y *Hace mal tiempo*. Cada expresión está acompañada de dibujos para mostrar el tipo de clima. El calendario también lleva estas expresiones y los dibujos en cada día, ya que los estudiantes hablan del clima al iniciarse el día.

Los veinte niños del salón están divididos en cuatro grupos: tres para lectura en español y uno para inglés. En este momento, tres de los grupos están ocupados en los centros con diversas actividades. En el centro de inglés, los estudiantes están terminando las páginas de un libro, que pueden llevar a casa, y que consiste en dibujos de condiciones climatológicas. Los estudiantes encuentran frases apropiadas en una lista de oraciones que se pueden recortar y pegar bajo el dibujo que corresponda. Por ejemplo, la frase *"It's cold"* ("Hace frío") la pegan debajo del dibujo de un niño que tiene frío en la nieve o *"It's hot"* ("Hace calor") la pegan bajo el dibujo de un niño tomando el sol en la playa. Los niños que trabajan en español hacen lo mismo usando las oraciones que dicen "Hace frío" y "Hace calor". Luego los estudiantes pintan los dibujos, y hacen y colorean una portada para el libro. Otro grupo de niños están trabajando con la asistente de la maestra en una hoja de trabajo que les pide que inicien una oración con letra mayúscula y la terminen con un punto seguido. Mientras tanto, Elena está sentada con un grupo de cinco niños quienes componen su grupo intermedio de español. Primero, Elena les muestra una lista de palabras que tiene escritas en una hoja de papel, como *viento, lluvia, frío, cielo, sopla* y *fresco*. Empieza a leer las palabras y luego les hace algunas preguntas sobre estas:

ELENA: ¿Qué notan ustedes en estas palabras?
FELICIANO: Todas tienen que ver con el tiempo.
ELENA: Sí, pero no estamos hablando del significado de las palabras. Estamos viendo las letras de las palabras. ¿Tienen algo en común las letras al final de cada palabra?
MARCO: Todas terminan con la letra *o* y la letra *a*.
ELENA: Muy bien, Marco. ¿Cómo llamamos a las letras como la *o* y la *a*?
TODOS: Vocales.
ELENA: Muy bien. Ahora, ¿cuáles son las vocales en español?

TODOS: *A, e, i, o, u.*

ELENA: Muy bien. ¿Quién me puede decir el significado de las palabras? ¿Qué quiere decir *sopla*? ¿Quién puede enseñarme *sopla*?

Después de que los estudiantes han identificado las palabras, Elena toma el libro gigante *El viento* (Flores 1986) y se los lee a los niños, señalando las palabras con su mano. Luego, lee el libro de nuevo, hoja por hoja, permitiendo que los niños repitan las líneas y haciéndoles preguntas sobre el libro.

ELENA: Lean conmigo. [La maestra y los niños leen juntos]. "Cuando el viento sopla con fuerza, las nubes se mueven en el cielo con mucha rapidez".

ELENA: ¿Qué quiere decir "el viento sopla con fuerza"? ¿Es que sopla mucho o poco?

ENRIQUE: Sopla mucho, maestra, mucho.

ELENA: ¿Qué pasa cuando el viento sopla con mucha fuerza?

FRANCISCO: Hay mucho polvo como cuando estamos afuera en los *fields* (el campo).

ELENA: Sí, Francisco, tienes razón, pero ¿qué dice el libro?

MARIANNA: Dice: "Las nubes se mueven en el cielo con mucha rapidez".

ELENA: Muy bien, Marianna. Seguimos con la próxima página. Lean conmigo. [La clase sigue leyendo el libro y al final Elena les da instrucciones].

ELENA: El libro nos dice lo que la fuerza del viento hace. ¿Cuáles son algunas cosas que hace el viento?

JORGE: Empuja el barquito en el agua.

MARÍA: También empuja el papalote.

ELENA: Sí, y ¿qué palabra usan en el libro para *papalote*?

TODOS: *Cometa*.

ELENA: Quiero que ustedes trabajen en parejas y que dibujen tres cosas que hace el viento. Al terminar, deben escoger un libro a su nivel, leerlo solos y tomar el examen en la computadora. Recuerden que la clase necesita puntos para pizza y si ustedes no leen ni toman los exámenes, no vamos a hacer una fiesta de pizza.

Elena también trabaja con este grupo de niños en inglés como segunda lengua. Ella sabe que debe hacer que los niños lean en inglés y se le ha dicho que deben trabajar en los sonidos del inglés. Así que la mayor parte del tiempo de la clase de *ESL* es dedicada a repasar las letras del alfabeto, haciendo que los estudiantes repitan cada letra del alfabeto y su correspondiente sonido. Luego, repiten palabras sencillas que empiezan con letras estudiadas. Algunos estudiantes pueden decodificar palabras sencillas y leer libros con poco texto en inglés, aunque no parece que entiendan las palabras decodificadas.

Elena también hace que los estudiantes trabajen en actividades de conciencia fonémica. Ellos cambian el primer y el último sonido de las palabras que ella les dicta. Aunque nota que sus estudiantes no entienden lo que están repitiendo y se confunden cuando les pide que cambien los sonidos del principio y del final, continúa con estas actividades puesto que se le ha asegurado que los estudiantes necesitan manipular los sonidos de las palabras antes de poderlas leer.

Elena ha organizado su programa escolar en torno a temas. Tiene un buen control de la clase y todos sus estudiantes participan en la lectura, la escritura y las conversaciones sobre el clima. Los niños aprecian a su maestra y es obvio que ella también los aprecia. Se mantienen ocupados en sus tareas; mientras que un grupo lee, los otros grupos muestran una excelente autodisciplina, a pesar de ser de primer grado. Leen los libros por niveles del programa escolar y presentan los exámenes por computadora. Muchos de los estudiantes de Elena llegarán a ser lectores y escritores exitosos como resultado de las experiencias que han vivido en este salón.

 ## La concepción de la lectura como el reconocimiento de palabras

Tanto Guillermo, descrito en el primer capítulo, como Elena se apoyan en una concepción de la lectura como el reconocimiento de palabras. Para ellos la meta de la lectura es decodificar palabras. Sus lecciones están diseñadas para ayudar a sus estudiantes a reconocer marcas impresas que corresponden a palabras del lenguaje oral. La lectura es vista como un proceso de convertir el lenguaje escrito en lenguaje hablado. La idea es que una vez que el lector pueda traducir el lenguaje escrito en lenguaje hablado podrá reconocer las palabras y combinar su significado individual para comprender el significado del texto.

Esta idea es bastante lógica. Si el desarrollo del lenguaje oral empieza por la producción de palabras individuales, de la misma manera, el desarrollo del lenguaje escrito deberá iniciarse con la identificación de palabras individuales. La enseñanza debe enfocarse entonces en ayudar a los estudiantes a desarrollar las habilidades necesarias para el reconocimiento de palabras. Guillermo y Elena enseñaron explícitamente estas destrezas. Las historias leídas por sus estudiantes fueron diseñadas específicamente para que se llevaran a cabo ejercicios de seguimiento enfocados en determinadas destrezas.

Tanto el inglés como el español usan un sistema de escritura alfabético. En este sistema, los caracteres individuales representan sonidos en lugar de sílabas o palabras enteras. A pesar de que ninguna lengua tiene una correspondencia perfecta entre letra y sonido (Cañado 2005), la mayoría de las palabras de una lengua alfabética pueden ser analizadas para demostrar la conexión entre letras y sonidos. El español tiene una correspondencia más cercana entre letra y sonido que el inglés, aun así los lectores de ambos idiomas pueden aprender a decir las palabras articulando los sonidos de las letras individuales.

El proceso de enseñanza de la lectura en inglés, por lo regular, empieza con la conciencia fonémica. Luego, los estudiantes aprenden las letras del alfabeto y el sonido o los sonidos que cada letra hace. Después, aprenden las reglas para combinar sonidos y letras o grupos de letras para producir el sonido de una palabra. Pero, debido a que algunas palabras comunes en inglés como, por ejemplo, *the* (la, las, el, los), *of* (de) y *one* (uno), no siguen estrictamente estas reglas, los estudiantes aprenden a reconocer estas palabras de vista, identificando la palabra entera sin analizar sus partes.

El español sigue un patrón similar de enseñanza. Sin embargo, las palabras en español se dividen más fácilmente en sílabas que en sonidos individuales de letras; es así que los estudiantes aprenden los sonidos de las sílabas y luego los combinan para producir la palabra completa. Por ejemplo, ellos encuentran más sencillo dividir la palabra *casa* en *ca* y *sa* en vez de intentar pronunciar cada sonido. Los estudiantes que aprenden a leer en español pueden pronunciar con exactitud la mayoría de las palabras, por lo tanto no es necesario que las aprendan de vista. No obstante, hay algunas palabras como *es* que se enseñan enteras, como las palabras de vista o de reconocimiento visual en inglés.

Las letras que representan las vocales en español generalmente tienen un solo sonido. Por lo tanto, dividir las sílabas no afecta la pronunciación de las vocales. La vocal *a* siempre tendrá el mismo sonido en cualquier palabra que aparezca en español. Esto no sucede con el inglés, puesto que la letra *a* puede tener varios sonidos dependiendo de las letras que la acompañen. Por ejemplo, la *a* en *radio* no lleva el mismo sonido que la *a* en *rapid* (veloz). Sería difícil para un estudiante adivinar cuál sonido representa la letra *a,* mirando una palabra en inglés sílaba por sílaba.

 ## La investigación sobre la concepción de la lectura como el reconocimiento de palabras

La concepción de la lectura como el reconocimiento de palabras es probablemente la concepción más común y más investigada que existe. Las obras de Thonis (1976, 1983), Braslavsky (1962), y Goldenberg y Gallimore (1991) sobre la lectura en español, así como las de Adams (1990, 1994), Anderson, Hiebert, et al. (1985), y Chall (1967) sobre la lectura en inglés, son buenos ejemplos de esta base de investigación. En general, estos trabajos apoyan la enseñanza sistemática y explícita de las reglas fono-ortográficas para mejorar las habilidades de reconocimiento de palabras de los estudiantes.

Stanovich (1986, 1996, 1998) ha argumentado sobre el importante papel de la conciencia fonémica en el desarrollo de la habilidad lectora. En su artículo "*Matthew Effects in Reading*" (1986), señala que mientras los buenos lectores leen más y mejoran su lectura, los malos lectores leen menos y se atrasan más. Este autor analizó algunas investigaciones que revelan una diferencia importante entre los buenos y malos lectores: su habilidad de reconocer y manipular los sonidos individuales en las palabras, una habilidad conocida como la conciencia fonémica. Un fonema es la unidad de sonido más pequeña que hace la diferencia en el significado de una lengua particular. En inglés, por ejemplo, /p/ y /b/ son fonemas. En palabras como *pet* (mascota) y *bet* (apuesta), la única diferencia es el sonido de la *p* y la *b*. Por lo tanto, estos dos sonidos son fonemas. La conciencia fonémica es la habilidad de escuchar estas diferencias en el lenguaje oral. Las pruebas en niños pequeños muestran que aquellos con una conciencia fonémica bien desarrollada a la edad de cuatro o cinco años llegan a tener más éxito con la lectura en la escuela que aquellos que carecen de la conciencia fonémica.

Stanovich señaló que la investigación no mostraba claramente si una conciencia fonémica bien desarrollada conducía a mejores lectores o si más lectura resultaba en una conciencia fonémica más desarrollada. La habilidad de leer y la conciencia fonémica están correlacionadas, pero la investigación no muestra claramente si una depende de la otra. Por esta razón, Stanovich determinó tal relación como recíproca y argumentó que la conciencia fonémica incrementa la habilidad en la lectura y, a su vez, más lectura incrementa la conciencia fonémica. Concluyó además que los estudiantes que ingresan a la escuela con carencia de la conciencia fonémica deben recibir enseñanza directa que involucre ejercicios de reconocimiento de los sonidos en las palabras y la manipulación de estos.

Por ejemplo, se le podrá preguntar a un estudiante cuántos sonidos puede escuchar en la palabra *cat*. Luego se le podrá preguntar qué palabra resultaría si se cancelara el primer sonido o si el primer sonido cambiara de /k/ a /r/. Algunos ejercicios más avanzados invitarían a los estudiantes a combinar fonemas individuales para producir palabras. Si bien la conciencia fonémica es una destreza oral, muchos de los ejercicios que hacen los estudiantes también incluyen tareas con el lenguaje escrito.

En un intento por mejorar la habilidad lectora de los estudiantes de las escuelas de los Estados Unidos, el gobierno federal convocó al Panel Nacional de Lectura (*National Reading Panel, NRP*) para analizar las investigaciones sobre la lectura y recomendar métodos efectivos para enseñar a leer. Las conclusiones de este panel han influido fuertemente en la enseñanza de la lectura en este país puesto que hay fondos federales disponibles para las escuelas que adopten materiales y métodos consistentes con estas conclusiones.

Este panel asumió una tarea abrumadora, pues es casi imposible revisar todas las investigaciones sobre la lectura. Para hacerlo, redujeron la investigación limitando su revisión a artículos en publicaciones revisadas por pares académicos que reportaban estudios experimentales o cuasi-experimentales. Estos estudios comparan los resultados de un tratamiento específico en un grupo experimental con los resultados de un grupo control. Estos fueron los únicos estudios considerados "científicos" pues se ajustaban estrictamente al método científico. Esta decisión excluyó los estudios de corte cualitativo. Como resultado, los estudios que examinaban el contexto social de la enseñanza de la lectura no fueron incluidos.

Además, el panel analizó los estudios en solo cinco áreas: la conciencia fonémica, las reglas fono-ortográficas, la fluidez, el vocabulario y la comprensión. A estos se les considera los cinco componentes esenciales de la lectura. La elección de estos cinco elementos refleja la perspectiva de la lectura como el reconocimiento de palabras. La lectura es vista como un proceso de desarrollo de la conciencia fonémica, seguido por el aprendizaje del nombre de las letras y sus sonidos, y la aplicación de reglas fono-ortográficas para decodificar palabras. Una vez que los estudiantes logran decodificar, su progreso se determina por su fluidez en la lectura. Esta última se mide por la rapidez y exactitud con que leen un texto corto. Los estudiantes que logran decodificar y leer con fluidez se concentran en incrementar su vocabulario. Una adecuada comprensión es el resultado de una buena habilidad para decodificar, una fluidez adecuada y un extenso vocabulario.

Las conclusiones de este panel fueron ampliamente difundidas en el documento "Primero va la lectura: Los bloques para la enseñanza de lectura basados en la investigación" (*Put Reading First: The Research Building Blocks for Teaching Children to Read*) (Armbruster y Osborn 2001). Este breve libro señala cómo enseñar cada una de las cinco áreas de destrezas. Numerosas escuelas han recibido fondos federales para ejecutar partidas del programa oficial "Primero la Lectura" (*Reading First*). Dichas subvenciones financian programas que se ajustan a las recomendaciones del Panel Nacional de Lectura. En escuelas como las de Guillermo, la lectura se enseña, por lo menos, durante noventa minutos diarios, y cada lección incluye los cinco componentes de lectura basados en la investigación. La enseñanza de la lectura basada en la concepción del reconocimiento de palabras ha sido ampliamente institucionalizada debido al apoyo federal. El Instituto Nacional para la Salud Infantil y el Desarrollo Humano (*The National Institute of Child Health and Human Development, NICHD*) ha sido la agencia financiera para la mayoría de las investigaciones sobre la lectura. Esta organización apoya vigorosamente el enfoque "científico" de la investigación. No es de sorprenderse, puesto que la investigación médica que este instituto apoya utiliza grupos experimentales y grupo control. Hasta hace poco, Reid Lyon fue el jefe de la sección de Desarrollo del Niño y su

Comportamiento en el NICHD. De sus conferencias y testimonios en el Congreso, se deduce que él favorece la concepción de la lectura como el reconocimiento de palabras. Por ejemplo, conversando con un comité de la Cámara de Representantes de los EE. UU. sobre una propuesta educativa, Lyon declaró:

> Lo que nuestra investigación del NICHD nos ha enseñado es que para que un lector principiante aprenda a conectar o transferir símbolos impresos (letras y patrones de letras) a sonidos, el lector emergente debe comprender que nuestro discurso oral puede ser representado por formas impresas (reglas fono-ortográficas). Esta comprensión de que la ortografía representa sistemáticamente los fonemas de las palabras habladas (el llamado principio alfabético) es absolutamente necesaria para el desarrollo preciso y rápido de la habilidad de leer palabras. (Testimonio de G. Reid Lyon sobre la lectoescritura infantil 1997)

Los comentarios de Lyon reflejan claramente la concepción de la lectura como el reconocimiento de palabras. Él se refiere al lector principiante que tiene que transferir símbolos impresos a sonidos, y declara que para alcanzar esto, el posible lector tiene que saber las reglas fono-ortográficas y entender el principio alfabético. La meta es la lectura rápida y precisa de palabras.

 ## Algunas inquietudes sobre la concepción de la lectura como el reconocimiento de palabras

Antes de examinar una segunda concepción de la lectura, nos gustaría compartir ciertas inquietudes con respecto a las investigaciones del NRP utilizadas para apoyar la concepción de la lectura como el reconocimiento de palabras y los métodos de enseñanza de lectura que recomiendan. En primer lugar, el panel eligió analizar las investigaciones en solo cinco áreas. Asumieron así que estas cinco áreas constituían todo en la lectura y que el estudio de cada uno de estos componentes tomados por separado aclararía el complejo acto de leer. A menudo, los científicos intentan dividir los procesos complejos en sus partes componentes para poder estudiar cada parte. Sin embargo, procesos complejos como la lectura son a menudo más que una sencilla suma de sus partes. Mirar estos cinco componentes por separado no permite ver las interacciones entre estos y deja de lado los factores psicológicos y sociales que afectan a los lectores.

El Panel Nacional de Lectura (NRP) no incluyó entre sus miembros a maestros de lectura de primaria. En cambio, los miembros eran investigadores, muchos de ellos pertenecientes a campos diferentes a la lectura y la educación. También se presentaron problemas con la forma como el panel eligió las investigaciones para su revisión. Excluyeron numerosos estudios que no se ajustaban a sus parámetros de investigación científica. La lectura es una actividad social, y el contexto de enseñanza, así como la relación entre maestro y estudiantes y entre los estudiantes mismos, influyen con fuerza en el desarrollo de la lectura, pero ningún estudio cualitativo que describiera las interacciones en el aula fue tenido en cuenta. Una preocupación adicional es que el documento de resumen "Primero va la lectura", que fue distribuido ampliamente y que ha ayudado a formar la práctica en el aula, no refleja con exactitud los contenidos del estudio completo.

Se han publicado varios libros que critican el trabajo del NRP (Coles 2000; Garan 2002; Strauss 2005). Por ejemplo, Garan ha revisado cuidadosamente los estudios que fueron incluidos y los analizó otra vez para mostrar que, en varios casos, las conclusiones y recomendaciones no reflejaban la investigación. Por ejemplo, casi el mismo número de estudios demostró los beneficios de las reglas fono-ortográficas y los beneficios de la lectura en silencio sostenida. Sin embargo, las reglas fono-ortográficas fueron claramente apoyadas, mientras que la lectura en silencio sostenida no recibió apoyo alguno.

El libro de Coles *Misreading Reading* (2000) analiza las investigaciones revisadas por el NRP para apoyar ciertas afirmaciones. Por ejemplo, una de estas afirmaciones es que "la conciencia fonémica (escuchar, distinguir y manipular los sonidos en las palabras) es el mayor factor causal de desarrollo en la lectura temprana y el 'déficit esencial' en los problemas de lectura" (xx). Su análisis del estudio que apoya estas afirmaciones revela que la investigación solo señala que "'los lectores competentes' se desempeñan mejor que los 'menos competentes' en conciencia fonémica y en pruebas de estas destrezas, pero los estudios solo señalan correlaciones y no causas" (xx). Coles concluye que la conciencia fonémica es un marcador o indicador de habilidad en la lectura, pero no es lo que causa tal habilidad. Es como decir que la temperatura de 101 grados Fahrenheit es un marcador de fiebre, pero esta alta temperatura no es la causa de la fiebre.

En un estudio típico, los niños presentan un examen de conciencia fonémica al final de preescolar. Durante el primer grado, los niños que mostraron "menos habilidades" recibirán entrenamiento en conciencia fonémica. Al terminar este grado, serán evaluados de nuevo para compararlos con otros niños con "menos habilidades" que no recibieron el mismo entrenamiento. Estos estudios demuestran que los estudiantes que recibieron el entrenamiento de conciencia fonémica identificaron mejor las palabras o palabras sin sentido que aquellos niños que no recibieron dicho entrenamiento. Sin embargo, lo que le preocupa a Cole es que no existe entre los diversos estudios una descripción de lo que ocurrió durante el primer año y no hubo un intento para determinar la razón por la cual algunos niños ya se desempeñaban tan bien en los exámenes de conciencia fonémica al final de preescolar mientras que otros no.

"La dificultad para comprender que las palabras están compuestas por sonidos y el aprendizaje del 'principio alfabético' (asociación de sonidos con letras del alfabeto) son la causa primordial de la deficiencia en la lectura" (16) es otra de las afirmaciones del NRP que Cole analiza. Esta afirmación hace alusión al testimonio de Lyon frente al Congreso. Sin embargo, una exploración cuidadosa de la investigación utilizada para apoyar dicha afirmación conduce a Cole a concluir que "la enseñanza inicial de la lectura que se centró en el principio alfabético y las reglas fono-ortográficas no produjo beneficios significativos en la lectura de palabras" (16).

El estudio que se citó con más frecuencia para apoyar la afirmación del NRP fue realizado por Barbara Foorman y sus asociados (Foorman, Fletcher, et al. 1998) y patrocinado por el NICHD. Cole explora más en profundidad para señalar algunos problemas con estos estudios. Por ejemplo, dicho estudio sí apoya la afirmación de Lyon, si todos los resultados fueran tomados como un todo, pero un análisis de los puntajes de un examen posterior por escuela, muestra que una de ellas, la que recibió entrenamiento en reglas fono-ortográficas obtuvo resultados inusualmente altos, mientras que la otra que no recibió explícitamente este entrenamiento obtuvo puntajes bajos. Sin embargo, al sacar estas dos escuelas del grupo de datos, se puede ver una leve ventaja en las escuelas que no recibieron este entrenamiento. Esta es solo una de las críticas que Cole tiene sobre el estudio de Foorman. Otros investigadores también han criticado este ampliamente difundido estudio (ver, por ejemplo, Taylor 1998).

En su libro *The Linguistics, Neurology, and Politics of Phonics: Silent "E" Speaks Out* (La lingüística, la neurología y la política de las reglas fono-ortográficas: la "e" muda habla en voz alta), Strauss (2005) considera las afirmaciones de los investigadores del NICHD desde su propia perspectiva científica. Strauss está bien calificado para hacer esto ya que tiene un doctorado en lingüística y un diplomado de la Junta de Psiquiatría y Neurología de los Estados Unidos. Él comienza cuestionando las afirmaciones de que existe un principio alfabético y señala que ningún estudio empírico ha demostrado la existencia de tal principio para el inglés. Su análisis cuidadoso de la correspondencia de los sonidos con la ortografía del inglés confirma lo que la mayoría de los maestros ya saben: la mayoría de las reglas fono-ortográficas no funcionan.

Otros estudios previos han mostrado problemas con la aplicación del principio alfabético al inglés. Por ejemplo, Berdiansky y sus colegas (Berdiansky, Cronnell, et al. 1969) analizaron unas dos mil palabras de una y dos sílabas tomadas de la serie básica de lectura para niños de seis a nueve años. Cada palabra fue transcrita fonémicamente para que cada letra estuviera asociada con un fonema. Si una letra representaba cierto sonido (por ejemplo, la letra *b* representaba el sonido /b/) por lo menos diez veces en la muestra, esta era considerada una regla fono-ortográfica (*b* = /b/). Si la correspondencia ocurría menos de diez veces, se le marcaba como una excepción. Los investigadores encontraron que para explicar las palabras de la muestra, uno necesitaría 166 reglas, y aún existirían cuarenta y una excepciones.

Strauss señala que aunque existiera un principio alfabético del tipo que afirma Lyon, nadie podría aprenderlo. Ciertamente, el estudio de Berdiansky, Cronnell et al. apoya dicha afirmación. Otro estudio que muestra el problema de tratar de enseñar o aprender las reglas fono-ortográficas fue llevado a cabo por Clymer (1963). Su exploración de diferentes textos de lectura reveló que las diferentes reglas se presentaron en un orden diferente. Esto lo llevó a cuestionar tales reglas. Así que, como Berdiansky y sus colegas, analizó un gran número de palabras. En su análisis, Clymer probó las reglas fono-ortográficas que encontró los libros de la serie básica de lectura para ver con cuánta frecuencia ocurrían. Lo que encontró fue que muchas reglas comúnmente enseñadas funcionaban menos de la mitad de las veces. Por ejemplo, la regla que afirma que cuando hay dos vocales juntas, se escucha el sonido largo de la primera vocal ("cuando dos vocales van caminando, la primera va hablando" [*when two vowels go walking, the first one does the talking*]) funciona un 45 por ciento de las veces y la regla de la *e* muda funciona un 60 por ciento de las veces.

Strauss (2005) también analiza la investigación sobre el cerebro patrocinada por el NICHD. Esta investigación pretende demostrar que los niños con dificultades en la lectura y aquellos rotulados con dislexia tienen un funcionamiento cerebral deficiente. En otras palabras, la investigación ha intentado encontrar una explicación médica para los problemas de la lectura. Esta aproximación es coherente con el énfasis de investigación científica del NICHD.

Sin embargo, como lo señala Strauss, los estudios del cerebro sobre la lectura son realmente limitados. A pesar de las afirmaciones de que las reglas fono-ortográficas son apoyadas por investigaciones sobre el cerebro, "de hecho, no existe ninguna investigación que demuestre que el cerebro lee sonido por sonido. Esto se debe a que ningún sujeto de investigación sobre el cerebro ha leído nada auténtico más que el lenguaje en una palabra o frase corta" (73). Strauss continúa mostrando las dificultades que enfrentan los científicos cuando intentan aislar un aspecto de la lectura de la actividad general del cerebro. Por ejemplo, para que la lectura ocurra tiene que existir el estímulo, la percepción y los procesos visuales en el cerebro, e intentar distinguir estos diferentes aspectos de la actividad cerebral es muy difícil. Los métodos actuales para estudiar el cerebro, según Strauss, no son lo suficientemente avanzados para hacer esta clase de afirmaciones que son comúnmente publicadas en la prensa popular. Neurólogos como Strauss reconocen las limitaciones de su tecnología.

 ## Algunas preocupaciones adicionales sobre los estudiantes de inglés como segunda lengua

Compartimos las inquietudes sobre la base de investigación y las recomendaciones para la enseñanza de la lectura que Garan, Cole y Strauss han articulado en sus libros. Hemos discutido estas preocupaciones lingüísticas en detalle en el libro *Essential Linguistics: What You Need to Know to Teach Reading, ESL, Spelling, Phonics, and Grammar* (Freeman and Freeman 2004). Deseamos destacar brevemente aquí algunos problemas adicionales sobre la concepción de la lectura como el reconocimiento de palabras, la cual incluye la enseñanza de la conciencia fonémica, las reglas fono-ortográficas y la fluidez para los estudiantes de inglés.

La conciencia fonémica

La conciencia fonémica comúnmente se define como la habilidad de reconocer y manipular los sonidos, o fonemas, que componen las palabras. Los hablantes de inglés de cuatro años de edad han desarrollado la suficiente fonología para distinguir entre palabras como *cat* (gato) y *rat* (ratón). De otro modo, no se podrían comunicar. A medida que se comunican, los niños se enfocan en el significado expresado por las palabras, no en los sonidos que las componen. En la escuela, sin embargo, les podrían preguntar cuántos sonidos hay en una palabra, o si podrían completar un ejercicio agregando, eliminando o cambiando sonidos.

Este tipo de ejercicio es difícil para cualquier niño pequeño porque es realmente abstracto y diferente a las cosas que la gente normalmente hace con el lenguaje. Al hablar, la persona se concentra en lo que dice, no en los sonidos de las palabras que pronuncia. Los ejercicios y exámenes de conciencia fonémica son particularmente difíciles para los estudiantes de inglés. Cada lengua tiene un conjunto diferente de fonemas. El inglés tiene cerca de cuarenta fonemas y el español alrededor de veintidós. Algunos sonidos que son fonemas en inglés, como el sonido de la *th*, no son fonemas en español. Los nativos hablantes del español que están aprendiendo inglés aún están desarrollando su fonología en esta lengua. Ellos se podrían confundir al intentar presentar un examen o ejercicio de conciencia fonémica en inglés por dos razones: su fonología en inglés aún está en desarrollo y tienen acceso a dos sistemas fonológicos. Así que ellos aún están aplicando sus conocimientos del español mientras intentan contestar preguntas sobre el inglés.

Aunque las palabras en inglés pueden ser divididas en fonemas individuales, los investigadores han encontrado que los estudiantes naturalmente y a menudo las dividen en inicios *(onsets)* y rimas *(rimes)* (Moustafa 1997). Los inicios son las consonantes o las mezclas de consonantes que preceden a una vocal, y las rimas (las partes que riman) van de la vocal al final de la sílaba. Una palabra como *cloud* (nube) sería dividida en los sonidos representados por *cl* y *oud*. A menudo, los muros de palabras, donde todos pueden leer palabras importantes, están basados en rimas. Por ejemplo, los estudiantes podrían agregar a la lista otras palabras que terminen con el mismo sonido que *cloud*.

Por otro lado, el español se divide más naturalmente en sílabas que en inicios y rimas. Los estudiantes pueden fácilmente dividir una palabra como *masa* en *ma* y *sa*, pero tendrían dificultad para separar una palabra como *mar* en *m* (el inicio) y *ar* (la rima). Denton y sus colegas (Denton, Hasbrouck, et al. 2000) reportaron que "algunos investigadores piensan que la sílaba puede ser una unidad más importante de conciencia fonológica en el español que en el inglés, pero aún existen resultados mixtos de los estudios que han analizado este asunto" (339).

Aunque las palabras en español se dividen más naturalmente en sílabas que en fonemas, en muchas escuelas la conciencia fonémica en español es evaluada de la misma forma que en inglés. Se les exige a los estudiantes que determinen cuántos sonidos escuchan en una palabra, que identifiquen el primer y último sonido, o que eliminen o agreguen un sonido. Es difícil para la mayoría de los hispanohablantes decidir cuál es el sonido en una palabra tan pequeña como *el*. Aparentemente ellos perciben la sílaba como una unidad, no en cada uno de sus sonidos. Como resultado, los exámenes sobre la conciencia fonémica en español que siguen el mismo formato de los exámenes en inglés ignoran importantes diferencias entre las lenguas. Los estudiantes pueden obtener bajos puntajes en estos exámenes, no porque carezcan de una conciencia de los sonidos, sino porque la fonología del español está estructurada de manera diferente a la del inglés.

Otro problema es que los exámenes de conciencia fonémica a menudo incluyen palabras sin sentido como *blem* y *flark*. Los investigadores utilizan palabras sin sentido para asegurarse de que los estudiantes no conozcan estas palabras. Por supuesto, si los fonemas son sonidos que hacen la diferencia en el significado de una palabra, las palabras sin sentido son un problema porque no tienen significado. Pero los estudiantes de inglés simplemente podrían asumir que cualquier palabra en un examen es una palabra real de su nueva lengua, una palabra que aún no han aprendido. Cuando los estudiantes de inglés se ocupan haciendo ejercicios con palabras sin sentido, están perdiendo un valioso tiempo que deberían estar utilizando en desarrollar más el inglés. Lo mismo se aplica para los nativos del inglés que forman parte de programas de doble inmersión cuando deben completar ejercicios de conciencia fonémica en español que involucran palabras sin sentido.

Las reglas fono-ortográficas

Las reglas fono-ortográficas son un conjunto de correspondencias entre los sonidos de una lengua y su ortografía. Los estudiantes de inglés pueden tener problemas para entender una regla porque su pronunciación de la palabra no concuerda con la pronunciación convencional. Si un hispanohablante tiene dificultad para diferenciar sonidos en inglés como /b/ y /v/, es seguro que tendrá problemas para aplicar las reglas que involucran dichos sonidos.

Un aspecto del inglés que causa dificultades para los hispanohablantes es la diferencia entre las vocales largas que ocurren en palabras como *seat* (asiento) y las vocales cortas en palabras como *sit* (sentarse). El sonido de esa vocal en español es más corto que el de la *i* larga y más largo que el de la *i* corta del inglés. Si tienen dificultad para reconocer la diferencia entre las palabras en inglés, también tendrán dificultad para aplicar las reglas fono-ortográficas a los sonidos de las vocales largas y cortas. Este es solo un ejemplo de las dificultades que enfrentan los estudiantes de inglés como segunda lengua en su intento por aprender las reglas fono-ortográficas de una nueva lengua. El problema se complica aún más si su maestra y sus compañeros hablan una variedad de inglés que difiere de la pronunciación convencional de este. Los estudiantes de inglés en el área rural de Georgia escuchan un inglés muy diferente al de aquellos en la zona suroriental de Maine.

La fluidez

Los lectores competentes pueden leer un pasaje conocido en voz alta con buena fluidez. Su lectura suena tranquila, enfatizan las palabras importantes y hacen pausas en puntos lógicos del texto. Strecker, Roser, et al. (1998) concluyen de su análisis de la investigación sobre la fluidez que "la pregunta sobre si la fluidez es un resultado o un promotor de la comprensión sigue sin resolver. Existen evidencias empíricas que apoyan ambas posiciones" (300). Nosotros consideramos que la fluidez es el resultado de la comprensión. Es decir, podemos leer fluido solo cuando comprendemos lo que estamos leyendo. Es cierto que los lectores competentes pueden leer con bastante fluidez, pero al igual que la conciencia fonémica, la fluidez es un indicador de habilidad, no la causa.

Flurkey (1997) ha demostrado que los lectores competentes varían su rapidez para mantenerse enfocados en el significado. Se detienen cuando se confunden, y retoman su ritmo de lectura cuando el texto toma sentido. Él señala que la velocidad al leer cambia para las palabras, las oraciones y los párrafos. Los buenos lectores no leen al mismo ritmo a través de un texto y cambian de velocidad en diferentes textos. La enseñanza de la lectura debe entonces apuntar a ayudar a los estudiantes a aprender a variar su velocidad de acuerdo con los textos que leen.

No obstante, en muchas escuelas la fluidez es medida por lo rápido que un estudiante puede leer sin cometer errores. El puntaje de la fluidez comúnmente se obtiene al registrando el tiempo que se toma el estudiante para leer un pasaje y restando los errores. Esta idea sobre la fluidez apoya la concepción de la lectura como el reconocimiento de palabras, porque la meta asociada con la enseñanza de la conciencia fonémica, las reglas fono-ortográficas y las palabras a simple vista es capacitar a los estudiantes para que decodifiquen las palabras rápidamente.

Una mejor medida para la fluidez debería incluir mucho más que solamente la velocidad y la exactitud. Zutell y Rasinski (1991), por ejemplo, desarrollaron una escala multidimensional para la fluidez que puede ser utilizada por los maestros para evaluar más precisamente la lectura oral de los estudiantes. Los maestros pueden utilizar la escala para evaluar la lectura en tres áreas: frases, suavidad y ritmo. Este enfoque sobre la fluidez es más complejo que simplemente medir la rapidez y exactitud con la que lee un estudiante, pero brinda información mucho más útil.

Puesto que la fluidez es comúnmente incluida en exámenes estandarizados, los maestros querrán que sus estudiantes practiquen la lectura rápida en voz alta todos los días. En muchos casos, los maestros registran el progreso del alumno. El problema con este planteamiento sobre la fluidez de los lectores es que ellos podrían considerar que una buena lectura tiene que ser rápida, con una pronunciación exacta de las palabras y no le prestarían atención al significado mientras leen. Las escuelas que hacen énfasis en la velocidad y la pronunciación exacta generan problemas adicionales para los estudiantes de inglés. Ellos podrían tener dificultades para pronunciar palabras en inglés, lo que resultaría en una calificación más baja en exámenes del aula o del distrito escolar; y una calificación baja conduciría a los estudiantes a considerarse malos lectores.

 ## Resumen

Una concepción de la lectura sostiene que esta es un proceso de reconocimiento de palabras. De acuerdo con esta perspectiva, la lectura implica traducir el lenguaje escrito al lenguaje oral. Para convertir las marcas impresas en un papel en palabras que se reconozcan en su discurso oral, los lectores primero deben reconocer que las palabras están compuestas por sonidos individuales o fonemas. Es decir, deben desarrollar la conciencia fonémica. Además, deben ser capaces de reconocer las letras y asociarlas con uno o más sonidos. Las reglas fono-ortográficas ayudan a los lectores a asociar patrones de letras con patrones de sonidos. El reconocimiento de palabras a simple vista aparece como la otra estrategia para aprender las palabras que no siguen las reglas fono-ortográficas.

Según los promotores de la concepción de la lectura como el reconocimiento de palabras, los estudiantes pueden leer con fluidez una vez que pueden decodificar el lenguaje escrito con rapidez y exactitud. Los lectores competentes no necesitan pensar en las reglas para convertir las letras en sonidos. Ellos pueden ejecutar esta tarea automáticamente, lo que les permite espacio mental para prestarle atención a la comprensión. Los lectores comprenden un texto a medida que combinan el significado de palabras individuales. Al leer una variedad de textos y por medio del estudio directo, el lector además incrementará su vocabulario. Los maestros a menudo enseñan palabras desconocidas antes de que los estudiantes lean un nuevo cuento o texto de contenido. Los buenos lectores leen más, y por medio de la lectura extensiva, incrementan su competencia. La clave de la concepción de la lectura como el reconocimiento de palabras es que los lectores principiantes aprendan a decodificar las palabras rápido y con precisión.

Análisis de las lecciones

Es de suma importancia que los maestros comprendan cómo su perspectiva de la lectura se refleja en sus prácticas en el aula. Si volvemos a la lección de Guillermo del Capítulo 1 y a la de Elena en este capítulo, podemos deducir que ambos se apoyan en una concepción de la lectura como el reconocimiento de palabras. Ellos tal vez no podrán articular esta perspectiva explícitamente, pero los métodos y materiales que utilizan reflejan sus creencias sobre la lectura y la concepción que tienen sobre esta. Al revisar y analizar las lecciones que tanto Guillermo como Elena enseñaron, podemos comprender mejor cómo su forma de enseñar refleja sus creencias sobre la lectura.

La lección de Guillermo

Los cursos de la universidad de Guillermo y su experiencia como maestro en formación le enseñaron la importancia de desarrollar lecciones de lectura que tuvieran los cinco componentes para la enseñanza de esta basados en la investigación: la conciencia fonémica, las reglas fono-ortográficas, la fluidez, el vocabulario y la comprensión. Antes de comenzar a enseñar, asistió a un entrenamiento de una semana que reforzó lo que él había aprendido. Además, los materiales que utiliza para enseñar a sus estudiantes de primer grado están organizados de tal manera que cada lección se enfoque en los cinco componentes claves de la lectura.

El libro que Guillermo utiliza para introducir su lección sobre la unidad del clima es un libro corto y descifrable. Las palabras siguen patrones de reglas fonoortográficas que los estudiantes han aprendido o palabras que ya se les han enseñado a simple vista. A medida que prepara a los estudiantes para la historia, también introduce y explica el vocabulario clave del cuento. Los estudiantes también completan y corrigen una hoja de trabajo sobre el vocabulario del cuento antes de leerlo. La práctica de enseñar de antemano el vocabulario es una estrategia común en las aulas que siguen el método de la lectura como el reconocimiento de palabras. Posteriormente, los estudiantes completan otra hoja de trabajo para reforzar el vocabulario clave.

La lección de Guillermo también incluye la comprensión. Los estudiantes recortan y organizan ilustraciones que muestran la secuencia de los eventos del cuento. Otro día, observan dos ilustraciones que muestran los eventos del cuento y eliminan las cosas que son diferentes en la segunda ilustración. Sin embargo, los estudiantes no hablan del cuento: la enseñanza se limita a la comprensión literal.

A pesar de que Guillermo prepara a los estudiantes para el cuento, les pide que lo relacionen con sus vidas y los invita a predecir lo que ocurrirá, la mayor parte de su lección se enfoca en la conciencia fonémica y las reglas fono-ortográficas. Los estudiantes escuchan las palabras del cuento y le dicen a Guillermo los sonidos que escuchan, dividen las palabras en sílabas y conectan los sonidos de las palabras que escuchan con las letras del alfabeto, a medida que Guillermo lee el cuento. Ellos también leen libros por nivel, diseñados para ayudarles a practicar la habilidad de decodificación que han estado aprendiendo. Guillermo le pide a cada estudiante que lea en voz alta para evaluar su fluidez.

Guillermo lee el libro gigante repetidas veces para que los estudiantes puedan asociar los sonidos de su lectura oral con las palabras impresas en la página. Los ejercicios y hojas de trabajo están todos diseñados para reforzar las destrezas que los estudiantes están aprendiendo. Guillermo desea que todos sus estudiantes desarrollen una habilidad rápida y exacta para decodificar. Su unidad sobre el clima se enfoca en las habilidades más que en los conceptos del clima. Él cree que sus estudiantes deben aprender primero a leer. Luego, podrán leer para aprender. Además, toda la enseñanza de Guillermo es en inglés. Es muy probable que mucho de lo que sus estudiantes hacen, a medida que practican la decodificación, tenga poco sentido para estos principiantes en el inglés. La manera en que Guillermo enseña la lectura es consistente con la concepción del reconocimiento de palabras.

La lección de Elena

La preparación de Elena para enseñar la lectura no fue tan amplia como la de Guillermo. Ella tomó solo dos cursos en la universidad para prepararse para enseñar a leer. Ambos cursos los tomó al tiempo que enseñaba con una credencial de emergencia. La mayor parte de su enseñanza se basa en lo que observó de otros maestros, lo que percibe que se necesita y los materiales que hay disponibles. Elena sabe muy bien lo que su directora quiere de sus maestros.

La enseñanza de Elena refleja el enfoque del reconocimiento de palabras. Las letras y palabras son visibles en todo su salón. Además del alfabeto y del muro de palabras, Elena expone carteles con palabras que contienen combinaciones de consonantes en inglés, como la *sn* en la palabra *snowy* (con nieve).

Los ejercicios que sus estudiantes completan en los centros también mantienen el enfoque en las palabras. Por ejemplo, los estudiantes recortan y pegan oraciones cortas como "*It's hot*" o "Hace frío" debajo de un dibujo. Otros estudiantes completan hojas de trabajo sobre puntuación. Los estudiantes que trabajan con Elena en un grupo pequeño contestan preguntas sobre las letras al principio y al final de las palabras y estudian las vocales en español. Cuando ella relee y habla de un cuento, se concentra en palabras específicas como *cometa*. Ella tiene en cuenta la comprensión, pero al igual que en el salón de Guillermo, los ejercicios se limitan a la comprensión literal. Por ejemplo, después de leer sobre el viento, los estudiantes dibujan tres cosas que el viento hace. Cuando sus estudiantes de inglés trabajan en esta lengua, Elena los involucra en actividades sobre conciencia fonémica como cambiar el primer sonido y el último sonido de las palabras.

Aunque los libros que Elena utiliza se conectan con su tema sobre el clima, la mayoría de las actividades son diseñadas para enseñar las habilidades necesarias para decodificar palabras. Poco tiempo se invierte en investigar los conceptos sobre el clima. Elena sigue los estándares, se deja guiar por otros maestros y trabaja arduamente para mantener a sus estudiantes concentrados durante las lecciones de lectura. Además, usa la lengua materna de los estudiantes, lo que hace que su enseñanza sea más comprensible que si estuviera enseñando solamente en inglés. Un análisis de los métodos de Elena demuestra que ella enseña la lectura como un proceso de reconocimiento de palabras.

Los estudiantes de Elena y Guillermo se mantienen ocupados trabajando en las lecciones cuidadosamente dirigidas. Aunque los textos de lectura tienen el clima como tema, las lecciones no se enfocan tanto en los conceptos como en el desarrollo de destrezas necesarias para decodificar el texto, el cual, en gran parte, está diseñado para facilitar la enseñanza de estas. Las actividades del aula y las hojas de trabajo están orientadas al desarrollo de habilidades para la decodificación. Aunque existen diferencias en la manera de enseñar entre Guillermo y Elena, queda claro que su enseñanza refleja la concepción de la lectura como el reconocimiento de palabras.

Algunos maestros asumen una segunda concepción de la lectura. Como Lilia, una maestra bilingüe y alumna de Yvonne, que explica: "Lo importante es precisamente encontrar el significado al leer. ¿De qué sirve leer sin entender lo que se está leyendo, entonces, en mera decodificación?". En el siguiente capítulo explicaremos esta segunda concepción de la lectura, la concepción sociopsicolingüística.

Aplicaciones

1. Escriba su propia definición de la concepción de la lectura como el reconocimiento de palabras. Luego explique lo que se entiende cuando decimos que esta concepción es lógica pero no psicológica.

2. La conciencia fonémica es un tema de mucho debate en el campo de la lectura. ¿Qué es la conciencia fonémica? Entreviste a dos maestros que enseñen a leer a estudiantes principiantes. Pídales que definan la conciencia fonémica y pregúnteles si creen que es importante enseñarla y por qué. Prepárese para discutir sus respuestas y su propio análisis de estas.

3. ¿Qué hizo el Panel Nacional de Lectura (NRP)? ¿Quiénes integraron tal panel? ¿Cómo han afectado las conclusiones del NRP la enseñanza de la lectura en su escuela? Si no está dando clases en una escuela primaria, entreviste a un maestro de primaria y pregúntele sobre lo que sabe del NRP y si ha leído el documento *"Put Reading First"* (Armbruster y Osborn 2001). Prepárese para discutir sus respuestas.

4. Describa el análisis de Berdiansky (1969). ¿Por qué es importante esta investigación para los maestros de lectura?

5. La fluidez en la lectura es otro de los temas de controversia. ¿Qué comprensión tienen los maestros en el área donde usted vive sobre la fluidez? Entreviste a tres maestros de primaria sobre cómo definen la fluidez, cómo la enseñan y cómo la evalúan. Pregúnteles por qué la fluidez es importante. Prepárese para compartir sus conclusiones.

La concepción sociopsicolingüística de la lectura

Muchos maestros, como Guillermo y Elena, enseñan a leer desde una perspectiva coherente con la concepción de la lectura como el reconocimiento de palabras. Sin embargo, otros maestros adoptan métodos y materiales consecuentes con una segunda concepción de la lectura: la concepción sociopsicolingüística. Comenzamos este capítulo con un ejemplo de una clase de Cristina, una de estas maestras. Su manera de enseñar claramente refleja la concepción sociopsicolingüística que ella tiene de la lectura. Explicamos esta segunda concepción en detalle y analizamos la forma de enseñar de Cristina para ver cómo refleja esta segunda perspectiva. Por último, presentamos una lista de evaluación para la enseñanza efectiva de la lectura que es coherente con la concepción sociopsicolingüística, y luego describimos dos lecciones adicionales de maestros que usan esta lista.

La unidad sobre el clima de Cristina

En una escuela de doble inmersión en el sur de Texas, al otro lado del pueblo donde enseña Elena, los estudiantes de primer grado de Cristina también leen, escriben y aprenden sobre el clima, requisito especificado en los TEKS para las ciencias naturales. Además, Cristina incorpora en su clase las habilidades necesarias para cumplir con los estándares del área de lenguaje y de lectura que se especifican en los TEKS. Pero si entramos en su salón de clases podríamos notar algunas diferencias importantes entre su salón y el de Elena. En un tablero de avisos titulado *"What clothes do we wear?"* "¿Qué ropa nos ponemos?", hay imágenes de diferentes tipos de clima y, al lado de estas, los estudiantes han dibujado y recortado los diferentes tipos de ropa que la gente usa en los diferentes tipos de clima. Por ejemplo, al lado de la playa en verano, hay trajes de baño, lentes de sol y pantalones cortos; al lado del otoño, con el viento soplando, se ve una chaqueta, un suéter y un gorro.

En el otro extremo del salón, Cristina ha puesto un cartelón con canciones sobre el clima en inglés, con la tradicional *"Rain, Rain, Go Away"* ("Lluvia, vete, lluvia"), y poesías y canciones en español acerca del clima, como la canción "Que llueva" (Longo 2004, 8) y poesías sobre el clima de *Días y días de poesía* (Ada 1991). Al lado del cartelón con canciones y poesías, Cristina ha puesto los ejemplos más recientes de la actividad "Noticias diarias" en español y de *"Daily News"* en inglés. Cristina usa la poesía, las canciones y los carteles de las noticias diarias durante las actividades del inicio de la mañana, las cuales conduce en inglés un día y en español al siguiente. Estas actividades le permiten a Cristina trabajar con sus estudiantes sobre varias destrezas, incluyendo la ortografía, las letras mayúsculas y la correspondencia sonido-letra en un contexto significativo. Los estudiantes de Cristina desarrollan su fluidez al leer los carteles, recitar los poemas y entonar las canciones.

Los diarios de ciencias naturales de los estudiantes están visibles en un estante. En estos diarios los estudiantes han registrado el clima en inglés, en sus gráficas individuales siguiendo un patrón del libro con poco texto *Making a Weather Chart* (Cómo hacer una gráfica del clima) (Dawson 1997). Ellos dibujan y ponen debajo de los dibujos títulos con palabras como *rainy* (lluvioso), *cloudy* (nublado) y *windy* (ventoso). En otra área del salón, hay un termómetro y una gráfica grande hecha por los estudiantes en la cual los ellos estudiantes registran diariamente la temperatura. Un mapa de los Estados Unidos, al lado de la gráfica del clima, tiene por título "¿Qué tiempo hace?" y *"What's the weather?"*. En el mapa, los estudiantes han puesto dibujos de la lluvia, las nubes y el sol en diferentes áreas del país. Una vez a la semana, ellos ven el reporte del clima en la televisión y lo registran para dos o tres diferentes áreas del país, así como aparece en el mapa de la televisión.

En el salón también se pueden ver dos listas de palabras: un cartel con un alfabeto del clima y una lista de cognados. El primero muestra las palabras que los propios estudiantes han escogido sobre el tema del clima. Ellos ponen cada palabra debajo de la letra del alfabeto que corresponda a la primera letra de la palabra. Saben que deben escribir las palabras en inglés en rojo y las de español, en azul. La segunda lista se compone de palabras sobre el clima que son cognados. En esta lista hay palabras como *temperatura* y *temperature*, *termómetro* y *thermometer*, *clima* y *climate*, y *huracán* y *hurricane*.

En un rincón del salón hay molinetes y veletas hechos por los estudiantes y encima de ellos hay dibujos que los estudiantes hicieron para mostrar la leyenda tradicional *El viento y el sol* (Pacheco 2000) y *Wind and Sun* (Parker 1997) que la maestra les leyó en español un día y en inglés al día siguiente. En esta fábula, ambos, el sol y el viento pretenden ser la fuerza más poderosa. Los estantes están llenos de libros con varios niveles de dificultad que los estudiantes pueden escoger para la *lectura en silencio sostenida*. En otro lado del salón, Cristina ha agrupado varios libros sobre el clima. Estos libros, en español y en inglés, también se pueden clasificar desde libros con poco texto hasta historias largas y libros de contenido, que Cristina les ha leído a sus estudiantes durante la hora de lectura en voz alta.

Poder observar la manera de enseñar a leer de Cristina durante unos cuantos días nos brinda una mejor idea de su programa de lectoescritura. Ella basa sus actividades en su propia comprensión del proceso de lectura que aprendió en sus cursos sobre el área del lenguaje y de lectura que tomó durante su preparación como maestra y también en los cursos que tomó en su programa de maestría sobre la educación bilingüe. La actividad para abrir la mañana se realiza mientras los estudiantes están sentados en la alfombra en un rincón del salón. Hoy es "Día de español". Después de las actividades con el calendario, Cristina escribe lo que los estudiantes le dictan. Los estudiantes y la maestra componen y escriben juntos las noticias diarias". Mientras tanto, uno de los estudiantes registra la temperatura en la correspondiente gráfica. Luego, Cristina saca tres libros: *El viento* (Flores 1986, 1997), *El señor Viento Norte* (Mañé 1997) y *Por qué soplan los vientos salvajes* (Ambert 1997a, 1997b). Mostrándoles el libro gigante *El viento*, el cual Elena también había usado, Cristina comienza su lección.

CRISTINA: El otro día leímos este libro. ¿Recuerdan? ¿Quién me puede leer el título de este libro?
VARIOS: *El viento*.
CRISTINA: Sí, *el viento*. Y ¿de qué se trata este libro?
JUANITA: Habla del viento y nos dice qué pasa cuando el viento sopla.

FELIPE: No podemos ver el viento.

CRISTINA: Sí, tienen razón los dos. [Hojeando las páginas]. Aquí nos enseña cómo el viento mueve las banderas, y aquí cómo hace mover el rehilete, y aquí un pequeño barco de vela.

Hoy vamos a leer dos cuentos sobre el viento. Uno nos habla del señor Viento Norte que trae el viento frío del invierno y el otro es un cuento de Puerto Rico que nos dice por qué hay huracanes. [Les enseña la portada del libro *El señor Viento Norte*]. ¿Qué ven ustedes en la portada de este libro?

BERTA: Un señor entre los árboles y un niño. El señor debe de ser el señor Viento Norte.

CRISTINA: Sí, tienes razón, Berta. Les voy a enseñar todas las páginas y las ilustraciones sin leer todavía. ¿Qué está pasando en el cuento?

MANUEL: Hay un conejo, un perro y un ratoncito. Tienen puestos abrigos y parece que tienen frío. El niño habla con el conejo.

ESTEBAN: El niño va caminando y se duerme en una casa. [Los niños siguen comentando sobre todas las páginas].

CRISTINA: Vamos a ver lo que pasa en este cuento. A ver si ustedes entienden más del cuento. [Lee todo el cuento]. Ahora, ¿qué recuerdan del cuento?

DIANA: Hacía mucho frío. El niño fue a hablar al señor Viento Norte porque querían que no soplara más.

PEPE: Tenía un regalo para el señor Viento Norte.

BERTA: Sí, era un gorro blanco y azul.

FELICIANA: Cuando dormía, la niña tomó el regalo y se lo dio al señor Viento Norte.

FELIPE: Pero al señor Viento Norte no le gustó el regalo y le sopló bien lejos.

FELICIANA: El señor Viento Norte quería la bola blanca.

CRISTINA: ¿Qué era la bola blanca que mencionó Feliciana? El libro dice que, era un vilano. ¿Diana?

DIANA: No sé, pero tal vez es como estas bolas que vienen de la planta que, al soplarlos, los pedacitos blancos se van volando.

CRISTINA: Sí, tienes razón. ¿Qué pasó al final?

MANUEL: El señor Viento Norte sopló suave para jugar con la bola blanca.

PEPE: Sí, y ya no hacía tanto frío.

CRISTINA: Ustedes han entendido muy bien. Tengo una pregunta. ¿Creen ustedes que este cuento es verdad? ¿Es que esto pasó en realidad?

TODOS: No.

CRISTINA: ¿No? ¿Por qué creen esto?

BERTA: El viento no habla. No es un hombre.

CRISTINA: Sí, tienes razón. El cuento nos trató de explicar por qué el viento Norte dejó que entrara la primavera. Dejó de soplar fuerte. Ahora, les voy a leer otro cuento que nos explica por qué pasa algo en el clima. Es un cuento de Puerto Rico. ¿Dónde está Puerto Rico?

FELIPE: Cerca de Florida. Es una isla. La esposa de mi tío vivía en Puerto Rico antes de venir aquí.

CRISTINA: Sí, Felipe. ¿Nos puedes enseñar en el mapa?

Cristina les lee la otra historia, *Por qué soplan los vientos salvajes* (Ambert 1997a), una leyenda que explica el origen de los huracanes. Los estudiantes hablan de lo que recuerdan y comparan ambas historias. Ella escribe las semejanzas y las diferencias de las dos historias en un diagrama de Venn. Los estudiantes demuestran un interés especial porque los huracanes suelen suceder con mucha frecuencia en su región. En el verano pasado un huracán pasó por su valle. Aunque el huracán cambió su rumbo hacia el sur antes de tocar la costa de Texas, había mucha preocupación de parte de los residentes de esta área. Cristina les promete que aprenderán más sobre los huracanes.

Al día siguiente, Cristina abre las actividades del día en inglés. Los estudiantes registran el clima en sus diarios de ciencias naturales en inglés y después se reúnen en la alfombra con Cristina para la hora de lectura en inglés como segunda lengua. La maestra les muestra el libro gigante *What's the Weather Outside?* (¿Cómo está el clima afuera?) (Herzog 2003) y comienza su discusión.

CRISTINA: What words do you recognize in the title?

FELICIANA: *Weather!* That's our theme!

CRISTINA: Excellent. Let's read the title together: *"What's the Weather Outside?"*

ENRIQUE: Teacher, the title is a question. It ends in a question mark.

CRISTINA: Very good, Enrique. You made a good observation. Looking at the title and the pictures on the cover, can you predict some words we will probably find as we read this book? [Cristina writes the words the children predict on a large piece of paper. These include *cold, hot, wind, rain,* and *sun*.]

CRISTINA: ¿Qué palabras reconocen en este título?

FELICIANA: *!El clima!* !Ese es nuestro tema!

CRISTINA: Excelente. Vamos a leer el título juntos: *¿Cómo está el clima afuera?*.

ENRIQUE: Maestra, el título es una pregunta. Termina con un signo de interrogación.

CRISTINA: Muy bien, Enrique. Hiciste una buena observación. Mirando el título y los dibujos de la portada, ¿pueden predecir algunas de las palabras que probablemente encontraremos dentro de este libro? [Cristina escribe las palabras que los niños le dictan en un papel grande. Entre estas están *frío, caliente, viento, lluvia* y *sol*].

CRISTINA: Let's look at the first page. There are words and numbers after each word. Some are words you predicted, *hot, rain,* and *cold.* Does anyone know what the numbers after the words are for?

PEPE: I know, Teacher, that's the page that tells about the word.

CRISTINA: Yes, the numbers tell us where to find information about each of the words. This page is called a *table of contents.* It tells us where to find information. Let's go to each page and read the pages together. [When the students get to the section on wind, they remember the stories they read the day before during Spanish reading time.]

ENRIQUE: Look, Teacher, that word is *wind, viento.* There is also a picture of a hurricane. We read about that yesterday. Last summer we had a hurricane come near here. I was scared.

CRISTINA: Yes, Enrique. I bet many of you heard about the hurricane.

ESTEBAN: My dad put boards on the windows so they won't break!

IRMA: Our family went to my *tía* in San Antonio. We were afraid our trailer would blow over.

CRISTINA: Yes, many of you have stories. We're going to talk more about hurricanes today. One of the stories I read in Spanish yesterday I have in English today, *Why the Wild Winds Blow* [Ambert 1997b]. We talked about whether that story was true. You told me it was not. What about the wind and the hurricane in this big book, *What's the Weather Outside?* Is that true?

CRISTINA: Miremos la primera página, hay palabras y números después de cada palabra. Algunas son las palabras que predijeron como *caliente, lluvia* y *frío.* ¿Alguien sabe para qué sirven los números después de las palabras?

PEPE: Maestra, yo sé. Es la página que nos cuenta sobre la palabra.

CRISTINA: Sí, los números nos dicen dónde encontrar la información sobre cada palabra. Esta página se llama *tabla de contenidos* y nos dice dónde encontrar la información. Vamos ahora a cada página y leamos. [Cuando los estudiantes llegan a la sección del viento, recuerdan las historias del día anterior leídas en español].

ENRIQUE: Mire, maestra, esa palabra es *viento.* También hay una imagen de un huracán. Ayer leímos sobre este tema. El verano pasado tuvimos un huracán muy cerca. Me dio miedo.

CRISTINA: Sí, Enrique. Estoy segura de que muchos han escuchado sobre el huracán.

ESTEBAN: Mi papá les puso tablas a las ventanas para que no se rompieran.

IRMA: Mi familia se fue donde mi tía en San Antonio. Teníamos miedo de que el viento se llevara nuestra casa rodante.

CRISTINA: Sí, muchos tienen historias que contar al respecto. Vamos a hablar más sobre huracanes hoy. Una de las historias que les leí en español ayer, la tengo también en inglés, *Why the Wild Winds Blow* [Ambert 1997b]. Les pregunté si la historia era real y ustedes me dijeron que no. ¿Será lo mismo para el viento y el huracán en este libro, *¿Cómo está el clima afuera?* ¿Será verdad?

ALL: Yes.

CRISTINA: Good. Now, today I have another book that is about hurricanes, *Hurricane on Its Way* [Aparicio 1997b]. This book tells us how meteorologists—scientists who study the weather—can tell us when a hurricane is coming. Those people helped us know about the hurricane last summer. Let's look at the pictures, and I'll read the book to you.

[After Cristina reads the book to the students, she shows them that she has the book in Spanish too: *¡Huracán a la vista!* (Aparicio 1997a). She also shows the children several other books about the weather and tells them they can look at the books during SSR time and read them together in pairs. (See the weather bibliography in Figure 3–1.)]

CRISTINA: OK, class, we have read about the weather in Spanish and today in English, and we have put words up around the room and on our chart. In pairs I would like you to choose a book about the weather in English and read it together. Then, when you have finished, we will come back together and write about the weather. You will dictate to me, and I will write what you tell me.

[*Later, the students return to the rug and Cristina has paper ready for the language experience activity about the weather.*]

CRISTINA: OK. What should we write about the weather?

PEPE: "Weather can be scary."

CRISTINA: That's a good start. What is the first letter I am going to write?

ALL: *W*.

CRISTINA: Good. How do I write the letter?

TODOS: Sí.

CRISTINA: Bueno, ahora les traigo otro libro sobre huracanes, *Hurricane on Its Way!* [Aparicio 1997b]. Este libro cuenta cómo los meteorólogos—los científicos que estudian el clima—pueden predecir cuando se acerca un huracán. Estas personas nos ayudaron con información sobre el huracán del verano pasado. Miremos las ilustraciones y luego les leo el libro.

[Después de que Cristina les lee el libro, les muestra el libro también en español: *¡Huracán a la vista!* (Aparicio 1997a). Además, les enseña otros libros sobre el clima y les dice que los pueden mirar y leer en parejas, en la hora de lectura en silencio sostenida. (Ver bibliografía sobre el clima en la figura 3–1).]

CRISTINA: Muy bien, niños. Hemos leído sobre el clima en español y hoy en inglés, y hemos puesto palabras por todo el salón y en nuestra lista. Me gustaría que en parejas escogieran uno de los libros sobre el clima en inglés y lo leyeran. Luego, cuando hayan terminado, nos reuniremos de nuevo para escribir sobre el clima. Ustedes me dictarán y yo escribiré lo que ustedes me digan.

[Más tarde, los estudiantes regresan a la alfombra y Cristina ya tiene listo el papel para la *experiencia inicial de escritura compartida* sobre el clima].

CRISTINA: Bien, ¿que debemos escribir sobre el clima?

PEPE: "El clima puede dar miedo".

CRISTINA: Ese es un buen inicio. ¿Cuál es la primera letra que necesito?

TODOS: La *W*.

CRISTINA: Bien, y ¿cómo empiezo entonces?

BERTA: You write a capital *W* because it starts the sentence.

CRISTINA: OK. If I cannot spell the word, what can I do?

ENRIQUE: You can look for the word in a book or in the room.

CRISTINA: And sometimes we can sound out some of the letters. Do you see the word *weather* around the room? How do I spell *weather*?

SEVERAL: *W-e-a-t-h-e-r.*

CRISTINA: And what is the first sound you hear in *can*?

SEVERAL: *K*, Teacher, it sounds like *k*.

CRISTINA: You're right. Do you remember that we talked about the *k* sound before? It can be spelled with two letters. One is the letter *k* and the other is . . .

REBECCA: C! I know because my name has a *k* sound and I spell it with a *c*.

CRISTINA: Excellent! Rebecca, you helped us all.

BERTA: Escribe una *W* mayúscula porque es el inicio de la frase.

CRISTINA: Muy bien, y si no sé deletrear la palabra, ¿qué puedo hacer?

ENRIQUE: Puede buscar la palabra en un libro o en el salón.

CRISTINA: Y algunas veces podemos pronunciar la palabra por sonidos. ¿Alguien ve la palabra *clima* en el salón? ¿Cómo se deletrea?

VARIOS: *W-e-a-t-h-e-r.*

CRISTINA: ¿Y cuál es el primer sonido que escuchan en *can*?

VARIOS: *K*, maestra. Suena como *k*.

CRISTINA: Muy bien. ¿Se acuerdan de que hablamos del sonido *k* antes? Que puede ser representado por dos letras. Una es la letra *k* y la otra es la letra . . .

REBECCA: ¡C! Yo lo sé porque mi nombre tiene un sonido *k* y yo lo escribo con una *c*.

CRISTINA: ¡Excelente! Rebecca fuiste una gran ayuda para todos.

Después de que los estudiantes trabajan con la maestra escribiendo acerca del clima, juntos leen lo que escribieron. Por supuesto, escribieron una oración acerca del huracán del verano pasado. Luego, copian el párrafo en sus cuadernos para llevarlo a casa y leérselo a sus padres. La figura 3–1 muestra la lista de los libros que Cristina utilizó durante su unidad sobre el clima. También incluye otros libros acerca de este tema.

Almada, Patricia. 1997. *Clouds.* Crystal Lake, IL: Rigby.

———. 1997. *Las nubes.* Crystal Lake, IL: Rigby.

Alonso, Fernando. 1989. *La vista de la primavera.* Northvale, NJ: Santillana.

Ambert, Alba. 1997a. *Por qué soplan los vientos salvajes.* Crystal Lake, IL: Rigby.

———. 1997b. *Why the Wild Winds Blow.* Crystal Lake, IL: Rigby.

Aparicio, Eduardo. 1997a. *¡Huracán a la vista!* Crystal Lake, IL: Rigby.

———. 1997b. *Hurricane on Its Way!* Crystal Lake, IL: Rigby.

FIGURA 3–1. Bibliografía sobre la unidad del clima

Canizares, Susan. 1998. *Sun*. New York: Scholastic.

Chanko, Pamela, and Daniel Moreton. 1998. *Weather*. New York: Scholastic.

Clark, Patricia N. 2000. *Goodbye, Goose*. Katonah, NY: Richard C. Owen.

Clevidence, Karen. 2004. *A Disaster Is Coming*. Barrington, IL: Rigby.

Costain, Meridith. 1966. *Clouds*. New York: Scholastic.

Crimi, Carolyn. 1995. *Outside, Inside*. New York: Scholastic.

Crum, Mary B. 2004. *The Power of the Wind*. Barrington, IL: Rigby.

Cusick, Pat. 1997. *How's the Weather?* Crystal Lake, IL: Rigby.

Dawson, Hamish. 1997. *Making a Weather Chart*. Crystal Lake, IL: Rigby.

Díaz, Katrina. 1997a. *Storm Trackers*. Crystal Lake, IL: Rigby.

———. 1997b. *Tras las tormentas*. Crystal Lake, IL: Rigby.

Ellis, Veronica F. 1997. *La isla de la nube lluviosa*. Boston: Houghton Mifflin.

Flores, Guillermo Solano. 1985. *La lluvia*. México, DF: Editorial Trillas.

———. 1986. *El viento*. México, DF: Editorial Trillas.

———. 1997. *El viento*. Big book. Boston: Houghton Mifflin.

Green, Josie. 2005. *Droughts*. Washington, DC: National Geographic Society.

Herzog, Brad. 2003. *What's the Weather Outside?* Barrington, IL: Rigby.

Hopping, Lorraine. 2000. *Today's Weather Is…: A Book of Experiments*. New York: Mondo.

Hughes, Monica. 1998. *Seasons*. Crystal Lake, IL: Rigby.

Jordan, Denise. 2004. *What Are the Seasons Like?* Barrington, IL: Rigby.

Kelly, Harold. 2002. *El sol*. New York: Rosen.

Lauber, Patricia. 1996. *Hurricanes*. New York: Scholastic.

Mañé, Carmen de Posadas. 1997. *El señor Viento Norte*. Boston: Houghton Mifflin.

Martel, Cruz. 1997. *Días de yagua*. Boston: Houghton Mifflin.

Nguyen, Rosemary, and Hieu Nguyen. 2004. *In the Rain*. Barrington, IL: Rigby.

Pacheco, Lourdes. 2000. *El viento y el sol*. Barrington, IL: Rigby.

Parker, John. 1997. *Wind and Sun*. Crystal Lake, IL: Rigby.

———. 1998. *I Feel Cold*. Crystal Lake, IL: Rigby.

Quinn, Pat, and Bill Gaynor. 1999. *El poder del viento*. Huntington Beach, CA: Learning Media.

Rius, María. 1985. *El aire*. Barcelona, Spain: Parramón Ediciones.

Sharp, Kathie. 1998. *Rain, Snow, and Hail*. Crystal Lake, IL: Rigby.

———. 2006. *Weather Words*. Austin, TX: Harcourt Achieve.

Shulman, Lisa. 2004. *The Wonderful Water Cycle*. Barrington, IL: Rigby.

Stolz, Mary. 1997. *Una tormenta nocturna*. Boston: Houghton Mifflin.

Tsang, Nina. 2004. *The Weather*. Barrington, IL: Rigby.

FIGURA 3–1. Bibliografía sobre la unidad del clima (*continuación*)

Wachter, Joanne. 2004. *Around the Sun*. Barrington, IL: Rigby.

Waite, Judy. 2004. *Look Out the Window*. Barrington, IL: Rigby.

West, Loretta. 2006. *Maya's Storm*. Austin, TX: Harcourt Achieve.

Woolley, Marilyn. 2003. *Cuando llueve*. Washington, DC: National Geographic Society.

FIGURA 3–1. Bibliografía sobre la unidad del clima (*continuación*)

 ## La concepción sociopsicolingüística de la lectura

Las lecciones de Cristina reflejan una concepción sociopsicolingüística de la lectura. Esta se distingue de la concepción del reconocimiento de palabras en varias formas, pero la diferencia más importante es que la lectura es vista como ejemplo de la habilidad humana general para usar el lenguaje para construir significado. Leer es un proceso de construcción de significado, no es solo una serie de habilidades para reconocer palabras. Este proceso involucra factores psicológicos, lingüísticos y sociales. Como dice Goodman (1993):

> Leer es un proceso psicolingüístico porque los lectores se apoyan en el mismo proceso general psicológico y lingüístico que usan para construir significado del discurso oral, para construir significado de un texto. Leer es un proceso social porque el significado solo se puede construir dentro de un contexto social particular. (89)

Gran parte de la investigación que apoya la concepción de la lectura como el reconocimiento de palabras es de naturaleza cuantitativa. Los investigadores ponen a prueba un aspecto de la lectura como la conciencia fonémica, midiendo la diferencia del efecto de un tipo específico de entrenamiento en un grupo experimental comparado con un grupo control. Generalmente, el entrenamiento se evalúa analizando los resultados de un grupo numeroso de lectores. El NICHD apoya este tipo de investigación científica.

Por el contrario, la investigación que apoya la concepción sociopsicolingüística se ha realizado en escuelas y otros lugares donde los maestros-investigadores puedan sentarse y escuchar leer a los estudiantes. En uno de los primeros experimentos, Goodman (1965) les pidió a niños de diferentes grados que leyeran una lista de palabras, para después leer un cuento que tenía esas palabras. Él descubrió que incluso los estudiantes de primer grado pudieron leer en el cuento dos tercios de las palabras que no habían podido leer en la lista. Los estudios de Goodman han sido replicados en inglés y en español y los resultados señalan que la lectura no implica de por sí un reconocimiento previo de las palabras. Goodman dice: "Yo creo que eventualmente debemos abandonar nuestra concentración en las palabras al enseñar a leer y desarrollar una teoría y una metodología de la lectura que ponga el énfasis donde corresponde: en el lenguaje" (642).

Si la lectura no es un proceso preciso de identificación de palabras, entonces ¿qué es? Goodman (1967) lo llama un "juego de adivinanza psicolingüístico". En lugar de ser exacta, la lectura implica un procesamiento tentativo de la información. Adivinar no es un proceso completamente aleatorio. De hecho, le llamamos "adivinar" a algo, solo si tenemos alguna información, pero no toda la que requerimos. Los lectores intentan comprender el texto usando estrategias psicológicas y claves lingüísticas mientras leen.

Las estrategias psicológicas

Una vez que los lectores reconocen algo para leer, inician el proceso. Incluso los niños pequeños que viven en entornos familiarizados con la lectura y la escritura pronto descubren que pueden leer un libro, pero no el patrón del papel de empapelar. Con el tiempo descubren que la parte del libro que se lee son las marcas negras, no las imágenes. Este descubrimiento es el primer paso en la lectura.

Los lectores comienzan haciendo un muestreo del texto, que no es lo mismo que una lectura rápida. Según investigaciones sobre el movimiento de los ojos, a medida que uno lee, los ojos se desplazan con una serie de movimientos y pausas constantes (Paulson y Freeman 2003). Las pausas se denominan *fijaciones* y los movimientos, *sacadas*. Solo se envía información al cerebro cuando los ojos se detienen por unos cuantos milisegundos. A pesar de que los ojos en realidad solo toman fotos instantáneas de la página, el cerebro percibe la información como un flujo constante, no como una serie de imágenes fragmentadas. El proceso es similar al que se da cuando miramos una película. Aunque la película es una serie de cuadros fijos, la percibimos como un movimiento continuo.

Durante los últimos cien años, los estudios del movimiento de los ojos han demostrado que los lectores fijan solamente unos dos tercios de las palabras de un texto. Esto se aplica tanto a lectores competentes como a principiantes. Es por eso que decimos que "hacemos un muestreo" del texto. El cerebro dirige los ojos para que fije las palabras claves. Las investigaciones demuestran que se fijan más a menudo las palabras de contenido (sustantivos, adjetivos y adverbios) que las palabras de función (conjunciones, pronombres, verbos auxiliares).

¿Cómo pueden comprender los lectores el texto si solamente ven unos dos tercios de las palabras? La respuesta es que usamos la estrategia psicológica subconsciente de la predicción. A medida que vamos leyendo, hacemos predicciones. Predecimos a nivel micro y macro, es decir, constantemente predecimos cuáles letras veremos a continuación en una palabra, qué palabra seguirá a la que estamos leyendo, hacia dónde apunta la oración y qué significa el texto en general.

Los lectores basan sus predicciones en las claves lingüísticas, su conocimiento previo y en las deducciones que hacen. Los escritores nunca incluyen cada detalle en el papel; esperan que los lectores completen los textos, usando su conocimiento del mundo. Es decir, esperan que ellos hagan sus inferencias.

Por ejemplo, supongamos que usted está leyendo una novela y el texto dice: "El desconocido entró a la cantina sórdida". Inmediatamente, usted comienza a visualizar este lugar. Hay un bar, probablemente con un mesero y botellas sobre un estante. El aire está cargado de humo. Probablemente, una rocola toca una vieja canción conocida a todo volumen. Algunos de los clientes están jugando a billar. La mayoría viste de forma casual, tal vez sean obreros de una fábrica que están relajándose después de un día largo de trabajo.

El escritor puede ofrecerle algunos de estos detalles, pero es su conocimiento de las cantinas sórdidas el que le permite imaginarse el lugar y hacer algunas predicciones. Este tipo de inferencias depende de su experiencia de vida. Muchos textos para estudiantes de primaria están escritos bajo la suposición de que ellos tienen un conocimiento previo de ciertos tipos de lugares y actividades. Sin embargo, muchos de ellos no tienen estas experiencias previas necesarias para comprender los textos y requieren ayuda extra para desarrollar esta base, esencial para el inicio de la lectura. Otra de las estrategias psicológicas que los lectores usan es confirmar, descartar y corregir sus predicciones. A medida que van construyendo significado, los lectores examinan sus predicciones para ver si fueron acertadas. Si lo fueron, siguen leyendo. De lo contrario, tal vez sigan leyendo o simplemente vuelvan atrás y relean para ver si pasaron algo por alto. Esto es lo que hacen los lectores eficientes. En cambio, los lectores que tienen dificultades, y especialmente aquellos que piensan en la lectura esencialmente como un proceso de reconocimiento de palabras, pueden seguir leyendo con dificultad, tratando de llegar al final del texto.

La última estrategia psicológica que los lectores utilizan es lo que Goodman llama integración. Los lectores van agregando el nuevo significado a lo que ya han comprendido. Si la nueva información se ajusta bien, siguen leyendo. Si no, vuelven atrás y leen de nuevo para tratar de entender. Esto lo hacen los lectores competentes; los que tienen dificultades y no se concentran en el significado, generalmente continúan leyendo aunque la información nueva no parezca adaptarse a la historia o al contenido del texto.

El sistema de claves lingüísticas

A medida que los lectores hacen el muestreo del texto, predicen e infieren, confirman, descartan y corrigen, e integran la nueva información, hacen uso de claves de tres sistemas lingüísticos: el fono-ortográfico, el sintáctico y el semántico. Para poner a prueba su conocimiento de estos sistemas de claves, lo invitamos a tratar de leer el siguiente texto en voz alta:

> Cuos deg un fetv estaba farumando dos cirtes. Opilmente, ur grasenveró uno. "¡Uches!", ur tasplió. "O squiro a tasplir cirtes. Urnes son yubilmente parburados. O lergirá altil a los cirtes. O guna para lergir a los cirtes".

¿Pudo leer el texto? Tal vez pudo decir las palabras, aunque no pudiera reconocer algunas. Para pronunciarlas usó su conocimiento fono-ortográfico, es decir, el conocimiento de la ortografía (el sistema de escritura), el conocimiento fonológico (el sistema de los sonidos) y las reglas fono-ortográficas (las relaciones entre los patrones de las letras y los patrones de los sonidos). Por ejemplo, pudo haber dudado al leer *fetv* porque sabía que algo no encajaba en la oración ya que las convenciones del español no permiten palabras terminadas en *v*. Otra palabra que pudo haber causado problemas es *squiro,* ya que este patrón ortográfico no es común en español. Hay palabras que tienen el patrón *sq* como *esquizofrenia* o *esquiar* pero requieren una vocal de apoyo.

Su conocimiento de la fonología del español le permitió pronunciar la palabra *cirtes* con un sonido de *s* y la palabra *cuos* con un sonido de *k*, a pesar de que ambas comienzan con la letra *c*. Además, debió de haber notado que la *g* de *lergirá* se pronuncia con más fuerza que la *g* de *grasenveró*. Este conocimiento es subconsciente; es algo que se ha adquirido a través de la lectura y el lenguaje oral. No se trata de un conjunto de reglas que necesitan ser aprendidas antes de hablar o leer. Es un efecto, no una causa. Si le pide a otras personas que lean este mismo texto, seguro encontrará coincidencias en cuanto a la pronunciación de estas palabras inventadas: esto sucede porque ellos operan bajo las mismas convenciones sociales de la fonología, la ortografía y las reglas fono-ortográficas.

Para leer el texto en voz alta no solo se usaron las claves fono-ortográficas, sino también las claves sintácticas que ofrece el texto. Por ejemplo, probablemente pudo predecir que después de *un* en la primera línea seguiría un sustantivo y después de *estaba* vendría un verbo; incluso pudo haber llegado a decidir que *ur* era el pronombre que se refería a *fetv*. En realidad, el hecho de haber pensado en sustantivos, verbos y pronombres no es tan importante. Lo que sí es relevante es haber predicho el patrón de los sustantivos y los verbos sobre la base del conocimiento intuitivo de la sintaxis del español. Así, esta persona probablemente buscó un patrón que comenzara con un sustantivo que sirve de sujeto, luego, un verbo que actúa como predicado y finaliza con otro sustantivo que sirve de objeto directo. Además, no se sorprendería si hay una oración que comienza con un verbo, pues este tipo de estructura es común en español. No sería lo mismo si el texto estuviera escrito en inglés. El conocimiento de los patrones sintácticos es lo que permite predecir a medida que se lee. Mientras que algunas palabras en el texto no tienen ningún sentido, otras como *un* y *estaba* sí son palabras que realmente existen en español. Estas son palabras funcionales que señalan los patrones sintácticos y, por eso, aun cuando el texto pudiera no tener sentido, sí suena como un texto en español porque sigue el patrón común de esta lengua.

El tercer sistema de claves es el semántico. Este se refiere al significado de las palabras pero también incluye el conocimiento de las palabras que puedan ir juntas en un contexto determinado. En un texto sobre deportes, al ver la palabra *baseball* (béisbol), se pueden predecir otras palabras como *player* (jugador), *base* (base) o *run* (carrera). Este conocimiento también nos va a ayudar a hacer predicciones y a construir significado cuando leemos.

Como las palabras de contenido en el texto anterior, es decir, los sustantivos, verbos, adjetivos y adverbios, son todas palabras sin sentido, usted no pudo acceder a su conocimiento semántico o pragmático. Solo pudo hacer uso de dos de los tres sistemas de claves. El significado es el centro de la lectura y, sin el sistema semántico, lo único que podemos hacer es lo que Goodman (1996) llama "recodificación". Cuando decodificamos podemos acercarnos al significado, pero cuando recodificamos, simplemente pasamos de un código a otro. En este caso, cambiamos del código escrito al oral, sin construir significado.

Los estudiantes en clases como las de Guillermo y Elena llegan a creer que leer es recodificar. Pronuncian las palabras pero no saben qué están leyendo. Puede ser difícil de creer, pero intente el siguiente ejercicio. Vea si puede contestar estas preguntas sobre el texto anterior.

1. ¿Qué estaba el fetv farumando cuos deg?

2. ¿Qué hizo el fetv?

3. ¿Son los cirtes yubilmente parburados?

4. ¿Qué hará el fetv?

5. ¿Qué guna el fetv?

De hecho, muchas personas pueden realmente responder estas preguntas. Por ejemplo, después de volver a leer el texto, pueden perfectamente decir que "el *fetv estaba farumando dos cirtes cuos deg"*, aunque las palabras no tengan sentido. Para alguien que hable esta lengua extraña, estas respuestas sonarían bien y usted podría obtener el mejor puntaje en la prueba de comprensión. Sin embargo, como ya sabe, usted no entendió nada del texto. El peligro es que muchos niños nos engañan (y se engañan a sí mismos) con este tipo de procesos. Pueden fingir haber comprendido cuando no tienen ni idea de lo que leyeron. Si la lectura es un proceso de construcción de significado, entonces los niños que simplemente recodifican los textos no están realmente leyendo.

Análisis de aproximaciones lingüísticas al texto (miscues)

Los lectores usan varias claves lingüísticas para hacer y confirmar sus predicciones. Sin embargo, algunas veces se les escapa una clave o la confunden, y producen, lo que Goodman (1967) llama aproximaciones lingüísticas al texto (*miscues*) en lugar de errores "para evitar juicios de valor" (34). Los conocimientos sobre la manera como los lectores usan estrategias psicológicas como la predicción y los sistemas de claves lingüísticas se han derivado de las investigaciones sobre las aproximaciones lingüísticas de los lectores. En estas investigaciones se usa el método llamado análisis de aproximaciones lingüísticas (*miscue analysis*).

Este método fue desarrollado por Kenneth Goodman a comienzos de 1960. Él había observado que la mayoría de las mediciones utilizadas en la lectura eran indirectas. Los investigadores comparan a menudo aquello que los estudiantes saben antes de leer con lo que saben después de haberlo leído. Por ejemplo, en una prueba sobre un texto en particular se evaluaría primero el conocimiento previo de los estudiantes acerca del tema y su conocimiento del vocabulario. Después de leer, se puede evaluar lo que los estudiantes comprenden y recuerdan. Esta puede ser una manera de medir su comprensión. Sin embargo, estas medidas son siempre indirectas.

Goodman quiso desarrollar un método más directo para medir la lectura, que revelara cómo ocurre la comprensión a medida que los lectores leen, en vez de simplemente medir lo que ellos han comprendido después de haber leído. Él llegó a la conclusión de que si queremos diseñar clases para ayudar a los estudiantes a convertirse en lectores competentes, debemos entonces encontrar la manera de evaluar los procesos reales que ocurren cuando leen. Con este propósito diseñó y desarrolló el análisis de las aproximaciones lingüísticas.

En este análisis, los estudiantes leen un cuento o un artículo completo en voz alta, y esta lectura es grabada y analizada. Posteriormente, el lector recuenta el artículo o el cuento. Los datos del análisis de las aproximaciones lingüísticas constituyen la base de la investigación en la que se apoya el enfoque sociopsicolingüístico de la lectura. Las aproximaciones lingüísticas, o *miscues*, ayudan a demostrar cómo el lector intenta darle sentido al texto. Cuando este omite una palabra, la sustituye por otra o inserta una nueva, podemos realmente empezar a entender las claves que este lector está utilizando. Como Goodman (1967) dice: "las respuestas esperadas no revelan el proceso de cómo se alcanzaron, pero las aproximaciones lingüísticas, que se obtienen a través del mismo proceso, aunque sin los resultados esperados, señalan diferencias importantes que ponen en evidencia todo el proceso" (127).

En otras palabras, cuando los lectores producen las palabras que esperamos escuchar, no podemos realmente explicar cómo lo hicieron. Pero cuando producen aproximaciones lingüísticas, obtenemos información importante sobre lo que están haciendo mientras leen. Por ejemplo, en inglés un joven lector sustituyó las palabras *went* (iba) y *suit* (traje) por *wants* (quiere) y *set* (conjunto) en la siguiente oración:

> *wants*   *set*
> *Jack Jones always went around in overalls or a sun suit.*
> (Jack Jones siempre iba en overol o en traje de baño.)

¿Qué nos indican estas aproximaciones lingüísticas? Por un lado, el lector usó claves auditivas o visuales. Tanto la palabra *wants* como *set* se parecen y suenan como *went* y *suit*. Por otro lado, utilizó su conocimiento sintáctico al cambiar un verbo *went* (ir) por otro *want* (querer) y al sustituir un sustantivo como *suit* (traje) por otro como *set* (conjunto). Además, agregó una *s* a la palabra *want* para hacerla concordar con el sujeto en tercera persona del singular. El lector también utilizó su conocimiento de la semántica ya que sabía que las palabras *sun* y *set* van juntas en muchas ocasiones (*sunset*—puesta del sol). A pesar de lo acertado en el uso de las claves, este lector no demostró énfasis en la construcción de significado. Él no corrigió sus aproximaciones lingüísticas, lo que resultó en una oración sin sentido. Por supuesto, no podemos evaluar su lectura basándonos solamente en una oración con dos aproximaciones lingüísticas. En un análisis de aproximaciones lingüísticas, los estudiantes leen un texto completo y los investigadores buscan un patrón general en los datos generados por estas.

Las aproximaciones lingüísticas se dan en todos los idiomas. Algunos investigadores, como Barrera (1981) y Hudelson (1981), han conducido estudios sobre estas en español y han encontrado ejemplos como los siguientes:

> tus
> Gracias, Pedro, pero no quiero sus zapatos.

> ©la
> Mientras comía y fregaba los . . .

En la primera oración, este lector usó claves visuales y/o auditivas. *Tus* se parece y suena como *sus*. También utilizó información sintáctica, al sustituir un posesivo por otro. De hecho, el lector demostró tener un buen conocimiento del sistema semántico/pragmático al sustituir la expresión formal *sus* por la forma familiar *tus*. Esta sustitución es lógica en la oración y por eso el lector no la corrigió. Esta forma familiar tiene más sentido cuando se le dice a una persona conocida que no queremos que nos preste sus zapatos.

La sustitución de *y* por *la* en la segunda oración demuestra que el lector estaba atendiendo más al significado que a la información visual o auditiva. Usó la información sintáctica para predecir que un sustantivo vendría después de *comía* para referirse al alimento. Cuando vio que era un verbo en lugar de un sustantivo, el lector volvió atrás y corrigió, lo que demuestra de nuevo que estaba prestándole atención al sentido.

Crowell (1995), una maestra-investigadora bilingüe, explica cómo el análisis de las aproximaciones lingüísticas le permitió descubrir lo que sus estudiantes "sabían acerca de la lectura y los textos, y cuáles estrategias de lectura necesitaban aprender a usar más efectivamente" (32). Dos ejemplos de una de sus estudiantes hispanohablantes leyendo *Los animales de Don Vicencio* (Crowley 1987) son bastante reveladores:

1. -Muu, muu- le canta la vaca a la luna.

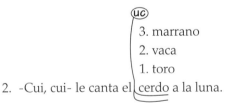

2. -Cui, cui- le canta el cerdo a la luna.

Crowell explica que, en el primer ejemplo, la lectora se apoyó principalmente en las claves que ofrecían las ilustraciones del libro y en las primeras palabras de la página, es decir, los sonidos que hace la vaca, para predecir que el texto que vendría después de *muu, muu* sería *la vaca*. Crowell señala que ella "no se autocorrigió en esta página, pero sí leyó *canta* correctamente en la siguiente página y en las sucesivas" (1995, 33). En el segundo ejemplo, la lectora no se autocorrige pero sí sustituye finalmente la palabra *cerdo* por *marrano*, apoyándose en las ilustraciones y en su conocimiento previo. Debido a que esta lectora se apoyó demasiado en las claves que ofrecían los dibujos, Crowell la ayudó preparándole lecciones sobre estrategias dirigidas a la integración de todos los sistemas de claves.

Un proceso universal

La teoría de la lectura de Goodman se basa en un análisis cuidadoso de personas a quienes se les pide leer textos completos. En los últimos cuarenta años, se han llevado a cabo cientos de estudios de aproximaciones lingüísticas en varios idiomas. En cada caso, un investigador se sienta y escucha leer a cada lector individualmente, graba los resultados, y analiza las estrategias y los sistemas de claves que usa el lector. Basándose en este análisis, el investigador sugiere lecciones de estrategias específicas para ayudar al lector a desarrollar una mayor competencia en la lectura. El análisis de aproximaciones lingüísticas no está diseñado para evaluar a los estudiantes. En cambio, se usa para apoyar su proceso lector y poder brindarle la mejor enseñanza posible.

Las investigaciones realizadas con lectores, tanto niños como adultos, en varios idiomas—incluyendo idiomas no alfabéticos, como el japonés y el chino, así como también otros que no usan la escritura romana, como el árabe y el hebreo—han revelado que el proceso de la lectura es universal. Esto no debería sorprendernos puesto que todos los humanos procesamos el lenguaje, tanto oral como escrito, de la misma manera. Hacemos un muestreo del lenguaje (así como los oyentes no escuchan todas las palabras, los lectores no se fijan en cada una de ellas) y usamos nuestro conocimiento previo y las claves lingüísticas (fono-ortográficas, sintácticas y semánticas). Hacemos predicciones e inferencias, que confirmamos, descartamos o corregimos, y luego integramos el nuevo conocimiento a la comprensión que vamos alcanzando. A lo largo del proceso, se está siempre construyendo significado. Goodman (1984) señaló: "Aunque los procesos del lenguaje escrito aparentemente varían en gran medida por el uso de un amplio rango de funciones y contextos a los que sirven, la lectura y la escritura en realidad son procesos psicolingüísticos unitarios" (81).

Aunque la lectura es un proceso universal, hay diferencias en las formas de escritura a las que se exponen los lectores. Por ejemplo, los lectores de textos chinos tradicionales no pueden usar claves auditivas para llegar al significado. La escritura hebrea tiene caracteres para las consonantes pero no para las vocales. A pesar de estas diferencias, cada lengua ofrece claves gráficas, sintácticas y semánticas. Los estudiantes de inglés como segunda lengua tienen que aprender a entender cómo se representan las palabras en los textos escritos en esta lengua, pero si saben leer en su lengua materna gran parte de esta habilidad se transfiere a la lectura en la segunda lengua. Los maestros deberían resaltar las semejanzas de los idiomas mientras enseñan a leer, en lugar de enfocarse en las diferencias.

Además, si la lectura es un proceso universal, entonces el mismo método debería ser usado para enseñar a leer en cualquier idioma. En su artículo *"How Will Bilingual/ ESL Programs in Literacy Change in the Next Millennium?"* ("¿Cómo cambiarán en el próximo milenio los programas bilingües y de aprendizaje de ESL en cuanto a la lectoescritura?"), Fitzgerald (2000) comenta:

> Existe poca evidencia para apoyar la necesidad de una visión especial para la enseñanza de la lectura en una segunda lengua. En general, y teniendo en cuenta ciertas modificaciones menores que satisfagan algunas necesidades de los estudiantes de la segunda lengua (como un mayor énfasis en el desarrollo del vocabulario y el desarrollo de esquemas de conocimiento previo para material de lectura específico), los métodos de lectura que se consideran efectivos para los estudiantes que leen en su lengua materna, también pueden ayudar a aquellos que están leyendo en una nueva lengua. [. . .] Tanto la investigación como la teoría actual apuntan a un futuro donde el proceso de lectura y el desarrollo de esta en todas las lenguas puedan ser vistos con más semejanzas que diferencias. (520–21)

Desde una perspectiva sociopsicolingüística, leer es el mismo proceso en cualquier lengua porque todos los lectores usan conocimientos previos, claves lingüísticas y estrategias psicológicas mientras construyen el significado del texto. Las maestras como Cristina, quienes se apoyan en una concepción sociopsicolingüística, usan los mismos métodos para enseñar la lectura, tanto en español como en inglés. En la siguiente sección, repasamos brevemente algunos aspectos de las lecciones de Cristina para analizar su coherencia con esta perspectiva.

 ## Análisis de la lección de Cristina

Cristina está interesada en ayudar a sus estudiantes a construir esquemas de conocimiento previo sobre conceptos y vocabulario relacionados con el clima mientras les enseña a leer y escribir. De esta manera, ella les enseña lectura y escritura mediante la exploración de contenidos que son significativos para ellos. Este énfasis en el contenido se ve reflejado en los tableros de avisos del salón que contienen dibujos del clima, hechos y marcados por los estudiantes. También hay listas de palabras sobre el clima que ellos han escrito y la gráfica del tiempo a la que le agregan información todos los días. Además, los carteles de noticias diarias que han redactado con Cristina son realmente visibles. En el salón hay muchos libros de ficción y no ficción, junto con poemas y gráficas. Todos están relacionados con el clima. Cristina desarrolla los estándares de contenido y de destreza requeridos en los TEKS a medida que va trabajando en el desarrollo de la comprensión, al exponer a sus estudiantes a diferentes tipos de textos, al promover la escritura como respuesta a la lectura y al trabajar en el desarrollo de la conciencia fonológica y ortográfica.

Los estudiantes de Cristina están comprometidos en la exploración de textos completos; leen, escriben y escuchan textos enteros. Están aprendiendo cómo comunicarse usando el lenguaje escrito. En lugar de enfocarse en la decodificación de palabras individuales, ellos empiezan por hablar acerca del significado de una historia o de un texto de contenido. Cristina sabe que para que sus estudiantes puedan usar los tres sistemas de claves lingüísticas, deben tener acceso a textos en su totalidad. Cuando los ejercicios son de palabras individuales, los estudiantes se deben apoyar principalmente en el sistema de claves fono-ortográficas, ya que las listas de palabras no ofrecen claves sintácticas ni el contexto necesario para determinar cuál es el significado apropiado.

Los estudiantes también desarrollan estrategias psicológicas mientras leen. Hacen predicciones y las confirman. Usan su conocimiento previo en expansión para darle sentido al texto. Y, como saben que lo importante es la construcción del significado, integran constantemente su nuevo conocimiento acerca del clima a lo que ya sabían.

Aunque sus estudiantes le prestan atención al significado, Cristina los prepara con actividades que les ayuden a desarrollar destrezas para decodificar palabras individuales. Por ejemplo, escriben palabras claves en la lista alfabética y buscan cognados. Durante la actividad de las noticias diarias, en la cual los estudiantes componen y escriben con Cristina, ella les pide que pongan atención a la manera como se deletrean las palabras y como se usa la puntuación. La lectura de poesía acerca del clima les permite fijarse en la rima al final de las palabras. En la lectura de libros gigantes, Cristina les señala las palabras y ellos relacionan las letras con los sonidos. Cristina cubre intencionalmente todos los aspectos del lenguaje mientras planea sus lecciones. Responde además a los estándares sobre la conciencia fonológica, la ortográfica y el texto impreso. No obstante, aun cuando enseña las destrezas, ella mantiene su atención en el desarrollo de procesos de lectura y escritura significativos, que permitan la construcción de vocabulario y conceptos académicos.

La lista de evaluación para la enseñanza efectiva de la lectura

Cristina evalúa su manera de enseñar a leer a través de la lista de evaluación para la enseñanza efectiva de la lectura (ver figura 3–2). La primera pregunta en la lista es: ¿valoran los estudiantes la lectura y se valoran a sí mismos como lectores? La

1. ¿Valoran los estudiantes la lectura y se valoran a sí mismos como lectores?

2. ¿Leen los maestros materiales de diversos géneros literarios a sus estudiantes frecuentemente?

3. ¿Disponen los estudiantes de una amplia variedad de materiales de lectura para escoger y de suficiente tiempo para leer?

4. ¿Saben los estudiantes seleccionar apropiadamente los libros para leer?

5. ¿Consideran los estudiantes que la lectura es en todo momento un proceso de construcción de significados?

6. ¿Utilizan los estudiantes en forma balanceada las claves de los tres sistemas (fono-ortográfico, sintáctico y semántico)?

7. ¿Reciben los estudiantes la ayuda apropiada mediante lecciones de estrategias cuando tienen dificultades en la lectura?

8. ¿Tienen los estudiantes oportunidades para hablar y escribir acerca de lo que han leído, conectándolo con la lectura y sus propias experiencias?

FIGURA 3–2. Lista de evaluación para la enseñanza efectiva de la lectura

primera preocupación de Cristina es poder ayudar a sus estudiantes a considerar la importancia de la lectura. Ella sabe que, no importa qué tan bien pueda leer un estudiante, si este no ve la lectura como algo que vale la pena, no será un lector de por vida. Algunos de los estudiantes de Cristina tienen dificultad para leer, por eso ella hace todo lo posible para proporcionarles libros que no solo les interesen, sino que también estén dentro del rango de sus habilidades de lectura. Ella quiere que todos sus estudiantes, que lean tanto en inglés como en español, se sientan satisfechos y así puedan construir la confianza en sí mismos y valorarse como lectores.

La segunda pregunta es: ¿leen los maestros materiales de diversos géneros literarios a sus estudiantes frecuentemente? Cristina les lee a sus estudiantes varias veces al día. Ella escoge libros con los cuales ellos podrían tener dificultad para leerlos por sí mismos. Cristina sabe que al leer en voz alta, demuestra un buen modelo de lectura fluida y eficiente. Para convertirse en lectores, los estudiantes deben ver buenos lectores en acción. Los libros de contenido y la literatura forman parte del tipo de textos que Cristina incluye en la lectura para sus estudiantes; quiere que ellos se den cuenta de que la lectura sirve para aprender y también para entretenerse. La tercera pregunta es: ¿disponen los estudiantes de una amplia variedad de materiales de lectura para escoger y de suficiente tiempo para leer? Cristina quiere que todos sus estudiantes tengan experiencias positivas con la lectura, por eso, ha llenado su salón con libros interesantes y llamativos. Se asegura de tener libros en cada idioma, con diferentes niveles de dificultad para que cada estudiante pueda escoger libros con el tema que la clase está estudiando. Por ejemplo, algunos de los libros sobre el clima tienen poco texto y una buena correspondencia entre el texto escrito y la ilustración. Otros tienen más texto e ilustraciones que amplían el significado. Cristina tiene claro que sus estudiantes también tienen diferencias en su habilidad para leer. Por lo tanto, ella necesita una gran variedad de libros para que ellos puedan escoger. Además, planea para que haya tiempo todos los días para la lectura independiente. Debido a que algunos de sus estudiantes no pueden leer por su propia cuenta, ella los pone en parejas para que lean juntos durante el tiempo de lectura independiente. Otros estudiantes van al centro de audio, donde pueden escuchar una historia con audífonos, mientras la siguen en su libro.

Incluso cuando los estudiantes tienen una amplia variedad de libros de donde escoger y suficiente tiempo para leer, algunos escogen mal sus libros y se sienten frustrados. La siguiente pregunta en la lista es: ¿saben los estudiantes seleccionar apropiadamente los libros para leer? Durante el año escolar, Cristina les enseña a sus estudiantes cómo seleccionar libros apropiadamente. Ella reconoce que algunos estudiantes simplemente escogen un libro porque su amigo está leyendo uno similar. Por esta razón, invierte un buen tiempo para enseñarles qué hace a un libro fácil, difícil o apropiado. Durante la lectura independiente, ella los anima a que escojan un libro fácil, uno difícil y uno con un nivel apropiado para ellos. Ella tiene que guiar a algunos estudiantes en la selección de libros, a unos para que lean algo más sencillo y a otros para que busquen algo que les exija un poco más. También motiva a sus estudiantes para que lean tanto textos informativos como libros de ficción.

La quinta pregunta es el principio que guía todas las actividades que planea Cristina: ¿consideran los estudiantes que la lectura es en todo momento un proceso de construcción de significados? En todas las lecciones que enseña, Cristina siempre se enfoca en la lectura como construcción de significado. Organiza sus lecciones alrededor de temas interesantes e involucra a sus estudiantes en la exploración de preguntas importantes, como "¿cómo influye el clima en nuestras vidas?". Ellos saben que mediante la lectura pueden responder este tipo de preguntas. Y aunque Cristina les enseña destrezas, siempre las mantiene en contexto para que cada experiencia de lectura sea significativa para sus estudiantes.

La pregunta número seis es: ¿utilizan los estudiantes en forma balanceada las claves de los tres sistemas (fono-ortográfico, sintáctico y semántico)? Cristina sabe que algunos de sus estudiantes se apoyan en las imágenes para poder darle sentido a una historia. Si antes les ha leído la historia, puede que ellos usen algunas palabras claves y detalles que recuerdan a medida que leen. Estos estudiantes se apoyan esencialmente en el conocimiento semántico. Otros se enfocan en las letras y las palabras, tratando de pronunciar los sonidos en cada palabra. Esta estrategia puede reflejar la manera como la maestra de preescolar les empezó a enseñar o el resultado de la enseñanza recibida en casa. Estos estudiantes se apoyan básicamente en el sistema fono-ortográfico. Cristina sabe que los lectores competentes usan en forma balanceada los tres sistemas de claves lingüísticas y no dependen demasiado de un solo sistema. Como trabaja también con grupos pequeños, Cristina diseña lecciones de estrategias que refuerzan las fortalezas de cada estudiante y también les ayudan a desarrollar las destrezas necesarias para usar los tres sistemas de claves.

La siguiente pregunta dice: ¿reciben los estudiantes la ayuda apropiada mediante lecciones de estrategias cuando tienen dificultades en la lectura? Cristina sabe que todos sus estudiantes necesitan mejorar sus destrezas para leer. Ella enseña algunas estrategias, como hacer predicciones, a todo el grupo. Por ejemplo, Cristina invitó a los niños a que hicieran predicciones sobre la portada y les enseñó rápidamente las ilustraciones del libro *El señor Viento Norte* (Mañé 1997) antes de leer y discutirlo con ellos. Otras estrategias como mirar los dibujos para poder entender el texto, pueden ser apropiadas solamente para algunos estudiantes. En la hora de lectura compartida y guiada, Cristina les presenta estrategias diferentes que ellos pueden practicar durante su tiempo de lectura independiente.

La última pregunta dice: ¿tienen los estudiantes oportunidades para hablar y escribir acerca de lo que han leído, conectándolo con la lectura y sus propias experiencias? Normalmente, Cristina introduce un libro enseñándoles a sus estudiantes la ilustración en la portada y haciéndoles preguntas para ayudarles a relacionar la lectura con sus propias experiencias. También selecciona temas y libros específicos que ella sabe que sus estudiantes podrían relacionar con sus vidas. Por ejemplo, en la unidad del clima, ella incluye libros sobre huracanes porque los estudiantes viven en un área donde estos son una amenaza. Este tipo de conexiones promueven una discusión animada, en la cual los estudiantes pueden ampliar su conocimiento y la comprensión de los textos que leen. Los trabajos escritos que Cristina asigna también les ayudan a promover esas conexiones con lo que han leído, a desarrollar y a refinar sus ideas. La lista de evaluación para la enseñanza efectiva de la lectura es una herramienta útil para los maestros que trabajan con estudiantes en diferentes niveles dentro de un mismo grado. Es una buena manera de que los maestros verifiquen si las prácticas que promueven para enseñar a leer son consistentes con la concepción sociopsicolingüística de la lectura. Concluimos este capítulo describiendo dos unidades adicionales de maestros que comparten la concepción sociopsicolingüística de la lectura y evaluamos cada lección usando la lista.

Una unidad sobre los animales enfocada en la lectura—en preescolar

"Todas las cosas cambian al crecer" es el texto de las dos primeras páginas del libro gigante *Cambios* (Allen y Rotner 1991), el cual Teresa usa para iniciar su unidad sobre los cambios, enfocados a los animales, con su clase bilingüe de preescolar. Teresa conecta su enseñanza con los TEKS de ciencias naturales para preescolar (TEA 1998a), los cuales requieren que los estudiantes sepan la diferencia entre seres vivos y seres inertes. La gran pregunta para la exploración con sus estudiantes es: ¿cómo cambian los seres vivos? Teresa también tiene en cuenta los estándares para el área de lenguaje en el estado de Texas (1998b). Ella genera espacios para la lectura y discusión con sus estudiantes. Además, los invita a escribir a través de la *experiencia inicial de escritura compartida* donde ellos son los que le dictan a la maestra sus ideas.

Después de leer las primeras páginas de *Cambios*, se hace una lluvia de ideas para crear una lista de todas las cosas que los estudiantes saben que cambian y crecen. Cuando ya han creado su lista de muchas cosas, que incluyen "las flores", "mi perro" y "mi hermanito", Teresa les lee el resto del libro gigante para que puedan corroborar cuáles de las cosas que mencionaron estaban incluidas en el libro. El texto termina con varios ejemplos de cómo crecen las crías de los animales y un bebé humano. Teresa entonces continúa con otro libro gigante y lee la primera página:

¿Has visto alguna vez perritos chiquititos? Son preciosos, ¿no es verdad? Los animales nacen chiquitos. Pero todos crecen hasta llegar a ser igualitos a sus padres. (Kratky 1991)

Para Teresa, este libro, *Los animales y sus crías, "¡Qué maravilla!"*, es importante porque presenta temas sobre cómo las madres cuidan a sus crías, cuáles animales nacen de huevos y cuáles nacen vivos. Los temas en este libro fascinan a los estudiantes de Teresa y las fotos a colores les llaman la atención. Mientras escuchan a su maestra leer la primera página, ven cómo señala cada palabra que lee. Algunos niños se enfocan en las palabras, mientras que otros se concentran más en las fotos.

Muchas manos están levantadas. El tema que seleccionó Teresa atrajo la atención de los niños de preescolar y están ansiosos de contarles a su maestra y a sus compañeros acerca de sus experiencias con los perritos, gatitos y conejitos. Ella les lee otro libro acerca de madres animales y sus crías, *Las mamás de los animales* (Komori 1997), y los estudiantes están fascinados con que las madres puedan cargar sus crías en sus bocas, otras en una bolsa en su piel y que otras empujen a sus crías. Para complementar este libro de contenido, Teresa les leerá la emocionante historia de *Choco encuentra una mamá* (Kasza 1997), en la que un pajarito que busca a su madre es cuidado por otros animales. También leerá *¿Tu mamá es una llama?* (Guarino 1993), donde también hay una pequeña llama en busca de su madre, y *Oli, el pequeño elefante* (Bos y De Beer 1989), la cual refuerza los conceptos claves sobre el tema de las crías que sus estudiantes investigarán durante la unidad.

Teresa tiene muchos libros pequeños en su salón para leerles a sus estudiantes y los invita a que lean solos o en parejas. Los libros pequeños refuerzan los conceptos introducidos mediante los libros gigantes y los cuentos. Hay cuatro libros llamativos de pasta dura: *Un cariñito, mi bebé* (Paqueforet 1993d), el cual explica cómo las madres cuidan a sus bebés; *A pasear, mi bebé* (Paqueforet 1993c), que trata sobre cómo y dónde se mueven los animales; *A dormir, mi bebé* (Paqueforet 1993b), el cual explica dónde y cómo duermen los animales; *A comer, mi bebé* (Paqueforet 1993a), que trata sobre lo que los animales comen y de dónde consiguen su alimento.

Otro libro, *¿Cómo son los animales bebés?* (Kuchalla 1987), es particularmente bueno para los lectores principiantes. Ya sea para la lectura individual o en parejas, los estudiantes pueden darle sentido a la historia porque las fotos apoyan el texto muy efectivamente. A los estudiantes de Teresa les encanta identificar partes del cuerpo de los animales; por eso leen *¿De quién es este rabo?* (Barberis 1974). Además, leen otro libro predecible favorito, *Los seis deseos de la jirafa* (Ada 1989a), en el cual la jirafa quiere una cola diferente. A los estudiantes les encanta repetir la frase final de cada página, la cual cambia con cada nueva cola de animal. Su frase favorita es "¡Pobre jirafa, con cola de chango!". Para promover el uso creativo del español y el trabajo con rimas y números, la maestra y los estudiantes leen *Me gustaría tener . . .* (Ada 1989b). El libro gigante *Tres amigos* (Brusca y Wilson 1995) les da la oportunidad a los estudiantes de contar y aprender sobre los animales del desierto. Los estudiantes continúan leyendo libros sobre los animales, ya sea en grupos pequeños, con la maestra o con la asistente de la maestra. Entre otros libros están: *Pistas de animales* (Drew 1993), *Veo, veo colas* (Kratky 1995d), *Orejas* (Kratky 1995b), *Patas* (Beck 1994) y *¿Quién está en la choza?* (Parkes 1990). Estos libros ilustrados de poco texto son muy predecibles. Los patrones ayudan a los estudiantes a construir significado a medida que van conectando las ilustraciones con el texto.

Durante el tiempo de *ESL*, Teresa refuerza varios de los conceptos que los estudiantes han estado trabajando, a veces leyendo los mismos libros gigantes en inglés que han leído en español, entre ellos *Animal Mothers* (Madres animales) (Komori 1996) y *A Mother for Choco* (Choco encuentra una mamá) (Kazsa 1996, 1997). Teresa también trabaja con figuras, números y verbos en inglés al explorar el contenido. Les lee *Color Zoo* (Zoológico de color) (Ehlert 1990) y los estudiantes construyen sus propios animales con figuras. Luego lee *Count* (Cuenta) (Fleming 1992) porque el texto cuenta los animales en acción. Por ejemplo, en la página sobre cuatro canguros el texto dice: *"Bounce, kangaroos!"* (¡Salten, canguros!) (8) y la página con las dos cebras dice: *"Jump, zebras!"* (¡Brinquen, cebras!) (4). Claro, los niños pueden imitar las acciones que los animales están haciendo. La figura 3–3 presenta una lista de algunos libros en español y en inglés que pueden ser usados para una unidad sobre los animales con niños pequeños.

Teresa genera otros espacios y actividades para la lectura y la escritura mientras implementa su unidad temática. Por ejemplo, ella realiza una lluvia de ideas con los niños para saber lo que ya saben acerca de los diferentes animales. Para esta actividad, pone fotos en el tablero de avisos y los estudiantes comparten lo que notan sobre estas. Ellos usan sus experiencias previas y la nueva información que obtuvieron con la lectura. Teresa escribe claramente debajo de las fotos lo que los niños le dicen para que luego puedan leerlo y usar esta información como referencia a la hora de escribir. Ella enseña la lengua mediante el contenido organizado alrededor de un tema significativo. A medida que exploran la gran pregunta "¿cómo cambian los seres vivos?", sus estudiantes desarrollan tanto el conocimiento académico específico como las destrezas para leer y escribir en dos idiomas.

Análisis de la lección de Teresa usando la lista de evaluación para la enseñanza efectiva de la lectura

Teresa podría contestar de manera afirmativa a muchas de las preguntas de la lista. Ella ayuda a sus estudiantes a valorar la lectura al ofrecerles textos interesantes. También planea sus lecciones para que sus estudiantes puedan empezar a leer independientemente y lograr valorarse a sí mismos como lectores. Teresa les lee todos los días y les ayuda a seleccionar bien sus libros, a medida que van haciéndose lectores independientes. Se asegura además de incluir una variedad de géneros cuando lee, con el propósito de que sus estudiantes se familiaricen con textos informativos y de ficción, en su exploración sobre los animales. Teresa enfatiza siempre la construcción de sentido al resaltar el contenido de los textos. Ella enseña a leer y escribir por medio del contenido académico, teniendo en cuenta el nivel de sus estudiantes, y considera necesario que no gasten su tiempo llenando hojas de trabajo y haciendo ejercicios abstractos de conciencia fonémica.

Teresa observa cómo sus estudiantes usan los tres sistemas de claves lingüísticas mientras leen. Ya que son lectores principiantes, ella presta especial atención a involucrarlos activamente en la lectura más que ofrecerles lecciones de estrategias específicas. Para ella es claro que algunos de sus estudiantes simplemente necesitan más tiempo interactuando con los textos, no más enseñanza directa. A los estudiantes de Teresa les gusta mucho hablar y escribir sobre lo que ella y ellos leen. En su salón, la conversación y la escritura son esenciales para construir y de-

Ada, Alma F. 1989a. *Los seis deseos de la jirafa*. Carmel, CA: Hampton-Brown.

———. 1989b. *Me gustaría tener*. Northvale, NJ: Santillana.

———. 1992. *The Giraffe's Sad Tale*. Carmel, CA: Hampton-Brown.

Allen, Marjorie, and Shelly Rotner. 1996. *Cambios*. Carmel, CA: Hampton-Brown.

Barberis. 1974. *¿De quién es este rabo?* Colección Duende. Valladolid, Spain: Miñon.

Beck, Jennifer. 1994. *Patas*. Literacy 2000, Nivel 3. Crystal Lake, IL: Rigby.

Bos, Burny, and Hans De Beer. 1989. *Oli, el pequeño elefante*. Barcelona, Spain: Editorial Lumen.

Brusca, María Cristina, and Tona Wilson. 1995. *Tres amigos*. Boston: Houghton Mifflin.

———. 1997. *Three Friends*. Boston: Houghton Mifflin.

Drew, David. 1990. *Animal Clues*. Crystal Lake, IL: Rigby.

———. 1993. *Pistas de animales*. Crystal Lake, IL: Rigby.

Ediciones Litexsa Venezolana, ed. 1987. *Aprender a contar*. Caracas, Venezuela: Cromotip.

Ehlert, Lois. 1990. *Color Zoo*. New York: Trumpet.

Fleming, Denise. 1992. *Count*. New York: Henry Holt.

Guarino, Deborah. 1989. *Is Your Mama a Llama?* New York: Scholastic.

———. 1993. *¿Tu mamá es una llama?* New York: Scholastic.

Kasza, Keiko. 1996. *A Mother for Choco*. Boston: Houghton Mifflin.

———. 1997. *Choco encuentra una mamá*. Boston: Houghton Mifflin.

Komori, Atsushi. 1996. *Animal Mothers*. Boston: Houghton Mifflin.

———. 1997. *Las mamás de los animales*. Boston: Houghton Mifflin.

Kratky, Lada Josefa. 1991a. *Los animales y sus crías, "¡Qué maravilla!"* Carmel, CA: Hampton-Brown.

———. 1991b. *Animals and Their Young*. Carmel, CA: Hampton-Brown.

———. 1995. *Orejas*. Pan y Canela, Colección B. Carmel, CA: Hampton-Brown.

———. 1997. *Ears*. Carmel, CA: Hampton-Brown.

Kuchalla, Susan. 1982. *Baby Animals*. Mahwah, NJ: Troll.

———. 1987. *¿Cómo son los animales bebés? ¿Cómo son?* México, DF: SITESA.

Paqueforet, Marcus. 1993a. *A comer, mi bebé*. Libros del Rincón. México, DF: Hachette Latinoamérica/SEP.

———. 1993b. *A dormir, mi bebé*. Libros del Rincón. México, DF: Hachette Latinoamérica/SEP.

———. 1993c. *A pasear, mi bebé*. Libros del Rincón. México, DF: Hachette Latinoamérica/SEP.

———. 1993d. *Un cariñito, mi bebé*. Libros del Rincón. México, DF: Hachette Latinoamérica/SEP.

Parkes, Brenda. 1986. *Who's in the Shed?* Crystal Lake, IL: Rigby.

———. 1990. *¿Quién está en la choza?* Crystal Lake, IL: Rigby.

Sempere, Vicky. 1987. *ABC*. Caracas, Venezuela: Ediciones Ekaré- Banco del Libro.

FIGURA 3–3. Bibliografía para la unidad sobre los animales para niños de preescolar

sarrollar los conceptos introducidos en la lectura. Los estudiantes de Teresa están rodeados por textos interesantes e imaginativos, escritos en un lenguaje natural y llamativo. Todos estos elementos son claves para el desarrollo temprano de la capacidad de leer y escribir de estos niños.

Una unidad sobre los animales enfocada en la lectura—en cuarto grado

Al principio del año escolar, Roberto, un maestro de cuarto grado en un programa de doble inmersión, realiza una lluvia de ideas o preguntas con sus estudiantes acerca del mundo. La mayor preocupación que manifiestan sus estudiantes tiene que ver con el cuidado de la Tierra. Es por esto que Roberto decide desarrollar un tema sobre la conservación para responder a la pregunta: ¿cómo generamos un cambio en el medio ambiente? Este tema también se relaciona con los estándares de ciencias naturales para cuarto grado en el estado de California (Burton y Ong 2000, 9).

Roberto comienza la exploración temática en español leyendo el libro *Conservación* (Ingpen y Dunkle 1991), una traducción de un libro premiado sobre la importancia de conservar los recursos naturales. La discusión después de la lectura de este libro lleva a los estudiantes a una pregunta en particular que les llama la atención: ¿cómo se relacionan los animales y los humanos? Para comenzar la investigación de esta pregunta, Roberto les lee *Zoológico* (Browne 1993), otra traducción al español de un libro originalmente escrito en inglés acerca de la visita de una familia al zoológico. Este llamativo libro genera preguntas sobre la relación de las personas con los animales y los efectos de tenerlos en jaulas. Después de leer el libro, el cual los deja preguntándose qué seguirá después, Roberto comienza la conversación haciendo dos preguntas (ver figura 3–4), las cuales le permiten constatar la comprensión literal de sus estudiantes y ampliar su comprensión: ¿qué recuerdan de lo que leí? y ¿qué más les gustaría conocer acerca de la historia? Los estudiantes comparten lo que recuerdan de las escenas vívidas, las reacciones de

---

1. ¿Qué recuerdas?

2. ¿Qué más te gustaría conocer acerca de la historia?

3. ¿Qué te hace recordar esta historia?

4. ¿Qué otros libros has leído que puedas relacionar con esta historia?

FIGURA 3–4. Preguntas para la comprensión (basado en Hansen 1989)

los personajes hacia los animales y la falta de respeto hacia los animales por parte del padre. También preguntan sobre lo que puede pasar después en la historia. La discusión también los lleva a la pregunta de si los animales del zoológico deben estar enjaulados.

Después, Roberto les lee otro libro escrito por Browne, *Gorila* (1991) y les hace dos preguntas adicionales (ver figura 3–4): ¿Qué les hace recordar esta historia? y ¿qué otros libros han leído que puedan relacionar con esta historia? Estas dos preguntas ayudan a los estudiantes a relacionar el texto con ellos mismos y con otros textos. Durante sus lecciones, Roberto normalmente usa una o más de estas preguntas (ver figura 3–4). Los estudiantes recuerdan sus propias visitas al zoológico y qué tristes se veían los animales enjaulados. Además, comienzan a hacer conexiones intertextuales importantes, relacionando las ideas entre las historias que han leído.

Roberto amplía esta discusión al invitarlos a comparar dos de las historias. Dibuja dos círculos entrelazados en el pizarrón para formar un diagrama de Venn. Encima de uno de los círculos escribe "Diferencias *Zoológico*"; y del otro, "Diferencias *Gorila*". Después Roberto escribe "Semejanzas" sobre el área de intersección de los dos círculos. Los estudiantes utilizan este diagrama como modelo y trabajan en grupos pequeños para hacer una lista de las diferencias y semejanzas entre los dos libros (ver figura 3–5).

FIGURA 3–5. Diagrama de Venn para dos historias

Después de que completan sus diagramas de Venn y los comparan, Roberto escribe otra pregunta en el pizarrón: "¿qué sabemos acerca de la relación entre el hombre y los animales?". Después de que los estudiantes discuten esta pregunta en grupos pequeños, hacen una lista de sus ideas. Tienen en cuenta el hecho de que muchos animales están extintos y muchos más están en vías de extinción. Roberto hace énfasis en este punto y les pregunta: "¿qué queremos saber sobre los animales en extinción y las especies en peligro de extinción?". Los estudiantes y su maestro deciden investigar más a fondo esta pregunta y van a explorar otros libros.

Para ayudar a sus estudiantes con esta investigación, Roberto llena el salón con diferentes recursos en inglés y en español. Incluye libros ricos en información y muchas ilustraciones de animales que ya están extintos o que deben ser protegidos: *¿Les echaremos de menos?* (Wright 1993), *The Extinct Alphabet Book* (El libro del alfabeto extinto) (Pallota 1993), *The Book of Animal Records* (El libro de los récords de los animales) (Drew 1989), *La familia del chimpancé* (Goodall 1991), *La familia del león* (Hofer y Ziesler 1992), *Cocodrilos y caimanes* (Barrett 1991a), *Monos y simios* (Barrett 1991b), *Amazing Animals* (Animales asombrosos) (Drew 2000a), *Mountain Gorillas in Danger* (Gorilas de montaña en peligro) (Ritchie 1999) y ediciones de *Zoobooks*, una revista con artículos sobre muchos animales, incluyendo uno titulado "*Los animales en extinción*" (Wexo 1981).

Para los estudiantes que tienen menos experiencia en la lectura en español, Roberto provee historias y libros con menos texto, pero apoyados con fotografías e ilustraciones que no parecen ser para niños muy pequeños. Entre estos están: *Los animales del mundo* (Granowsky 1986a), *¿Por qué nos preocupa?* (Granowsky 1986b), *El bosque tropical* (Cowcher 1992), *Podría ser un mamífero* (Fowler 1991), *Animales con armadura* (Smith 2002), *Animales de mar y tierra* (Dawson 2003), *Animales y plantas viven aquí* (Wong 2002), y *La culebra verde* (Urbina s. f.). La figura 3–6 presenta una lista de libros de animales en español y en inglés usados en la lección de Roberto y otros libros que pueden usarse para estudiantes más grandes.

Durante las dos semanas siguientes, los estudiantes leen y discuten estos libros y hacen reportes escritos sobre las diferentes preguntas que decidieron investigar. También escriben un reporte imaginativo después de leer *Si los dinosaurios regresaran* (Most 1997) para comentar qué pasaría si algunos animales extintos estuvieran vivos. Para terminar esta unidad temática, Roberto y sus estudiantes trabajan en una lectura dramática del libro *Fox, Beware!* (Zorro, ¡ten cuidado!) (Waite 2000), el cual nos cuenta cómo el mundo moderno ha destruido el hábitat de los animales salvajes. También deciden hacer un libro gigante. Los estudiantes trabajan en grupos y cada grupo debe escribir una página que incluya una imagen

Atkinson, Kathie. 1998. *Hide to Survive*. Crystal Lake, IL: Rigby.

Barrett, Norman. 1988. *Monkeys and Simians*. New York: Franklin Watts.

———. 1989. *Crocodiles and Caimans*. New York: Franklin Watts.

———. 1991a. *Cocodrilos y caimanes: Biblioteca Gráfica*. New York: Franklin Watts.

———.1991b. *Monos y simios: Biblioteca Gráfica*. New York: Franklin Watts.

Berger, Melvin, and Gilbert Berger. 1999. *Do Tarantulas Have Teeth?* New York: Scholastic.

Browne, Anthony. 1983. *Gorilla*. London: Julia MacRae Books.

———. 1991. *Gorila*. Trans. C. Esteva, A la orilla del viento. México, DF: Fondo de Cultura Económica.

———. 1992. *Zoo*. London: Julia MacRae Books.

———. 1993. *Zoológico*. Trans. C. Esteva, A la orilla del viento. México, DF: Fondo de Cultura Económica.

Cherry, Lynne. 1990. *The Great Kapok Tree*. New York: Harcourt.

———. 1996. *La ceiba majestuosa: Un cuento del bosque lluvioso*. Boston: Houghton Mifflin.

Comerlati, Mara. 1983. *Conoce nuestros mamíferos*. Caracas, Venezuela: Ediciones Ekaré Banco del Libro.

Cowcher, Helen. 1992. *El bosque tropical*. New York: Scholastic.

Dawson, Sarah. 2001. *Animals of the Land and Sea*. Washington, DC: National Geographic.

———. 2003. *Animales de mar y tierra*. Washington, DC: National Geographic.

Fowler, Allan. 1991. *Podría ser un mamífero*. Chicago: Children's Press.

Goodall, Jane. 1989. *The Chimpanzee Family Book*. Salzburgo: Neugebauer.

———. 1991. *La familia del chimpancé*. México, DF: SITESA.

Granados, Antonio. 1989. *Zoológico de palabras*. Hermosillo, México: Editorial UniSon.

Granowsky, Alvin. 1986a. *Los animales del mundo*. Ed. C. Johnson, Especies del mundo en peligro de extinción. Lexington, MA: Schoolhouse.

———. 1986b. *¿Por que nos preocupa?* Lexington, MA: Schoolhouse.

Greenway, Shirley. 1997. *Two's Company*. Watertown, MA: Charlesbridge.

Hofer, Angelika, and Günter Ziesler. 1988. *The Lion Family Book*. Salzburgo: Neugebauer.

———. 1992. *La familia del león*. México, DF: SITESA.

Ingpen, Robert, and Margaret Dunkle. 1987. *Conservation*. Melbourne, Australia: Hill of Content.

———. 1991. *Conservación*. México, DF: Editorial Origen S.A.

Most, Bernard. 1978. *If the Dinosaurs Came Back*. New York: Harcourt Brace.

———. 1997. *Si los dinosaurios regresaran*. Boston: Houghton Mifflin.

FIGURA 3–6. Bibliografía sobre los animales para estudiantes más grandes

Pratt, Kristin Joy. 1993. *Un paseo por el bosque lluvioso/A Walk in the Rainforest*. Nevada City, CA: Dawn.

Ritchie, Rita. 1999. *Mountain Gorillas in Danger*. Boston: Houghton Mifflin.

Sánchez, Isidro. 1989. *El elefante*. Barcelona, Spain: Multilibro.

Smith, Cathy. 2001. *Animals with Armor*. Washington, DC: National Geographic.

———. 2002. *Animales con armadura*. Washington, DC: National Geographic.

Urbina, Joaquín. s. f. *La culebra verde*. Caracas, Venezuela: Gráficas Armitano.

Waite, Judy. 2000. *Fox, Beware!* Barrington, IL: Rigby.

Wexo, John Bonnett. 1981. "Los animales en extinción." Zoobooks.

Willow, Diane, and Laura Jacques. 1993. *Dentro de la selva tropical*. Watertown, MA: Charlesbridge.

Wong, George. 2001. *Animals and Plants Live Here*. Washington, DC: National Geographic.

———. 2002. *Animales y plantas viven aquí*. Washington, DC: National Geographic.

Wright, Alexandra. 1992. *Will We Miss Them?* Watertown, MA: Charlesbridge.

———. 1993. *¿Les echaremos de menos?* Watertown, MA: Charlesbridge.

Zak, Monica. 1989. *Salvan mi selva*. México, DF: Sistemas Técnicos de Edición.

Zawisza, Tita. 1982. *Conoce a nuestros insectos*. Caracas, Venezuela: Ediciones Ekaré-Banco del Libro.

FIGURA 3–6. Bibliografía sobre los animales para estudiantes más grandes (*continuación*)

de un animal en peligro de extinción y la información correspondiente. Escogen un día para presentar su lectura dramática y sus investigaciones a otras clases de la escuela. Ellos decoran su salón con imágenes de animales en su hábitat natural. También buscan grabaciones de sonidos de animales salvajes. Cada grupo crea un modelo a gran escala del animal que ha estudiado. Luego los estudiantes diseñan centros donde agrupan los modelos de los animales que viven en ambientes similares y representan el hábitat de cada animal estudiado con papel periódico. A medida que las otras clases van entrando a su salón, los estudiantes son divididos en grupos pequeños y dirigidos a uno de los centros. Allí, ellos examinan los modelos mientras escuchan a los expertos, los estudiantes de Roberto, hablar acerca de los diferentes animales. Los invitados rotan por los centros para que puedan aprender sobre todos los animales que los estudiantes de Roberto han estudiado. Cuando todos los grupos pequeños han hecho sus presentaciones, los estudiantes de Roberto hacen la lectura dramática de *Fox, Beware!* Este evento final les brinda la posibilidad, de una manera natural, de compartir todo el conocimiento que han desarrollado. Al mismo tiempo, motiva a los estudiantes de otras clases, particularmente a los de tercer grado, a pensar un poco en lo emocionante que sería estar en cuarto grado en la clase de Roberto.

Análisis de la lección de Roberto

Al igual que Teresa, Roberto puede contestar afirmativamente a las preguntas de la lista. Los estudiantes de Roberto participaron de una lectura interesante y significativa, que les ayudó a contestar preguntas importantes. Durante este proceso, Roberto reforzó en sus estudiantes el valor de la lectura. También incluyó libros de diferentes niveles en cada lengua para que todos sus estudiantes pudieran leer con confianza y valorarse como lectores.

Aunque sus estudiantes están en cuarto grado, Roberto les lee todos los días. Seleccionó libros que quizás pudieran ser difíciles de leer independientemente por algunos de sus estudiantes y los leyó en voz alta. Durante el desarrollo de la unidad temática, Roberto trajo muchos libros relacionados con el tema para que los estudiantes tuvieran una amplia variedad de materiales para seleccionar y explorar sus preguntas. Mientras que los estudiantes leían por su cuenta, Roberto los aconsejaba para que pudieran tomar decisiones apropiadas en cuanto a la selección de sus libros. Roberto motivó a aquellos estudiantes que tenían libros muy fáciles o muy difíciles a que seleccionaran unos más adecuados para su nivel. Ya que los estudiantes estaban leyendo para contestar preguntas importantes, su enfoque fue siempre darle sentido a lo que leían en sus libros. Roberto les enseñó importantes destrezas para leer dentro de un contexto, pero nunca permitió que sus estudiantes perdieran su valioso tiempo de lectura llenando hojas de trabajo sin sentido. Él quería que sus estudiantes consideraran la lectura como una fuente de información y entretenimiento.

Mientras los estudiantes trabajaban en sus proyectos en grupos, Roberto les pidió a algunos de ellos que le leyeran en voz alta para evaluar el uso de los sistemas de claves lingüísticas. También planeó lecciones de estrategias para toda la clase y para algunos estudiantes en particular. La actividad del diagrama de Venn que se usó para determinar semejanzas y diferencias fue una lección para toda a la clase. Para los estudiantes que necesitaban estrategias en otros aspectos de la lectura, Roberto planeó lecciones que se acercaran más a sus necesidades. Roberto y sus estudiantes comentaron con frecuencia sobre lo que él les leyó y lo que ellos leyeron independientemente y en grupos pequeños. Al leer y hablar de un libro sobre un tema de su interés, los estudiantes de Roberto relacionaron las ideas de los libros con sus propias experiencias. Además, al final de la unidad de los animales, tuvieron la oportunidad de presentar todo lo que habían aprendido a los otros grupos que fueron a ver su trabajo. La lectura dramática de *Fox, Beware!* les dio la oportunidad de practicar la fluidez en un contexto significativo y, en particular, apoyó a aquellos lectores con dificultades para leer.

 ## Conclusión

Empezamos este capítulo con la descripción de una unidad sobre el clima enseñada por Cristina, una maestra que se apoya en la concepción sociopsicolingüística de la lectura. Aunque ella enseñó el mismo contenido que Guillermo y Elena y usó algunos de los mismos materiales, sus lecciones fueron muy diferentes de las de estos dos maestros. Sus lecciones fueron diseñadas para ayudar a sus estudiantes a usar la lectura para aprender acerca del clima. Ella les enseñó a leer a través de la exploración de contenidos significativos.

Después explicamos la concepción sociopsicolingüística de la lectura en detalle. La base de la investigación que fundamenta esta concepción es el análisis de las aproximaciones lingüísticas al texto, un proceso que implica escuchar cuidadosamente a los estudiantes mientras leen y luego analizar tanto la manera como substituyen, insertan y omiten palabras, como sus correcciones y recuentos. Esta concepción sostiene que la lectura es un proceso de construcción de significados, involucra el conocimiento previo, las estrategias psicológicas y los sistemas de claves lingüísticas.

Después de analizar las lecciones de Cristina para demostrar su coherencia con la concepción sociopsicolingüística de la lectura, introdujimos la lista de evaluación para la enseñanza efectiva de la lectura. Los maestros como Cristina podrían contestar afirmativamente a todas las preguntas de la lista. Concluimos el capítulo describiendo dos unidades adicionales de otros maestros quienes tienen una concepción sociopsicolingüística y luego evaluamos su enseñanza de la lectura usando la lista. Los métodos actuales de enseñanza de la lectura han surgido de teorías y métodos pasados. En el siguiente capítulo, ofrecemos a los lectores información fundamental sobre el desarrollo de la lectura, a través de una mirada a la historia de los métodos de la enseñanza de esta en español y en inglés.

 ## Aplicaciones

1. La lección de Cristina sobre el clima es diferente de las lecciones de Guillermo y de Elena. Enumere de ocho a diez diferencias. ¿Cuál de las tres lecciones le gustó más? ¿Por qué?

2. Cuando comenzamos nuestra discusión sobre la concepción sociopsicolingüística de la lectura, mencionamos la perspectiva de Ken Goodman sobre la lectura como un juego de adivinanza psicolingüístico. ¿Por qué la llama de esta manera? Prepárese para discutir su respuesta.

3. ¿Rechaza la investigación sobre el movimiento de los ojos la concepción de la lectura como el reconocimiento de palabras? ¿De qué manera? Discuta su respuesta con un colega.

4. ¿Qué es el análisis de aproximaciones lingüísticas al texto? ¿Qué clase de información nos brinda? ¿Cómo apoyan los resultados de estos análisis la concepción sociopsicolingüística de la lectura?

5. Discutimos las estrategias psicológicas que emplean los lectores, incluyendo hacer un muestreo del texto, inferir, predecir, confirmar o descartar, e integrar. Seleccione un libro infantil favorito. Lea el libro con un grupo de niños, invitándoles a predecir, confirmar o descartar sus predicciones. Para evaluar la integración, pídales que escriban un resumen corto del libro.

6. Presentamos el texto "Cuos deg un fetv estaba farumando dos cirtes" para poder entender los sistemas fono-ortográfico, sintáctico y semántico. Invite a un adulto a que lea el texto, y hágale algunas de las preguntas de comprensión para cada sistema de claves. ¿Le ayuda este ejercicio a entender más claramente cómo funcionan los tres sistemas?

7. Repase la lista de evaluación para la enseñanza efectiva de la lectura. Con esta lista, evalúe una lección de lectura que haya enseñado u observado recientemente. ¿Cuáles de los elementos de la lista estuvieron presentes en la lección? ¿Cuáles faltaron?

La historia de la enseñanza de la lectoescritura en español y en inglés

Entre más cambian las cosas, más iguales permanecen.

Refrán francés

En este capítulo, ofrecemos una breve reseña histórica de los métodos de lectura en español y en inglés. Esta información se puede encontrar con más detalle, pero esperamos que nuestra discusión genere el conocimiento fundamental y suficiente para que los lectores puedan analizar los actuales métodos para la enseñanza de la lectura. Lo que se hace evidente después de esta mirada a la historia es que la mayoría de los métodos para enseñar a leer han seguido la lógica que subyace a la concepción de la lectura como el reconocimiento de palabras, más que a la investigación social, psicológica y lingüística que apoya la concepción sociopsicolingüística de la lectura.

Una reseña histórica de los primeros métodos de lectura en español

Los métodos sintéticos

En su libro *Los métodos de lectura*, Bellenger (1979) presenta la historia de lo que ha sido la enseñanza de la lectura. Según él, la lectura se ha enseñado utilizando un enfoque sintético, de las partes al todo, durante más de dos mil años, desde la antigua Grecia. En este enfoque sintético, a los niños se les enseñaba a leer comenzando primero con la identificación de las letras, luego de las sílabas, después de las palabras aisladas, las frases y por último los textos completos. La recitación, la memorización y la pronunciación cuidadosa eran partes importantes de la pedagogía. Los romanos siguieron las mismas prácticas, y de hecho, estas continuaron hasta la Edad Media.

En Europa, en aquellos tiempos remotos, la lectura y la escritura estaban restringidas a las clases altas y a los miembros de la Iglesia. Entonces, en la década de 1660, cuando los españoles querían educar a la gente en la religión, los sacerdotes de las escuelas religiosas comenzaron a diseñar métodos para educar al pueblo. La lectura se desarrollaba sintéticamente, como se había hecho en el pasado, comenzando con las partes y moviéndose hacia el todo, porque se pensaba que las clases sociales más bajas necesitaban una progresión paso a paso muy rígida y muy lenta para poder aprender.

En el Nuevo Mundo, la enseñanza de la lectura también era terreno de la Iglesia. En la década de 1770, el rey de España, Carlos III, ordenó que solo se hablara español en Nueva España. En este período se desarrolló el famoso *Silabario de San Miguel* en México para enseñar religión y español a las masas, incluyendo los pueblos indígenas. La portada del *Silabario* es reconocida por su representación del Arcángel San Miguel golpeando a Satanás (Barbosa Heldt 1971). López Guerra y Flores Chávez (2004) explican:

> El método de enseñanza del español se realizaba con su pequeño folleto de 8 hojas compuesto por 38 lecciones o ejercicios: el *Silabario Método de San Miguel* o *Silabario de San Vicente*. (5)

La primera parte del *Silabario* presentaba las vocales, las cuales los estudiantes practicaban recitando oralmente. En la segunda parte, las vocales eran combinadas con consonantes para formar sílabas, para la práctica oral. Luego, los estudiantes aprendían el alfabeto, tanto letras mayúsculas como minúsculas. Por último, leían (o repetían) palabras individuales, separadas por sílabas. El folleto entero tenía un tema religioso y fue usado a lo largo del período colonial, especialmente en las escuelas parroquiales, por sacerdotes para enseñar la lectura y la religión (Barbosa Heldt 1971). El *Silabario de San Miguel* es un documento clásico de lectura sintética, llamado por Barbosa Heldt como "un verdadero documento de la pedagogía tradicionalista y anticientífica, cuyo origen se remonta a siglos pasados" (29). A pesar del rechazo de este enfoque por parte de Barbosa Heldt y otros educadores, los silabarios se usaron ampliamente en Latinoamérica y Europa y aún están disponibles. De hecho, en 1990 se produjo un nuevo silabario en España y en 1994 se publicaron dos silabarios en Venezuela.

Los métodos analíticos

Los métodos sintéticos para la enseñanza de la lectura fueron usados en Europa y el Nuevo Mundo ampliamente. Sin embargo, hubo mucha crítica sobre estos métodos porque se consideraban artificiales y mecánicos. A comienzos del siglo XVII, Comenius presentó un nuevo método en su *Orbis Pictus*. Propuso comenzar con el todo y no con las partes. Su propósito era la educación universal, no solo para la clase élite. ¡Hasta propuso educar a las mujeres! Él consideraba la capacidad de leer y escribir por parte de los estudiantes como eje central para el acceso al conocimiento y al entendimiento y promovió el uso de la lengua y la lectoescritura para aprender sobre las ciencias y otros campos académicos (Shannon 1991).

Las críticas al enfoque sintético continuaron. En *De la maniere d'apprendre les langues* (La manera de aprender las lenguas), Radonvilliers rechazó la idea de que los niños deberían deletrear y pronunciar sílabas y palabras, y propuso que ellos pudieran reconocer directamente las palabras completas. Otro francés, Adam, estuvo de acuerdo con esta propuesta e insistió en que el método sintético debía abandonarse, porque (en la traducción de Bellenger):

> Se atormenta insistentemente a los niños para hacerlos conocer y retener un elevado número de letras, de sílabas y de sonidos, de lo cual nada pueden comprender porque estos elementos no contienen en sí mismos ninguna idea que les atraiga ni les divierta. (1979, 72)

Aunque esta cita tenga más de cien años, desafortunadamente, todavía se aplica a muchos estudiantes de inglés en escuelas donde la lectura se enseña según la concepción del reconocimiento de palabras.

En 1880, Block, elaborando sobre el trabajo de los franceses así como el de algunos académicos alemanes, introdujo un nuevo y atrevido método para enseñar la lectura, el cual usaba palabras enteras para ilustrar los sonidos y las letras que los estudiantes debían aprender. En lugar de comenzar con letras o sílabas y construir palabras, este método comenzaba con palabras completas que luego se descomponían en sus partes.

En México, el método de Block fue introducido por Rébsamen en 1899 con la publicación de su *Guía metodológica de la enseñanza de la escritura y lectura*. Barbosa Heldt explica cómo funcionaba el método:

> A Rébsamen, pues, se debe la introducción a México del Método llamado de Palabras Normales. [. . .] Es analítico-sintético, porque sigue un orden en que se presenta primero la palabra, pasando luego a su división en sílabas y por último a las letras, representadas por sus sonidos, para regresar a las sílabas y retomar a la palabra. (38)

El método de Rébsamen sigue aún influyendo la manera de enseñar a leer en español. En México, todavía aparece como referencia en el texto de lectura para principiantes aprobado por el gobierno de este país en la década de 1980 (Álvarez 1979). Sin embargo, fue criticado debido a las palabras sin sentido que debían leer y analizar los niños, con el fin de aprender los sonidos y las letras. Entonces, el método de Block fue rechazado, debido a "su negación de la lectura como un medio de comunicación utilizable por el niño" (Bellenger 1979, 70).

Los métodos analíticos, como los de Block, se basaban en la idea de la percepción de palabras y frases de forma global. Sin embargo, estos primeros métodos analíticos fueron criticados por concentrarse en el lenguaje e ignorar al lector. Esta preocupación llevó a los educadores de la lectura a poner un mayor énfasis en el uso de los conocimientos previos de los estudiantes y la comprensión de los textos. Por ejemplo, el belga Decroly desarrolló el método ideovisual en 1936. Según Bellenger, este método "se trataba de hacer que los niños comprendiesen lo que leían y de orientarles hacia la identificación del texto" (1979, 76).

En 1947, el educador francés Hendrix escribió un libro que describía el método global, que era una extensión del método ideovisual de Decroly. El libro de Hendrix fue traducido al español bajo el título *Cómo enseñar a leer por el método global* (Hendrix 1952) y fue ampliamente leído en toda Latinoamérica. El libro explica a los educadores cómo enseñar a leer, comenzando con la oración o la frase, moviéndose hacia la palabra, luego la sílaba y finalmente, la letra.

Esta breve reseña de la historia de los métodos de lectura en español muestra que, aunque haya habido una preocupación por tener en cuenta los conocimientos previos de los estudiantes y ayudarles a comprender el texto, los métodos no lograron hacer esto. Los métodos sintéticos y analíticos están diseñados para enseñar el reconocimiento de palabras. Los enfoques sintéticos van desde las partes—las letras, sonidos o sílabas—hasta la identificación del todo, siendo este último la palabra o, a lo máximo, una oración.

En contraste, los enfoques analíticos comienzan con el todo y se descompone en sus partes. Desafortunadamente, el todo no alcanza ni a ser una oración completa. Aun cuando se presentan oraciones y frases completas, se analizan las palabras individuales. Los estudiantes no van más allá de la oración. Existe poca evidencia de que la construcción de significado haya sido una consideración seria en la mayoría de los métodos, aunque los educadores pudieron haber creído que los lectores comprendían un texto una vez que hubieran identificado las palabras. No es sorprendente que aún hoy el método más común para enseñar a leer en español comience con el aprendizaje de las sílabas.

Los primeros métodos de enseñanza de la lectura en inglés en los Estados Unidos

El inicio de la enseñanza de la lectura en inglés, en los Estados Unidos al igual que en Europa y Latinoamérica, estuvo fuertemente influenciado por la Iglesia. Los niños aprendían a leer para poder leer la Biblia u otros textos religiosos. Durante el siglo XIX, los maestros que enseñaban a leer recibían poca o ninguna preparación pedagógica. A menudo, estos mismos maestros tenían una educación bastante limitada. Asistían a institutos de preparación para maestros donde recibían charlas de motivación o información específica sobre la materia. No les pagaban bien y enseñaban a clases numerosas en escuelas de una sola aula de aquel período. Los métodos de enseñanza de la lectura en los Estados Unidos eran "en gran parte didácticos y consistían en la lectura oral de textos con moralejas y enseñanzas" (NCREL 2001, 1), al igual que el *Silabario* que se usaba en Latinoamérica y en España.

Sin embargo, en cuanto a los métodos se presentaron excepciones importantes en algunas áreas pequeñas en el país. Parker, por ejemplo, retomó el trabajo de Comenius, Rousseau y Pestalozzi cuando él era el superintendente de la escuela Quincy en Quincy, Massachusetts, entre 1875 y 1880. Bajo su liderazgo, las lecciones estaban conectadas con la vida y los intereses de los estudiantes. Las lecciones en esta escuela se basaban en objetos verdaderos. En ellas se trataban temas que los estudiantes exploraban en las diferentes materias. Los maestros comenzaban escribiendo una palabra de un objeto relacionado con sus estudios en el pizarrón y la repetían. Luego, los estudiantes repetían la palabra después del maestro y la escribían cada uno en su pizarra. Los maestros suponían que al usar palabras de objetos reales, asociados con sus materias escolares, las lecciones eran significativas y los estudiantes podrían asociar los símbolos con los objetos (Shannon 1991). Sin embargo, queda claro que aun este método se basaba en una concepción del reconocimiento de palabras, porque aprender a leer consistía en la identificación de palabras individuales.

Al final del siglo XIX y en la primera mitad del siglo XX, surgieron la educación progresista y las ideas sobre el enfoque centrado en el estudiante (Dewey 1929). Los métodos para la enseñanza de la lectura cambiaron y surgió un movimiento que rechazaba la repetición oral de palabras y sonidos y favorecía la comprensión y la lectura silenciosa. En la década de 1880, Rice, un pediatra que había estudiado psicología y pedagogía en Alemania, observó a más de mil doscientos maestros en treinta y seis ciudades diferentes en el este de los Estados Unidos y descubrió que gran parte de la enseñanza era mecánica y sin creatividad.

Rice pensaba que la lectoescritura debía ser desarrollada en un contexto de exploración del contenido académico y que los estudiantes deberían "leer para aprender algo de los libros", y escribir "para registrar los pensamientos de otros y aclarar los suyos" (Shannon 1991, 54). Hasta la década de 1950, otros, incluso Dewey, Kilpatrick, Counts, Horton y Mitchell, trabajaron en varias escuelas o proyectos que promovían la lectoescritura de un modo significativo, a través del cual los estudiantes escribían y leían sobre el mundo alrededor de ellos, incluyendo los problemas sociales.

La administración científica y las series básicas de lectura (basal readers)

Los anteriores movimientos no dominaron el campo de la lectoescritura en los Estados Unidos. La administración científica en la industria se hizo popular en la primera década del siglo XX, y luego se extendió a la educación. Entre 1915 y 1919, el Comité sobre a Economía del Tiempo en la Educación fue encargado "de eliminar elementos no esenciales del plan de estudios de las escuelas primarias, mejorar los métodos de enseñanza y establecer estándares mínimos para cada materia escolar" (Shannon 1989). Como resultado importante de este proceso, se establecieron los puntajes de los exámenes para semejar las cifras de producción de la industria, y, en la enseñanza de la lectura, se inició la implementación de series básicas de lectura, con sus respectivas guías para el maestro, hojas de trabajo y materiales de evaluación.

En los años 50, con el lanzamiento del Sputnik, la educación progresista fue atacada y se escuchó un clamor por una enseñanza de contenido académico más explícita, con resultados eficientes y científicos como aquellos exigidos por el Comité sobre la Economía del Tiempo en la Educación. En este período predominó el método de la palabra completa y la mayoría de los maestros usaban series básicas de lectura, en las cuales el vocabulario era controlado cuidadosamente y la mayoría de los ejercicios estaban diseñados para desarrollar habilidades para la decodificación de palabras.

En su reciente artículo sobre las cuatro edades de los fundamentos y la pedagogía de la lectura, Turbill (2002) describe el período entre 1950 y 1970 como "la edad de la lectura como decodificación". Tanto en su nativa Australia como en los Estados Unidos, explica ella, "nuestro énfasis en la enseñanza de la lectura [. . .] se hizo en el desarrollo de habilidades, la direccionalidad, la discriminación visual y auditiva, las relaciones de sonido y símbolo (reglas fono-ortográficas) y el reconocimiento de palabras" (2).

El énfasis en las palabras en inglés y en español

Durante la década de 1960 en los Estados Unidos, el gobierno federal se comprometió con la educación dentro del programa del presidente Lyndon Johnson para combatir la pobreza. Se lanzó el programa *Head Start* con el fin de brindar a todos los niños iguales oportunidades educativas y la Ley de la Educación Primaria y Secundaria proporcionó fondos para contratar maestros de lectura para las escuelas con estudiantes que necesitaban apoyo adicional. Como en el pasado, la mayoría de los métodos se basaban en la lectura como el reconocimiento de palabras. Tanto en los Estados Unidos como en Latinoamérica, los debates sobre la investigación en lectura giraron en torno a la mejor manera de reconocer las palabras. En cuanto a la lectura en inglés, el famoso libro de Chall, *Learning to Read: The Great Debate* (El aprendizaje de la lectura: el gran debate) (1967), citado todavía por los oponentes de métodos integrales, era realmente un estudio sobre las diferencias entre dos métodos para enseñar a leer, ambos basados en la concepción del reconocimiento de palabras: el método fono-ortográfico y el del reconocimiento de palabras a simple vista. El libro nunca presentó una comparación entre la concepción de la lectura como el reconocimiento de palabras y una concepción sociopsicolingüística.

Para el mundo hispanohablante, Braslavsky (1962) publicó *La querella de los métodos en la enseñanza de la lectura,* un libro ampliamente leído sobre la enseñanza de la lectura en Argentina. Este libro, al igual que el de Chall, también se centró básicamente en la identificación de palabras. Braslavsky compara los métodos sintéticos con el método global, al cual denomina analítico. Ella usa la definición de Simon (1924) para distinguir los dos métodos:

A pesar de las apariencias, no existen verdaderamente más de dos métodos de lectura. Ambos tratan de hacer comprender al niño que existe cierta correspondencia entre los signos de la lengua escrita y los sonidos de la lengua hablada; pero, para ello, uno de estos métodos comienza por el estudio de los signos o por el de los sonidos elementales, y el otro busca por el contrario obtener el mismo resultado colocando de repente al niño pequeño frente a nuestro lenguaje escrito. (Simon 1924, 24)

El uso de esta cita por parte de Braslavsky reveló sus creencias sobre la lectura en el año 1962. Ella creía que darles desde el principio a los estudiantes palabras enteras, frases y cuentos era algo abrumador ("colocando de repente al niño pequeño frente a nuestro lenguaje escrito") y que el método fono-ortográfico, que va de las partes al todo, era mucho más efectivo. En ambos métodos, se tomaba la palabra como la unidad básica, se descomponían palabras y se analizaban.

De los métodos tradicionales a la sociopsicolingüística

En los años 70, la enseñanza de la lectura, influenciada por los principios conductistas de B. F. Skinner, "dio a luz a programas prediseñados para la enseñanza individualizada", en los cuales los niños progresaban independientemente a través de una serie de textos que aumentaban progresivamente su dificultad, trabajando en habilidades específicas (NCREL 2001, 2). Los estudiantes trabajaban independientemente para completar página tras página. Se les recompensaba por las respuestas correctas y se les castigaba con práctica adicional si se equivocaban. Estos paquetes de enseñanza individualizada a menudo complementaban las series básicas de lectura, que todavía controlaban el campo de la enseñanza.

A finales de esa década, el péndulo comenzó a alejarse de un enfoque completamente controlado para la promoción de la lectoescritura. Bajo la influencia de investigadores como Goodman (1967), Smith (1971, 1973) y Holdaway (1979) en la psicolingüística y la lectura, Graves (1983) en la escritura, y Halliday (1975) en la lingüística funcional, los educadores de la lectoescritura en los Estados Unidos, Canadá, el Reino Unido y Australia comenzaron a rechazar el enfoque conductista y fragmentado de los métodos que prevalecían en la mayoría de escuelas, y comenzaron a adoptar una concepción de la lectura y la escritura más integral y centrada en la construcción de significado. Retomando ideas desarrolladas durante el período de la educación progresista, muchos educadores de la lectoescritura comenzaron a considerar la lectura y la escritura como dinámica, interactiva y social. Los estudiantes fueron motivados a leer buena literatura y a escribir creativamente. Esta concepción sociopsicolingüística fue llamada por muchas personas como el *lenguaje integral*. Este nombre refleja la idea de que el lenguaje debe mantenerse integrado, entero, y no fragmentado en partes sin sentido.

Estos cambios fueron especialmente evidentes en muchos programas de iniciación a la lectoescritura: los maestros se animaron a rodear a los niños con textos escritos e invitarlos a que crearan su propio significado en la interacción con estos. Además, permitieron que los jóvenes escritores *inventaran* su propia ortografía, en vez de copiar de listas de palabras. Esta época representó el principio del debate entre el "lenguaje integral y el método fono-ortográfico" que todavía se mantiene hasta hoy (NCREL 2001, 3).

El lenguaje integral se originó en Australia. De hecho, los primeros promotores de este en los Estados Unidos con frecuencia se referían a Australia y a Nueva Zelanda como modelos a seguir. Turbill (2002) llamó a los años 60 y principios de los 70 "la edad de la lectura como creación de significado" (3). La idea central sobre la lectura era que "los lectores aportaban significado al texto impreso para poder construir significado de este" (4). Los maestros leían una mayor variedad de libros a sus estudiantes y junto con ellos. Ellos ya no se encargaban solamente de implementar programas, sino que se entusiasmaron por aprender nuevas estrategias y tener una comprensión clara del proceso de lectura. En lugar de usar las series básicas de lectura u otros programas prediseñados, muchos maestros comenzaron a enseñar la lectura empleando la literatura infantil.

En los años 70 y principios de los 80, tanto en Australia como en los Estados Unidos, los jóvenes lectores eran animados a leer extensamente. Turbill describe la situación en Australia (traducido del inglés):

> La mayoría de las aulas parecían estar llenas de libros de literatura infantil, así como de nuevos programas de lectura que se veían mucho más interesantes y relevantes que los viejos textos suministrados por la administración. Los llamativos "libros gigantes" estaban por todas partes, todos con las características de las "3 R": la rima, el ritmo y la repetición. (4)

Durante este tiempo, también había un énfasis en la conexión de la lectura con la escritura. Los estudiantes leían literatura y libros de contenido para aprender sobre sus materias específicas. Para sus proyectos, se invitaba a los estudiantes a leer tablas de contenidos, gráficas, diagramas e índices, habilidades hasta ese momento para *consulta de biblioteca*. Los maestros participaban en proyectos de escritura, de modo que pudieran ayudar a sus estudiantes a llegar a ser escritores en el taller de escritura. Los exámenes de lectura estandarizados fueron criticados y para evaluar a los estudiantes se usaban ampliamente las evaluaciones de desempeño, como el análisis de aproximaciones lingüísticas, los registros de lectura oral (*running records*), los párrafos para completar comprensivamente (*cloze*), los inventarios informales de lectura y los portafolios.

A principios de los 90, se inició la edad denominada como el *período posmoderno*, una época de cambio rápido y de diversidad. Este período impactó con fuerza en el campo de la lectura. Turbill (2002) describe este período como "la edad de la lectura como una práctica social".

> Mientras en muchos lugares había un fuerte movimiento por los derechos humanos y la equidad para todos en nuestra "aldea global", también había una fuerte reacción por parte de los conservadores de extrema derecha hacia el fundamentalismo. (7)

La literacidad crítica, proceso que ayuda a los lectores a entender su propia historia y cultura, y cómo se ajustan y conforman a la estructura social, se convirtió en una teoría popular en universidades donde se valoraban la diversidad y la lectura como construcción de significado. Los seguidores de la literacidad crítica se dieron cuenta de que esta podría transformar la distribución social del conocimiento y dar a aquellos que no estaban en el poder el capital cultural que necesitaban para sobresalir (McCollum 1999).

En este tiempo se le dio un énfasis claro al aspecto social de la concepción sociopsicolingüística. Los maestros enseñaban a los estudiantes a leer por placer personal, para el enriquecimiento académico y para desarrollar una mayor conciencia sobre su papel en la estructura social. Como Freire (Freire y Macedo 1987) decía, los estudiantes aprendían a leer la palabra *y* a leer el mundo.

La sociopsicolingüística en Latinoamérica

En los 80, se empezó a reflejar una comprensión de la concepción sociopsicolingüística de la lectura en las publicaciones sobre la lectoescritura en español. Tan pronto como en 1984, Dubois comenzó a cuestionar los enfoques tradicionales basados en el reconocimiento de palabras en favor de asumir una concepción psicolingüística. En 1989, el clásico de Goodman *What's Whole in Whole Language* (1986) fue traducido al español en Venezuela como *Lenguaje integral* (Goodman 1989) y ampliamente distribuido por toda Latinoamérica. La demanda del libro fue tan grande que generó una nueva traducción al español solo seis años más tarde (1995).

En Latinoamérica, el movimiento del lenguaje integral y la concepción sociopsicolingüística de la lectoescritura que provenían de los Estados Unidos estuvieron íntimamente ligados al movimiento llamado *constructivismo*. A pesar de que este último está relacionado con el aprendizaje en general, ha sido aplicado específicamente a la lectura. En 1992, Braslavsky, quién había escrito *La querella de los métodos en la enseñanza de la lectura* treinta y dos años atrás (1962), un libro que promovía un enfoque fono-ortográfico para la enseñanza de la lectura, publicó *La escuela puede*, que promueve el constructivismo para la enseñanza en general y para la lectura en particular. Ella ahora aconseja que los maestros comiencen con el niño y usen sus fortalezas y experiencias para satisfacer sus variadas necesidades. En esta publicación de 1992, Braslavsky describió el constructivismo como un modelo para la lectoescritura que es "didáctico, holístico, encuadrado en el contexto sociocultural y político" (13). Ella explicó que la filosofía básica del constructivismo se fundamenta tanto en la experiencia previa de los estudiantes como en el conocimiento del maestro:

> El alumno es el agente de la construcción del conocimiento, ya que sin su actividad mental no habría elaboración de significados. Pero es el maestro quien conoce en principio los significados que espera compartir y ese conocimiento le permite planificar la enseñanza. (26)

Porlán (1993), en su estudio sobre el constructivismo y las escuelas, amplía la definición de Braslavsky y diferencia al constructivismo de los otros enfoques del aprendizaje, concluyendo que:

> El proceso de enseñanza-aprendizaje no debe ser un reflejo mecánico de la planificación del maestro ni tampoco un reflejo simplista de la espontaneidad de los alumnos. Desde una nueva perspectiva curricular no simplificadora, debe ser el resultado de integrar de forma natural las intenciones educativas del maestro (expresadas como hipótesis sobre el conocimiento escolar deseable) y los intereses reflexionados y organizados de los estudiantes (expresados como problemas a investigar en la clase). (164)

Durante este período constructivista, la educación se consideraba más ampliamente y los temas sociales, culturales y políticos se veían como centrales a la enseñanza y el aprendizaje. Además, los educadores de todos los campos comenzaron a sentir la necesidad de conexiones interdisciplinarias. Durante este período, Ferreiro (1994) amplió esta idea al explicar cómo la lectura es influenciada e influye en todas las disciplinas:

> La alfabetización ha dejado de ser vista como la simple transmisión de una técnica instrumental, realizada en una institución específica (la escuela). La alfabetización ha pasado a ser estudiada por una multitud de disciplinas: la historia, la antropología, la psicolingüística, la lingüística. (5)

Ferreiro se mudó de Argentina a México y comenzó a trabajar para la Secretaría de la Educación Pública. Sus ideas y las de otros educadores constructivistas cambiaron los tipos de materiales que se usaban en las escuelas. El libro escolar elemental del primer grado, publicado inicialmente en 1993 y su séptima edición en 2000, se tituló *Libro integrado* (Chapela Mendoza 2000) y fue organizado alrededor de temas que se reflejan en la vida de los estudiantes, incluyendo "los niños", "la familia y la casa", "el campo y la ciudad" y "medimos el tiempo". El prólogo del libro señaló la drástica diferencia entre este texto y el antiguo texto aprobado por el gobierno, *Mi libro mágico*, con sus hojas de práctica que requerían que los estudiantes repitieran sílabas y practicaran su caligrafía.

> La renovación de los libros de texto gratuitos es parte del proyecto general de mejoramiento de la calidad de la enseñanza primaria que desarrolla el gobierno de la República. Para cumplir tal propósito, es necesario contar con materiales de enseñanza actualizados, que correspondan a las necesidades de aprendizaje de los niños y que incorporen los avances del conocimiento educativo. (Chapela Mendoza 2000, iii)

La literacidad, la sociedad y la política

Aunque el lenguaje integral era popular en los Estados Unidos en los 80, muchas personas nunca entendieron los fundamentos sociopsicolingüísticos del movimiento. Frecuentemente se recibían ataques por parte de aquellos que entendían mal la teoría o la investigación basada en el aula que apoyaba el lenguaje integral. Se generó un clima de desconfianza frente a los teóricos críticos que advirtieron que habría un cambio social. En los Estados Unidos, el Reino Unido y Australia, el péndulo se desplazaba otra vez. Turbill (2002) anotó (traducido del inglés):

> Hacia el final de los 80, las controversias iban en un aumento desenfrenado. Había quejas de que no se estaba enseñando la ortografía convencional a los estudiantes y que la aceptación de la ortografía inventada creaba una nación de analfabetos; que no se estaban enseñando las reglas fono-ortográficas a nuestros estudiantes; que la escritura de los estudiantes era demasiado personal y que había una necesidad de que a los estudiantes se les enseñaran las habilidades de lectura y escritura (incluso la ortografía y la gramática) explícitamente. (6)

En los Estados Unidos, el gobierno federal comenzó a tomar un papel mucho más activo en cuanto al control de los métodos educativos. El gobierno financió la investigación por parte de la Comisión de Lectura. Su informe, *Becoming a Nation of Readers* (Convirtiéndonos en una nación de lectores) (Anderson, Hiebert, et al. 1985), fue ampliamente difundido y tuvo un fuerte impacto en la enseñanza de la lectura.

La comisión incluyó a varios investigadores de lectura prominentes y, de acuerdo con la introducción del informe, el grupo examinó varios estudios en el área de la cognición humana, la influencia del ambiente en la lectura y la práctica en el aula. A pesar de esta amplia base de investigación, la descripción de la comisión sobre el proceso de lectura comienza declarando (traducido del inglés):

La investigación sobre el proceso de la lectura ha permitido una mayor comprensión sobre la manera como los niños pueden aprender los patrones de las letras y sus sonidos asociados en una lengua alfabética como el inglés, la importancia del reconocimiento fluido de las palabras y la influencia de la estructura de un texto en el significado inferido de este. (v)

Debido a esta descripción, consecuente con una concepción de la lectura como el reconocimiento de palabras, no es sorprendente que una de las recomendaciones de la Comisión es "que los maestros que inician a los niños en la lectura organicen una enseñanza bien diseñada desde el método fono-ortográfico" (118). El informe explica que "las reglas fono-ortográficas serán probablemente mucho más útiles cuando los niños escuchen los sonidos asociados con la mayoría de las letras, ya sea en forma aislada o en las palabras, y también cuando se les enseñe a combinar los sonidos de letras para identificar palabras" (118). A pesar de que algunas de las recomendaciones señalan la necesidad de dedicar más tiempo a la comprensión y a la lectura independiente, la recomendación que más influyó en la enseñanza de la lectura fue el llamado vehemente por una enseñanza bien diseñada de las reglas fono-ortográficas. No es sorprendente entonces que Ken Goodman haya descrito este informe como "un documento peligroso" (comunicación personal).

Las palabras de Goodman resultaron proféticas. El final de los años 80 trajo un movimiento de retroceso hacia las concepciones educativas de los 50. El modelo de plan de estudios de Madeline Hunter (1994) fue especialmente influyente. Este, basado en la psicología conductista, se compone de una serie de pasos que incluyen la enseñanza directa, la práctica extensa por parte del estudiante, los exámenes y el refuerzo desde la enseñanza.

Al final de los 80, en una conferencia cumbre sobre educación en los Estados Unidos se produjo un segundo documento del gobierno que ha impactado fuertemente en la enseñanza de la lectoescritura, *Goals 2000* (Los objetivos 2000) (Congreso estadounidense 1994). Este documento indica una serie de objetivos: todos los niños deberían comenzar la escuela listos para aprender; los estudiantes deberían demostrar su competencia por nivel de grado en grados específicos y cada adulto debería saber leer y escribir. Aunque este documento no se inclinó expresamente por un método para enseñar la lectura, los seguidores de la enseñanza mediante las reglas fono-ortográficas hicieron sentir su voz y asumieron una actitud más política, afirmando que los puntajes de los exámenes de lectura estaban bajando y que los estudiantes no serían capaces de demostrar la competencia por nivel de grado en la lectura, a menos que la enseñanza se enfocara en las reglas fono-ortográficas.

Otro documento, apoyado por una agencia del gobierno, la Oficina para la Investigación y el Mejoramiento Educativos (*Office of Educational Research and Improvement*), hizo afirmaciones muy específicas sobre la importancia de las reglas fono-ortográficas en el inicio del proceso de la lectura. El extenso estudio investigativo fue resumido y ampliamente difundido por el Centro para la Lectura (*Center for Reading*), la misma agencia financiada por el gobierno que había producido *Becoming a Nation of Readers*. Esta publicación, *Beginning to Read: Thinking and Learning About Print* (Empezar a leer: pensamiento y aprendizaje sobre el texto impreso) (Adams 1990) promocionó ideas como "los buenos lectores decodifican rápida y automáticamente. Los lectores más jóvenes y menos hábiles confían en el contexto, en parte porque no tienen el conocimiento adecuado de patrones de ortografía en los que se puedan apoyar" (92). Este tipo de afirmaciones dio pie a que los seguidores de la enseñanza mediante las reglas fono-ortográficas pidieran con más fuerza este tipo de método. Sin embargo, tanto el informe completo como el resumen contienen afirmaciones que se podrían emplear para apoyar el enfoque del reconocimiento de palabras o la concepción sociopsicolingüística para la enseñanza de la lectura. Por ejemplo, una de las primeras recomendaciones es que "los métodos en los cuales hay una enseñanza sistemática del código, acompañada de una lectura significativa y conectada de los textos, tienen como resultado un desarrollo general superior de la lectura, tanto para los estudiantes con menos experiencia lectora como para los mejor preparados" (125). Para algunos, esto significa la enseñanza explícita de las reglas fono-ortográficas y la lectura de cuentos; para otros, significa la enseñanza de habilidades para decodificar dentro de un contexto de lectura significativa. Esta conclusión podría ser interpretada de una manera o de otra.

Son entonces las fuerzas políticas las que determinan cada vez más cómo debería ser enseñada la lectura. Las leyes de origen federal y estatal en los Estados Unidos, Australia y el Reino Unido han marcado la ruta para la enseñanza de la lectura. En Australia, un poderoso grupo gestiona y busca la enseñanza amplia, explícita y sistemática de la conciencia fonémica y las reglas fono-ortográficas. El grupo afirma que este enfoque es apoyado por la investigación científica (Turbill 2002). En los Estados Unidos, el Panel Nacional de Lectura hizo un análisis crítico de la investigación "científicamente fundamentada" para determinar los mejores métodos para enseñar la lectura. En su revisión, el panel excluyó estudios de aula de corte cualitativo, así como investigaciones sobre aproximaciones lingüísticas al texto y estudios recientes sobre el movimiento de los ojos. Todos estos estudios apoyan la concepción sociopsicolingüística de la lectura. De hecho, el Panel solo tuvo en cuenta estudios sobre los efectos de la enseñanza en la conciencia fonémica, las reglas fono-ortográficas, la fluidez, el vocabulario y la comprensión. El informe fue fuertemente criticado (Garan 2002).

Al igual que los informes anteriores, el del Panel de Lectura también se resumió en un documento, *Put Reading First: The Research Building Blocks for Teaching Children to Read* (Armbruster y Osborn 2001). Este documento fue distribuido a cada escuela primaria en el país y llevó a los maestros a solicitar las subvenciones del programa oficial *Reading First*. Estas subvenciones se materializaban en dinero para la capacitación de maestros que hicieran énfasis en la enseñanza directa de las reglas fono-ortográficas, la conciencia fonémica y la fluidez, con un menor énfasis en el vocabulario y la comprensión de lectura. Los maestros de lectura informados están preocupados por esta concepción tan limitada de la lectura, y les preocupan especialmente los estudiantes de inglés como segunda lengua que pueden estar aprendiendo a pronunciar palabras sin tener idea de lo que leen.

Una perspectiva latinoamericana reciente

Un énfasis similar en el aprendizaje para decodificar palabras es una fuente de preocupación para los maestros de lectura en Latinoamérica. En el 2004, a la edad de noventa años, Braslavsky publicó un nuevo libro, *¿Primeras letras o primeras lecturas?*, que ha recibido la atención de educadores en Argentina y ha sido anunciado por la prensa como una publicación que "ofrece aquí lo último en la enseñanza de la lectura y la escritura" (Duer 2004, 1). Este libro refleja tanto las ideas de Braslavsky en cuanto a la lectura como sus preocupaciones sobre el estado de la enseñanza de la lectura y la escritura en Argentina y Latinoamérica. Por ejemplo, en una entrevista sobre su trabajo, ella comenta:

> Aún se enseña—sobre todo en el interior—a reproducir letras. No se pone el acento en la comprensión. Hay que preparar a los chicos para que entiendan lo que leen, y no para que descifren letras. [. . .] Algunos creen que el problema de la escritura es motriz, y promueven ejercicios con palotes para manejar el lápiz. (2004, 1)

 ## Conclusión

Esta breve reseña histórica demuestra que durante cientos de años se ha enseñado la lectura como un proceso de reconocimiento de palabras. Sin embargo, en años recientes, tanto en Latinoamérica como en los Estados Unidos, muchos educadores adoptaron un método de enseñanza basado en principios sociopsicolingüísticos. No obstante, como reacción a las disposiciones del gobierno, el tipo de enseñanza de la lectura basado en el lenguaje integral y el constructivismo ha dado paso una vez más a los métodos más tradicionales, en la mayoría de las escuelas. Desde una perspectiva histórica, la amplia aceptación de un enfoque de la lectoescritura centrado en el niño y en el significado fue efímera.

Aunque el péndulo parezca haber vuelto hacia un enfoque que va de la parte al todo, en el cual se enseña la lectura como una serie de habilidades para decodificar palabras, los maestros informados y los formadores de maestros no quieren volver a las concepciones simplistas sobre la lectura. Turbill (2002) expresa este sentimiento de manera clara (traducido del inglés):

> Tenemos tanto conocimiento ahora, hay tantos recursos a los que podemos acceder, que muchas veces es difícil saber por dónde empezar con nuestros jóvenes lectores, escritores, y deletreadores principiantes. Seguramente sabemos mucho más que los políticos y los medios de comunicación. [. . .] Los maestros tenemos que convencernos de que ya no simplemente ejecutamos acciones; somos pensadores e investigadores en nuestras aulas y escuelas. Somos profesionales, mucho mejor capacitados.

Una característica de ser un profesional es saber la historia de nuestro campo. Este capítulo ha proporcionado una breve descripción de aquella historia. En el siguiente capítulo nos concentramos en una descripción específica de los métodos que han sido usados para enseñar la lectura en español. Muchos de estos métodos se asemejan a aquellos usados para enseñar la lectura en inglés.

 ## Aplicaciones

1. Dibuje dos líneas de tiempo paralelas. Sobre una de las líneas enumere los acontecimientos, enfoques y métodos claves de la enseñanza de la lectura en español. En la otra línea, haga lo mismo para la enseñanza de la lectura en inglés. Compare las dos líneas de tiempo. ¿Dónde se dan las semejanzas y las diferencias?

2. Los informes *Becoming a Nation of Readers* (Convirtiéndonos en una nación de lectores) y *Goals 2000* (Los objetivos 2000) y el Panel Nacional de Lectura (NRP) han tenido un impacto sobre la enseñanza de la lectura en los Estados Unidos. Para evaluar la influencia de los tres en su localidad, explore el tipo de enseñanza de la lectura que se practica en su escuela o entreviste a un maestro de una escuela primaria. ¿Cuáles prácticas reflejan la influencia de los anteriores proyectos oficiales?

3. En países de habla hispana en Latinoamérica, el enfoque constructivista ha tenido una fuerte influencia en las prácticas de lectura. ¿Qué evidencia hay de esto en el capítulo? Si tiene acceso a un educador que viva en uno de estos países o haya venido recientemente a este país, entrevístelo sobre la enseñanza de la lectura en su país de origen. Por otra parte, haga una búsqueda en Internet sobre el *constructivismo* y prepárese para compartir.

4. ¿Cuáles materiales y programas se emplean para enseñar la lectura en inglés en su escuela? ¿En español? ¿Cuál concepción de la lectura se refleja en estos materiales? Prepárese para defender su conclusión.

5. Este capítulo se inicia con el refrán en francés "Entre más cambian las cosas, más iguales permanecen". ¿Cómo se refleja la historia de la enseñanza de la lectura en español y en inglés en este refrán?

Los métodos para enseñar
la lectura en español

*Muchos de quienes aprendimos a leer y a escribir con métodos
mecánicos y rígidos, recordamos ahora el deletreo difícil, "la tonada"
que aprendimos paralelamente al conocimiento del signo gráfico y
rememoramos los castigos que se nos imponían para dar validez al
refrán de que la letra con sangre entra.*

Antonio Barbosa Heldt, *Cómo han aprendido
a leer y a escribir los mexicanos*

L a cita anterior parece ser apropiada para iniciar un capítulo acerca de los
métodos de lectoescritura en español y en inglés. Con seguridad, no queremos que nuestros estudiantes sufran a través de la enseñanza de la lectura
con la filosofía de "la letra con sangre entra". Algunos maestros han abandonado
los métodos "mecánicos y rígidos". No obstante, en muchas escuelas, los maestros siguen lecciones controladas de guías descriptivas para maestros, las cuales

requieren que los estudiantes completen diferentes ejercicios y hojas de trabajo para desarrollar habilidades para decodificar.

Con el propósito de ayudar a los maestros a evaluar su enseñanza, discutimos sobre los métodos tradicionales que se han usado, y que en muchos casos se siguen usando para enseñar la lectura en español. Describimos inicialmente cada método, luego presentamos un ejemplo de una lección que aplica este método y, por último, lo analizamos con la lista de evaluación para la enseñanza efectiva de la lectura. También hacemos un paralelo entre los métodos que se usan para enseñar la lectura en español y los que se usan para enseñarla en inglés.

Los métodos para enseñar la lectura en español

Los métodos que se usan para enseñar la lectura en español se pueden dividir en dos categorías generales: sintéticos y analíticos. Los sintéticos van de las partes, usualmente sonidos, letras o sílabas, al todo. En la mayoría de los casos, el todo es una palabra, aunque puede ser una oración completa. Los estudiantes primero aprenden las partes y luego las sintetizan o las combinan en un todo. Pacheco (1992) resume este enfoque:

> Sintéticos, los que parten de unidades menores o fonemas, letras, sílabas, y palabras, para llegar a la frase. También incluye la categoría de los métodos alfabéticos, silábicos y psicofonéticos, lo que define técnicas variadas para la enseñanza de la lecto-escritura. (19)

Un segundo grupo de métodos, los analíticos, van en el sentido contrario de los anteriores, o sea que van del todo a las partes. Sin embargo, el todo con el que estos métodos analíticos comienzan usualmente no va más allá de las palabras, o a lo máximo, de oraciones completas. Los estudiantes pueden empezar con una palabra y luego analizarla o descomponerla en sus partes componentes. Pacheco (1992) resume los métodos analíticos de la siguiente manera:

> Analíticos o los que parten de la palabra, para llegar por descomposición o segmentación hasta las unidades menores llamadas fonemas. Dentro de ellos se ubica el método global y el léxico. (19)

Aunque estos dos grupos de métodos parecen ser opuestos, son mucho más parecidos de lo que se piensa, debido a que ambos provienen de la concepción de la lectura como el reconocimiento de palabras. Los métodos sintéticos, por lo regular, llegan al punto de reconocer las palabras y los métodos analíticos comienzan con las palabras y después las descomponen en sus partes (Dubois 1995; Freeman, Goodman, et al. 1995; Rodríguez 1995; Sequeida y Seymour 1995; Solé i Gallart 1995).

 # Los métodos sintéticos

Los métodos sintéticos comienzan con elementos diferentes—letras, sílabas o palabras—y luego se combinan para formar textos cortos, por lo regular oraciones simples. Aunque los métodos sintéticos usan diferentes puntos de partida, todos tienen en común la idea que la lectura comienza con las partes y de ahí se mueve hacia la oración completa, la cual se considera el todo.

El método alfabético

Este método comienza con la enseñanza de los nombres de las letras. En su forma más pura, los estudiantes comienzan por aprender los nombres de las letras que representan los sonidos de las vocales, para luego aprender los de las letras que representan los sonidos de las consonantes. Entonces, aprenden a combinar las consonantes con las vocales para crear sílabas y después palabras. Se les pide a los estudiantes que repitan la forma en que se deletrean las sílabas o palabras y después que las pronuncien. Este procedimiento se repite para todas las palabras que los estudiantes deben aprender a leer. El *Silabario de San Miguel* es la versión clásica de este método. El siguiente ejemplo de clase muestra parte de una lección de lectura en la que se aplica el método alfabético. En esta lección, la maestra ha llegado al nivel en que los estudiantes trabajan con palabras completas en lugar de solo letras o sílabas.

Un ejemplo de una clase con el método alfabético

La maestra escribe tres palabras en el pizarrón: *mamá, mano* y *ama*. Después empieza la lección.

Maestra: Buenos días, niños.
Niños: Buenos días, maestra.
Maestra: Hoy vamos a aprender a leer las palabras escritas en el pizarrón. Las voy a leer: "mamá", "mano", "ama". Repitan mientras yo señalo las letras con mi dedo: "Eme" "a" "eme" "a"—"mamá".
Niños: "Eme" "a" "eme" "a"—"mamá".
Maestra: Muy bien. Ahora seguimos con la segunda palabra: "eme" "a" "ene" "o"—"mano". Repitan.

NIÑOS: "Eme" "a" "ene" "o"—"mano".

MAESTRA: Muy bien. Ahora seguimos con la tercera palabra: "a" "eme" "a"— "ama". Repitan, por favor.

NIÑOS: "A" "eme" "a"—"ama".

Los niños siguen repitiendo las letras y pronunciando las palabras después de la maestra.

Análisis del método alfabético ◆ Usando la lista de evaluación para la enseñanza efectiva de la lectura (ver figura 5–1), parece que la respuesta para todas las preguntas de la lista es "no". No hay ningún intento por ayudar a los niños a valorarse como lectores o a valorar la lectura. La maestra solo les lee palabras, no historias completas. El único material que los niños tienen disponible son las palabras que la maestra ha apuntado en el tablero y los estudiantes no han tenido ninguna opción para escoger lo que leen. Los estudiantes tampoco construyen significado con la repetición de letras o palabras que no aparecen en un texto conectado.

Este método usa únicamente el sistema fono-ortográfico. Los estudiantes no tienen acceso al sistema sintáctico o semántico ya que solo pueden leer palabras aisladas. Se podría argumentar que la selección de las palabras tiene que ver con el hecho de que cada niño tiene su *mamá* y una *mano*, y que el niño *ama*. Sin

---

1. ¿Valoran los estudiantes la lectura y se valoran a sí mismos como lectores?

2. ¿Leen los maestros materiales de diversos géneros literarios a sus estudiantes frecuentemente?

3. ¿Disponen los estudiantes de una amplia variedad de materiales de lectura para escoger y de suficiente tiempo para leer?

4. ¿Saben los estudiantes seleccionar apropiadamente los libros para leer?

5. ¿Consideran los estudiantes que la lectura es en todo momento un proceso de construcción de significados?

6. ¿Utilizan los estudiantes en forma balanceada las claves de los tres sistemas (fono-ortográfico, sintáctico y semántico)?

7. ¿Reciben los estudiantes la ayuda apropiada mediante lecciones de estrategias cuando tienen dificultades en la lectura?

8. ¿Tienen los estudiantes oportunidades para hablar y escribir acerca de lo que han leído, conectándolo con la lectura y sus propias experiencias?

FIGURA 5–1. Lista de evaluación para la enseñanza efectiva de la lectura

embargo, la maestra escoge las palabras basándose en las letras y no hace ningún intento para relacionar las palabras con la vida de los niños. Todo lo que los estudiantes hacen es repetir palabras, pero no para ayudarles a desarrollar su imaginación o hacer conexiones con otros temas o áreas de estudio. Después de una lección de este tipo, los estudiantes no tienen ningún motivo para hablar o escribir sobre lo que leyeron.

Incluso otros educadores de lectura tradicionales han señalado la inutilidad del método. Barbosa Heldt (1971) comentó que hasta deletrear una palabra como *hijo*, por ejemplo, causaba serios problemas:

> El niño lee y pronuncia por ejemplo: "hache", "i", "jota", "o", y se le pide el milagro, que al reunir todo eso pronuncie *hijo*, y pobre de él si sale o resulta con un *hacheijotao*. (22)

Aunque el inglés no tiene un método que sea paralelo al método alfabético, algunos elementos de este método están presentes en muchos salones hoy en día. Los maestros también comienzan con los nombres de las letras del alfabeto. Sin embargo, hay varias diferencias para anotar. Usualmente, la enseñanza en inglés comienza con las consonantes en lugar de las vocales y estas no se combinan para formar sílabas. Otra diferencia es que en inglés las letras pueden representar sonidos diferentes a las letras en español. Por lo tanto, se invierte más tiempo en la enseñanza de los sonidos asociados con las letras en inglés que en español.

El método onomatopéyico

La onomatopeya se refiere a las palabras cuyos sonidos se asemejan a los sonidos de la naturaleza. En inglés, algunos ejemplos son *hiss* (siseo) y *buzz* (zumbido), y en español, palabras como *zas* y *cataplán*. En el método onomatopéyico, la enseñanza de la lectura comienza con palabras como esas. Por ejemplo, el sonido de la vocal *i* en español se podría enseñar en relación con el chillido de un animal como un marrano, un chango o un ratón, y el sonido de la *a* se podría enseñar en relación con la gente que se ríe. Se usan palabras onomatopéyicas para enseñar los sonidos que tienen las letras.

Un ejemplo de una clase con el método onomatopéyico

La maestra enseña a los estudiantes un dibujo de unos monos dentro de una jaula. Los monos están jugando y haciendo los sonidos *hi, hi, hi*. También en el dibujo hay unos niños parados alrededor de la jaula. Ellos están riéndose y diciendo *ja, ja, ja*.

MAESTRA: ¿Qué ven en este dibujo?

NIÑO: Una jaula con monos.

MAESTRA: ¿Qué más?

NIÑA: Hay gente mirando a los monos jugar.

MAESTRA: ¿Qué está haciendo la gente?

NIÑO: Todos están riéndose.

MAESTRA: ¿Qué sonido hacen las personas allí?

NIÑO: ¡Ja! ¡Ja! ¡Ja!

MAESTRA: Y ¿qué sonido hacen los monos?

NIÑA: Hi, hi, hi.

MAESTRA: Muy bien. El sonido que hacen los monos es el sonido de la letra *i*: hi, hi, hi. ¿Qué sonido hace la gente?

NIÑOS: ¡Ja! ¡Ja! ¡Ja!

MAESTRA: Sí. Este es el sonido de la letra *a*. ¡ Ja! ¡Ja! ¡Ja!

Análisis del método onomatopéyico ◆ Esta es una clase que resulta interesante para ser analizada con la lista de evaluación, ya que el único texto que ven los estudiantes en viñetas de tiras cómicas es *hi, hi, hi* y *ja, ja, ja*, el cual representa los sonidos que hacen los monos y la gente. Los estudiantes usan solo el sistema de claves fono-ortográficas porque no existe ningún contexto lingüístico que pueda proporcionar claves sintácticas o semánticas. Se les pide que identifiquen las palabras del dibujo, relacionándolas y haciendo predicciones sobre la base de los conocimientos previos que tienen sobre los sonidos que hace la gente y los que emiten los monos. Los dibujos les podrían llamar la atención a los estudiantes. Sin embargo, como no tienen un texto para leer y están identificando solamente sonidos que podrían aparecer más tarde en otras palabras, no podemos decir que están realmente leyendo para construir significado.

A los niños les fascina jugar con los sonidos de la lengua. Mientras aprenden a leer, relacionan los patrones de los sonidos con los patrones de la ortografía. El método onomatopéyico se aprovecha del interés de los niños por el juego creativo con la lengua. Sin embargo, el método usa los sonidos de las letras fuera de su contexto natural y los utiliza como bloques básicos para ayudar a los estudiantes a aprender los sonidos de las letras, de tal manera que eventualmente puedan identificar palabras. El método es bastante limitado pues es difícil encontrar palabras para representar algunos sonidos. Los maestros pueden despertar el interés de los niños sobre los sonidos encontrando rimas y canciones que tengan onomatopeya. El interés en los sonidos es una parte del amor por la lectura que tienen los niños, pero no es la clave para que aprendan a leer. Es posible encontrar ejemplos de estas lecciones en español en los textos de lectura, tal como lo vimos en esta lección, pero no hay un método paralelo claro en la enseñanza de la lectura en inglés. Sin embargo, como describiremos en el capítulo siguiente, algunos libros en español y en inglés utilizan los sonidos de la naturaleza, incluyendo los sonidos de animales, y esos libros se pueden usar con eficacia para apoyar la lectura inicial en los niños.

El método fono-ortográfico

Al igual que el método onomatopéyico, el método fono-ortográfico se enfoca en los sonidos que tienen las letras. En este método, los estudiantes primero aprenden los nombres de las letras del alfabeto. Después identifican los sonidos de las letras y combinan esos sonidos para formar sílabas y luego palabras. En español, este método se ha utilizado generalmente para enseñar las vocales. Una vez que se hayan aprendido las vocales, se emplea el método silábico para enseñar las sílabas y las palabras.

Los estudiantes comienzan a aprender los sonidos de las letras identificando objetos que tienen esos sonidos, comenzando generalmente con los sonidos iniciales. Una hoja de trabajo regular del método fono-ortográfico proporciona una serie de dibujos y pide que los estudiantes encierren con un círculo los que comienzan con el sonido de la letra que se está estudiando. El siguiente ejemplo de una parte de una clase ilustra este método.

Un ejemplo de una clase con el método fono-ortográfico

MAESTRA: Niños, recuerdan que estamos estudiando los sonidos de las vocales. ¿Cuáles son las cinco vocales?
NIÑOS: *A, e, i, o, u.*
MAESTRA: Sí. Voy a enseñarles unos dibujos. Algunos de estos dibujos comienzan con el sonido de la *a*. Algunos no. Ustedes me van a decir cuáles comienzan con la *a*. [La maestra coloca dibujos de un astronauta, un avión, pintura azul y un pájaro en la pared].
MAESTRA: ¿Quién me puede decir cuáles comienzan con el sonido de la *a*?
MAYA: Veo un avión. *Avión* empieza con el sonido *a*.
MAESTRA: Sí, Maya. Tienes razón. *Avión* empieza con el sonido *a*. ¿Hay otras palabras que comienzan con este sonido?
FELIPE: Veo el dibujo del astronauta y pintura azul. Estos empiezan con el sonido *a* también.
MAESTRA: Bien. Y ¿el otro? ¿Comienza con el sonido de la *a*?
NIÑOS: No, maestra.
MAESTRA: ¿Qué es?
NIÑOS: Es un pájaro.
MAESTRA: Muy bien. *Pájaro* no comienza con el sonido *a*. Ahora, tengo una página de práctica para todos ustedes. En la página hay varios dibujos. Ustedes van a encerrar con un círculo cada dibujo que comienza con el sonido *a*.

Análisis del método fono-ortográfico ◆ También en esta lección, el texto que se da a los estudiantes consiste solamente en palabras aisladas que comienzan con la letra *a*. Como consecuencia, los estudiantes no pueden construir significado usando los tres sistemas de claves. Ellos se enfocan en el sistema fono-ortográfico porque se les pide que identifiquen y relacionen los sonidos iniciales de un dibujo con una letra. En esta etapa, ni siquiera han alcanzado el nivel de reconocer una palabra. No hay ningún intento por relacionar la lección con las experiencias de los estudiantes. A pesar de que los dibujos que usan pueden ser atractivos y llenos de color, el método no involucra a los estudiantes en la lectura de un texto.

La meta del método fono-ortográfico es ayudar a los lectores principiantes a utilizar los sonidos iniciales para identificar palabras. Los sonidos proporcionan claves importantes para los lectores, pero al igual que el método onomatopéyico, este método es limitado. En español el método fono-ortográfico se ha utilizado solamente como un puente al método silábico. En inglés, en cambio, el método fono-ortográfico se utiliza comúnmente. Los estudiantes aprenden que "a *is for apple*" (la *m* es para manzana) y "b *is for banana*" (la *b* es para banana). Una vez que los estudiantes aprenden los sonidos que las letras representan, mezclan los sonidos para pronunciar palabras completas.

El método silábico

El método silábico es hasta ahora el método más ampliamente usado para iniciar la enseñanza de la lectura en español. Este va más allá del sonido individual de la letra y utiliza las sílabas como la unidad básica. A medida que se presentan y se aprenden las sílabas, se combinan para formar palabras y oraciones. Muchos maestros de español prefieren este método al método fono-ortográfico porque las consonantes se pueden pronunciar solamente en unión con vocales. También, los que hablan español precisan que esta es una lengua naturalmente silábica, pues la mayoría de las palabras se pueden dividir fácilmente en sílabas de una consonante y una vocal.

En el método silábico, los sonidos de las cinco vocales se enseñan generalmente primero. Luego, las vocales se combinan con las consonantes para formar sílabas y se aprenden las palabras juntando las sílabas. Muchos textos para lectores principiantes comienzan por combinar la letra *m* con las cinco vocales. Los estudiantes repiten las silabas *ma, me, mi, mo, mu*. Estas sílabas entonces se utilizan para formar palabras como *mamá, mimo, Memo* y *mami*. Después, estas palabras se utilizan para formar oraciones: "*Mi mamá me mima*", "*Mi mamá me ama*", "*Amo a mi mamá*". Los estudiantes repiten las sílabas, las palabras y las oraciones básicas en el transcurso de la lección.

El método silábico se enseña en secuencia. Cada lección va agregando una nueva consonante a la lección anterior. Por ejemplo, en la segunda lección habría palabras con *m* y *s*, así que los estudiantes leerían oraciones como "*Mamá ama a Susú*".

Un ejemplo de una clase con el método silábico ◆ En lecciones anteriores, los estudiantes aprendieron las sílabas *ma, me, mi, mo, mu* y *sa, se, si, so, su.* En esta lección están aprendiendo las sílabas con la letra *p*. Todos tienen sus libros abiertos en la página que tiene un dibujo de un papá con su hijo. La palabra *papá* aparece escrita al lado del dibujo. Debajo de la palabra, en la misma página, están escritas las sílabas *pa, po, pu, pe* y *pi,* acompañadas de otras palabras y oraciones. En la siguiente página hay un dibujo de un mapa, un papá, un gato, un plato con espuma de jabón y una caja de pasas. Debajo de cada dibujo hay unas líneas para que los estudiantes escriban las palabras que corresponden a los dibujos:

La maestra empieza la lección:

MAESTRA: Lean conmigo. "Papá".
NIÑOS: "Papá".
MAESTRA: Repitan: "pa, po, pu, pe, pi".
NIÑOS: "Pa, po, pu, pe, pi".
MAESTRA: "Papá".
NIÑOS: "Papá".
MAESTRA: "Pesa".
NIÑOS: "Pesa".
MAESTRA: "Mapa".
NIÑOS: "Mapa".
MAESTRA: "Pipa".
NIÑOS: "Pipa".
MAESTRA: "Pasas".
NIÑOS: "Pasas".
MAESTRA: "Espuma".
NIÑOS: "Espuma".
MAESTRA: "Pepe".
NIÑOS: "Pepe".
MAESTRA: "Pisa".
NIÑOS: "Pisa".
MAESTRA: "Pepe es mi papá".
NIÑOS: "Pepe es mi papá".
MAESTRA: "Papá ama a mi mamá".
NIÑOS: "Papá ama a mi mamá".
MAESTRA: "Memo usa ese mapa".
NIÑOS: "Memo usa ese mapa".

MAESTRA: "Ema pesa esas pasas".

NIÑOS: "Ema pesa esas pasas".

MAESTRA: "Susú pisa esa espuma".

NIÑOS: "Susú pisa esa espuma".

MAESTRA: Ahora, en la otra página van a escribir debajo de cada dibujo el nombre que le corresponde. [Señalando los dibujos]. ¿Qué van a escribir debajo de los dibujos?

NIÑOS: *Mapa, papá, gato, espuma, pasas.*

MAESTRA: Está bien, pero ustedes todavía no han visto las sílabas para la palabra *gato*. ¿Recuerdan el nombre del gato en la última lección?

NIÑOS: ¿Susú?

MAESTRA: Sí, Juan, Susú. Entonces, deben escribir la palabra *Susú* debajo del gato y no la palabra *gato*.

Análisis del método silábico ◆ Al analizar el método silábico con la lista de evaluación, resulta evidente que no hay ningún esfuerzo por ayudar a los estudiantes a valorar la lectura, ya que lo que ellos leen se limita a oraciones individuales. Los maestros no les leen historias completas y los estudiantes no seleccionan lo que quieren leer. De hecho, después de practicar la pronunciación de los sonidos, hacen ejercicios con palabras aisladas. Las oraciones tienen sentido, pero están desconectadas porque el enfoque está en las palabras individuales. Las lecciones son diseñadas para ayudar a los estudiantes a desarrollar el sistema fono-ortográfico, pero no les ayudan a desarrollar la sintaxis y la semántica. En su gran mayoría, las oraciones contienen palabras que reflejan las experiencias cotidianas del niño. Sin embargo, las palabras y oraciones se presentan de forma aislada, sin relación la una con la otra, lo que dificulta el proceso de predicción. El ejercicio que se realiza después de la presentación del vocabulario y las oraciones básicas, es solo un ejercicio para etiquetar las palabras y difícilmente se le puede llamar escritura o lección de estrategia auténtica que apoya la lectura. Los estudiantes no discuten lo que leen.

La lección, en realidad, no era ni interesante ni imaginativa. Algunas veces las series básicas de lectura en español han intentado hacer las lecciones más imaginativas y visualmente atractivas para los estudiantes, a pesar de las limitaciones extremas del vocabulario controlado. Por ejemplo, para las sílabas con la *m*, una serie presenta una corta historia de Manolo viendo a un mono hacer trucos chistosos por televisión. Aun así, estas historias son difíciles de predecir y el lenguaje está lejos de ser natural.

Pellicer (1969) discute las ventajas y desventajas del método silábico, indicando que este es bueno porque presenta el lenguaje en orden lógico, requiere muy pocos materiales y los maestros reportan que están satisfechos con el método, tanto para niños como para adultos. Sin embargo, él explica que el método depende mucho de la memoria del niño en las primeras etapas. El estudiante puede perder interés si no se presentan palabras significativas al inicio del proceso; se corre el riesgo de un aprendizaje mecánico, especialmente si el material es difícil o enseñado muy rápidamente y si el método no es consistente con la psicología infantil.

Un problema adicional con el método silábico es que frecuentemente los estudiantes terminan pronunciando palabras y oraciones sin prestarle atención al significado. Así, ellos se convierten con frecuencia en reconocedores de palabras. Logran aparentar que son buenos para pronunciar en voz alta, pero no desarrollan la comprensión. En inglés no hay un método similar al método silábico del español, ya que en esa lengua las palabras no se dividen fácilmente en sílabas con la combinación consonante/vocal, y, además, cada vocal en inglés tiene más de un solo sonido.

Los métodos hasta aquí descritos son llamados sintéticos porque presentan a los lectores letras, sílabas o palabras, que ellos combinan para así poder crear unidades más grandes. Estos métodos tradicionales para enseñar a leer en español tienen como meta el reconocimiento de palabras. En la mayoría de los casos, los estudiantes manipulan partes de palabras, palabras u oraciones individuales en lugar de trabajar con un texto relacionado. En vez de promover experiencias auténticas de lectura para los estudiantes, los libros de texto traen ejercicios de lectura. Ninguno de los métodos sintéticos mencionados cumple con los criterios señalados en la lista para una práctica efectiva de la lectura. A continuación, presentamos los métodos analíticos.

Los métodos analíticos

Los métodos en esta sección se consideran analíticos porque comienzan con un todo, para luego moverse hacia las partes. A primera vista, estos métodos podrían parecer ser más consistentes con la perspectiva sociopsicolingüística de la lectura. Sin embargo, como lo explicamos, los métodos analíticos no representan una práctica efectiva de la lectura porque la meta es aún el reconocimiento de palabras. En estos métodos los estudiantes raramente se involucran con un texto conectado que supere una oración. Creemos que para desarrollar las estrategias que ellos necesitan para convertirse en lectores eficientes, deben involucrarse con textos completos. Como lo hicimos con los métodos sintéticos, empezamos con una corta explicación de cada método analítico, luego presentamos un ejemplo de una lección de una clase que usa este método y la analizamos usando la lista de evaluación. También consideramos los métodos paralelos para enseñar a leer en inglés.

El método global o ideovisual

A principios del siglo XX, Decroly y Degand sugirieron el método global para enseñar a leer, explicando que la lectura "no tiene relación alguna con el sentido del oído que, por el contrario, es una función puramente visual" (Braslavsky 1962, 71). Decroly creía que la gente leía ideas, no símbolos gráficos, y que esas ideas estaban relacionadas con algo más que los mismos símbolos. Por esto, el método global también se denominó con frecuencia el método ideovisual. Decroly creía que los niños necesitan una preparación sensorio-motriz, intelectual y afectiva antes de comenzar a leer. Él resaltaba la idea de que los niños a los seis años de edad, cuando generalmente se inicia la enseñanza de la lectura, se encuentran en diversas etapas de madurez, y por esa razón, la lectura debería ser individualizada. En general, todo el método ideovisual enfatiza los ejercicios de aprestamiento para la lectura.

Hendrix (1952) escribió muy entusiasmado acerca del método global, explicando por qué los estudiantes a quienes él les enseñaba encontraban este método mucho más interesante que los métodos sintéticos que se usaban regularmente:

> En el transcurso de mi enseñanza de la lectura mediante el método global, siempre me llamó la atención el interés que suscitaba en mis alumnos y, me atrevo decirlo, en todos mis alumnos. (2)

Hendrix explica que el método global no ignora el análisis de las partes y señala que en este las etapas de aprendizaje van desde la oración a la palabra y luego a las sílabas. Sin embargo, aquellos que creen firmemente en un enfoque sintético para enseñar a leer han criticado este método, debido a que el estudiante fracasa en la adquisición de "un sistema para decodificar las palabras desconocidas más allá de las claves y los patrones visuales" (Thonis 1976, 31).

Moreno (1982), tomando como fuente a Braslavsky (1962), ha resumido cuatro principios básicos del método global o ideovisual:

1. La conceptualización es global. El pensamiento no se construye desde las partes al todo, sino que se empieza con bloques. Los niños desarrollan los conceptos "en bloque, sin análisis previo" (74).

2. La lectura es un proceso esencialmente visual; no tiene nada que ver con los sonidos, sino más bien con lo visual. El cerebro comprende las imágenes visuales en forma de totalidades.

3. La lectura es ideovisual. Esto implica que se leen las ideas y no los símbolos.

4. El método global es un método natural. La adquisición de la lectura es algo tan natural como la adquisición del lenguaje oral por parte del niño.

Con el método global se enseña a los estudiantes a leer y a escribir palabras enteras u oraciones completas. Algunos expertos de la lectoescritura en español se han preocupado porque las lecciones del método global jamás involucran a los estudiantes en el análisis de las partes (Thonis 1976). Sin embargo, los estudiantes reciben con frecuencia un buen número de actividades de aprestamiento para leer, antes de que les entreguen los textos de lectura. Eventualmente, los estudiantes participarán de actividades en las cuales hablan de un dibujo. El maestro escribe lo que dicen los niños, y entonces lo leen juntos. Describimos a continuación tanto las actividades de aprestamiento como la lección para esta versión del método global.

Un ejemplo de una clase con el método global o ideovisual

Los estudiantes están mirando sus cuadernos de ejercicios (ver figura 5–2) mientras la maestra les da instrucciones para hacer ejercicios que desarrollen habilidades de lectura.

MAESTRA: Abran sus libros en la página veinte. Miren la página. Noten que hay varios dibujos que son iguales o casi iguales. En cada fila hay un dibujo que es un poco diferente a los demás. Encierren con un círculo el dibujo que ustedes crean que es diferente. Vamos a hacer el número uno juntos. ¿Qué ven ustedes en el número uno?
NIÑO: Veo cuatro ositos.
MAESTRA: Bien. ¿Son todos iguales?
NIÑA: No, uno es diferente.
MAESTRA: Muy bien. Encierren con un círculo el osito que es diferente. Ahora ustedes pueden continuar con las casas en el segundo ejemplo haciendo el resto del ejercicio.

FIGURA 5–2. Actividad de aprestamiento para la lectura (Cuatro osos y cuatro casas)

Después de terminar este ejercicio, la maestra les da a los niños las instrucciones para la próxima página. En esta página hay dibujos de dos regalos de diferentes formas, dos niños con cajas de diferentes formas, y dos palabras escritas *papá* y *lima* (ver figura 5–3).

MAESTRA: Ahora vean la página veintiuno. ¿Qué están haciendo los niños en el número dos de esta página?
JUAN: Están cargando unas cajas.
MAESTRA: ¿Qué ven en el dibujo del número tres?
FRANCISCA: Veo una niña cargando una caja.
MAESTRA: ¿Hay algo dentro de la caja?
MAGDALENA: Sí, hay una palabra dentro de la caja.
MAESTRA: Muy bien. ¿Cabe bien la palabra dentro de la caja?
NIÑOS: Sí.
MAESTRA: Ahora, en el último dibujo, hay unas cajas vacías y unas palabras. Dibujen una línea desde la palabra hasta la caja donde ustedes piensan que cabe la palabra.

Ahora la maestra les enseña a los niños un dibujo de un niño en un salón de clases pintando un dibujo.

MAESTRA: Ahora vamos a escribir un cuento juntos sobre este dibujo. Ustedes me van a decir el cuento y yo voy a escribir lo que ustedes me dicen. ¿Quién quiere empezar?

FIGURA 5–3. Actividad de aprestamiento para la lectura (Cajas)

La enseñanza de la lectura y la escritura en español y en inglés

ROBERTO: Yo, maestra. Yo sé lo que debemos escribir.

MAESTRA: Está bien, Roberto. ¿Qué debo escribir?

ROBERTO: El niño está pintando en la escuela.

MAESTRA [Mientras escribe:] "El niño está pintando en la escuela". Bien. Ahora, ¿qué más?

ANA: El niño está pintando un árbol y un sol.

MAESTRA: OK, Ana. [Mientras escribe:] ¿Algo más para nuestro cuento?

ALBERTO: Su camisa está sucia. Tiene pintura.

MAESTRA: Bien, Alberto. [Ella escribe y lee en voz alta]. "Su camisa está sucia. Tiene pintura". Ahora tenemos un cuento. Lean conmigo mientras yo señalo las palabras con mi dedo.

NIÑOS Y MAESTRA: "El niño está pintando en la escuela.

"El niño está pintando un árbol y un sol.

"Su camisa está sucia. Tiene pintura".

MAESTRA: Muy bien. ¿Quién quiere señalar las palabras mientras leemos otra vez?

FAUSTO: Yo, maestra, yo.

MAESTRA: Está bien, Fausto, ven acá.

Ahora vamos a leer mientras Fausto nos señala las palabras.

NIÑOS: "El niño está pintando en la escuela.

"El niño está pintando un árbol y un sol.

"Su camisa está sucia. Tiene pintura".

MAESTRA: Muy bien. ¿Quién quiere leer solo?

JORGE: Yo, maestra.

MAESTRA: OK, Jorge. Tú puedes leer mientras Fausto señala las palabras con su dedo.

Análisis del método global o ideovisual ◆ Esta lección que acabamos de presentar tiene en realidad dos partes distintas. En la primera parte de la clase, los estudiantes están participando en actividades de aprestamiento que tienen como objetivo prepararlos para que puedan visualizar palabras enteras. Algunos expertos de la lectura temprana sostenían que los niños que se inician en la lectura se encuentran en diferentes niveles de madurez y que los materiales diseñados para el aprestamiento pueden ayudar a los maestros a determinar si ellos ya están preparados para comenzar a leer. Aquí se les pide, primero, que dentro de una serie de dibujos, aparentemente iguales, escojan el dibujo que es diferente. Después, se les pide que unan con una línea las palabras con las cajas que representan las formas de esas palabras. Muchos enfoques para la enseñanza de la lectura en inglés incluyen actividades de aprestamiento similares. Se supone que los estudiantes necesitan ser entrenados para notar las diferencias pequeñas, de modo que puedan aplicar esta habilidad para notar las diferencias entre las letras o las palabras.

Ambas actividades de aprestamiento encajan dentro de los dos primeros principios del método global o ideovisual señalados por Moreno. Los dos ejercicios reflejan que la conceptualización es global y que la lectura es un proceso esencialmente visual, sin ninguna relación con los sonidos del lenguaje. Aunque las actividades de aprestamiento encajan dentro de los principios de este método, no lo hacen dentro de una visión sociopsicolingüística de la lectura y tampoco aparecen dentro de la lista de evaluación para la enseñanza efectiva de la lectura. Los maestros que se apoyan en una concepción sociopsicolingüística de la lectura no creen que la preparación para esta deba incluir ejercicios de discriminación visual. Para esta perspectiva, la preparación para la lectura implica la exposición a textos impresos significativos, y no la práctica de escoger el dibujo que es diferente.

En la segunda parte de esta lección se ven reflejados los dos últimos principios del método global o ideovisual: la lectura es ideovisual, es decir, es la lectura de ideas, y el método global es un método natural. La maestra estimula a los niños a que discutan acerca de la ilustración donde aparece un niño dibujando en su salón de clases; luego, el dibujo es utilizado como la base para el cuento que ellos primero le dictan a la maestra y después leen con su ayuda.

La experiencia inicial de escritura compartida que ya mencionamos puede realmente constituirse en una herramienta válida para promover la construcción de significado con los lectores principiantes. Cuando los niños dictan el texto, tiene significado para ellos. En esté tipo de experiencia de escritura el texto es generalmente interesante, predecible y representativo de los intereses y de los conocimientos previos de los estudiantes. La experiencia inicial de escritura compartida responde apropiadamente a varias de las preguntas de la lista de evaluación. Los estudiantes se valoran como lectores cuando leen historias que han ayudado a construir. La lectura se presenta siempre como construcción de significado. Mientras los estudiantes sugieren letras y palabras para que la maestra escriba, ella les puede ayudar a desarrollar los tres sistemas de claves. Los estudiantes también hablan de lo que escriben y leen, especialmente si la historia proviene directamente de sus experiencias personales. La lección presentada aquí no cumplió con esto, puesto que la maestra simplemente mostró a los estudiantes un dibujo y les pidió que lo describieran en lugar de que pintaran su propio dibujo, discutieran y escribieran lo que habían hecho.

Sin embargo, la experiencia inicial de escritura compartida no se consideró como un plan de estudios completo para la lectura. Con el fin de promover un interés en la lectura por parte de los estudiantes, es necesario que estén expuestos a una rica variedad de libros de literatura infantil que contengan ilustraciones llamativas. La evaluación del método global, utilizando la lista de evaluación, indicaría que los maestros no leen a sus estudiantes una variedad de materiales, y los estudiantes no seleccionan los materiales, ni leen por su propia cuenta. Tampoco se ofrece a los estudiantes lecciones de estrategias. A pesar de que la experiencia inicial de escritura compartida que ofrece el método global se acerca a una concepción sociopsicolingüística de la lectura en mayor medida que todos los otros métodos analizados, el método completo tiene sus limitaciones.

Los métodos para enseñar a leer en inglés incluyen a menudo la experiencia inicial de escritura compartida (*Language Experience Approach, LEA*), una técnica sobre la cual Allen (1976) escribió ampliamente. Él describió cómo los maestros podrían utilizar diversas actividades, como el arte, la cocina y los juegos, como base para la experiencia inicial de escritura compartida. La mayoría de los maestros de nivel preescolar y de kínder incorporan esta experiencia en sus clases. En los salones bilingües y de doble inmersión, las rutinas del "mensaje de la mañana" (*the morning message*) y las "noticias diarias" (*the daily news*), con las que comienzan a menudo el día, son buenos ejemplos de esta experiencia inicial de escritura compartida. Un recurso excelente sobre este tema es *Getting the Most Out of Morning Message and Other Shared Writing* (Sacando lo mejor del mensaje de la mañana y otros escritos compartidos) (daCruz-Payne y Browning-Schulman 1998).

El método léxico

De acuerdo con Moreno (1982), este método se desarrolló en Alemania hace más de doscientos años. Incluía una serie de pasos:

1. Presentar el objetivo o un dibujo que represente la palabra que se va a enseñar.

2. Pronunciar el nombre de la palabra.

3. Escribir y leer la palabra.

4. Dividir la palabra en sílabas y en letras.

5. Formar nuevas palabras con los elementos ya conocidos de la palabra original. (83)

La idea sobre la cual se basa este método es que cada palabra tiene su propia forma y es recordada individualmente por el lector. El propósito de este método es convertir el proceso de lectura de palabras individuales en automático. Más recientemente, los maestros apenas han utilizado los primeros tres pasos del método y han omitido los dos últimos. En el método de la palabra completa, se utilizan con frecuencia tarjetas para presentar las palabras. Después se colocan las tarjetas dentro de oraciones para proporcionar algún contexto para las palabras y son repetidas por los lectores principiantes. Una vez que se aprendan las palabras, pueden ser utilizadas para construir nuevas oraciones.

Un ejemplo de una clase con el método léxico

La maestra y los niños van a leer tres oraciones escritas en el pizarrón que tratan de una niña en la escuela que está pintando. Les va a enseñar a leer tres palabras: *quién*, *sol*, y *amarillo*. Estas tres palabras están escritas en tres tarjetas que va a usar la maestra al enseñar.

MAESTRA: [Enseñándoles a los niños una tarjeta con la palabra *quién* escrita sobre ella:] Repitan la palabra después de mí: "quién".
NIÑOS: "Quién".
MAESTRA: Ahora miren la primera oración en el pizarrón y léanla en silencio.
MAESTRA: Lean la oración después de mí: "¿Quién pinta?".
NIÑOS: "¿Quién pinta?"
MAESTRA: [Enseñándoles a los niños una tarjeta con la palabra *sol* escrita sobre ella:] Repitan la palabra después de mí: "sol".
NIÑOS: "Sol".
MAESTRA: Ahora miren la segunda oración en el pizarrón y léanla en silencio.
MAESTRA: Lean la oración después de mí: "María pinta un sol grande".
NIÑOS: "María pinta un sol grande".
MAESTRA: [Enseñándoles a los niños una tarjeta con la palabra *amarillo* escrita sobre ella:] Repitan la palabra después de mí: "amarillo".
NIÑOS: "Amarillo".
MAESTRA: Ahora miren la tercera oración en el pizarrón y léanla en silencio.
MAESTRA: Lean la oración después de mí: "Ella pinta un sol amarillo".
NIÑOS: "Ella pinta un sol amarillo".
[La maestra y los niños abren los libros y ven la primera página del cuento que van a leer. Hay un dibujo de María pintando un sol].
MAESTRA: Miren el dibujo en la página veintinueve. ¿Quién pinta?
FELIPE: María está pintando.
MAESTRA: Sí, Felipe. María pinta. ¿Qué pinta María?
ANITA: Un sol.
MAESTRA: Sí, María pinta un sol. Y ¿de qué color es el sol?
NIÑOS: Amarillo.
MAESTRA: Ahora, escriban las tres palabras nuevas en sus cuadernos y escriban tres oraciones nuevas usando las tres palabras.

Análisis del método léxico ◆ En el método léxico están presentes pocos de los elementos críticos para la enseñanza efectiva de la lectura. Se pide a los estudiantes que lean cada oración silenciosamente, pero no leen el texto completo por su propia cuenta. Como consecuencia, no valoran la lectura ni a sí mismos como lectores. Lo que los estudiantes leen es cuidadosamente controlado. No se les dan opciones en cuanto a qué leer y no leen independientemente (más allá de una oración). Las palabras que leen son primero presentadas en forma aislada y después las ponen en oraciones. Estas oraciones no proporcionan un contexto suficiente para entender claramente el significado de las palabras. Además, no constituyen buenos ejemplos de lenguaje natural. Cuando Felipe le contesta a la maestra de una forma más natural: "*María está pintando*", la maestra tiene que reorganizar la oración y usar "*María pinta*" para reflejar el texto menos natural. En la oración anterior que dice: "*¿Quién pinta?*", no hay un contexto verdadero proporcionado por la palabra *pinta* para ayudar al lector a inferir el significado de *¿Quién?*

El énfasis principal de la enseñanza a través de este método es el reconocimiento de palabras individuales. No se invita a los estudiantes a usar los tres sistemas de claves para construir significado. Lo que se les pide es memorizar palabras y usarlas para decodificar oraciones. Ellos pueden llegar a relacionar las palabras con los dibujos y esto les ayuda a establecer el significado de las oraciones, pero los significados raramente se relacionan con sus experiencias e intereses. Los estudiantes no discuten lo que leen. En lugar de eso, simplemente contestan las preguntas que les hace la maestra.

Este método se ha denominado en inglés como el método de la palabra completa (*whole-word method)* y se confunde a menudo con el lenguaje integral (*whole language*). Normalmente, forma parte de la mayoría de los métodos para la enseñanza de la lectura basada en la concepción del reconocimiento de palabras. El método se refiere a las palabras que no se pueden decodificar usando reglas fono-ortográficas como palabras de vista (*sight words*). Los maestros usan tarjetas a menudo para enseñar estas palabras como unidades visuales completas. En algunos casos en la lectura en inglés, al igual que con el método léxico para el español, el enfoque usado para las palabras de vista se ha extendido a todas las palabras. El método de la palabra completa, utilizado de esta manera, se ha contrastado con el método fono-ortográfico. Sin embargo, en la mayoría de los casos, los maestros combinan ambos métodos.

El método ecléctico o mixto

El método ecléctico tiene características de varios métodos. Por esa razón, también a menudo se le ha llamado el método mixto (Bellenger 1979). Al igual que con el método ideovisual, se provee a los estudiantes con actividades de aprestamiento para promover habilidades en la organización espacial o la coordinación visomotora. Además, se les pueden dar ejercicios para desarrollar las habilidades de discriminación auditiva, la atención, la memoria o el lenguaje oral. Después, se introducen los sonidos de la letras y se les anima a que aprendan los sonidos, los nombres de la letras y los símbolos escritos. Después de aprender las letras y sus sonidos, los estudiantes practican sonidos silábicos y los combinan para formar palabras u oraciones. También se les enseña a escribir dictados, a copiar las palabras que el maestro escribe, a usar las letras de una palabra para crear nuevas palabras, a visualizar las formas de las letras, a identificar los sonidos representados por las letras y a practicar la caligrafía. Como lo sugiere esta lista, un método ecléctico puede combinar las prácticas de los métodos sintéticos y analíticos anteriormente descritos. El eclecticismo caracteriza a muchos de los enfoques de lectoescritura que se han utilizado en Latinoamérica y en los Estados Unidos. Los métodos para enseñar a leer en inglés también han reflejado con frecuencia este enfoque mixto. De hecho, es probable que el método ecléctico sea el método más comúnmente usado para enseñar a leer en español y en inglés.

Un ejemplo de una clase con el método ecléctico o mixto

La lección se basa en unas páginas del libro de texto para enseñar la lectura, *Chiquilín* (Cabrera s. f.). Este libro se usa en Venezuela para enseñar la lectura en primaria. Los niños y la maestra están mirando la página titulada "pre-lectura" donde se encuentran las vocales y los dibujos de palabras que empiezan con cada vocal.

MAESTRA: Miren la página tres. Aquí miren los dibujos y las letras. Estas letras son las vocales. Cada letra está en mayúscula y en minúscula. Cada dibujo comienza con una de las vocales. Primero, pongan su dedo sobre la primera vocal, *A*, y repitan, "*A*, avión".
NIÑOS: "*A*, avión".
MAESTRA: Bien, ahora, pongan su dedo en la segunda letra, *E*, y repitan, "*E*, elefante".
NIÑOS: "*E*, elefante".
MAESTRA: Bien, ahora pongan su dedo en la tercera letra, *I*, y repitan, "*I*, imán".
NIÑOS: "*I*, imán".
MAESTRA: Bien, ahora pongan su dedo en la cuarta letra, *O*, y repitan, "*O*, ola".
NIÑOS: "*O*, ola".
MAESTRA: Bien, ahora pongan su dedo en la quinta vocal, *U*, y repitan, "*U*, uno".
NIÑOS: "*U*, uno".

La maestra y los niños ven la próxima página y repiten otro ejercicio igual al primero con más dibujos de palabras que empiezan con vocales. Esta vez las vocales (escritas en minúsculas) y los dibujos que representan el primer sonido aparecen en otro orden. Empiezan con la *e* de *enano*, sigue la *o* de *oso*, la *i* de *iglesia*, la *u* de *uña* y la *a* de *asa*. Después de esta práctica, todos miran la próxima página donde hay un dibujo de una mamá y su hija. Las sílabas *ma, me, mi, mo, mu* están escritas debajo del dibujo.

MAESTRA: Miren la página cinco. ¿Qué ven en el dibujo?
MARTA: Una mamá y su hija.

MAESTRA: Sí, Marta. Es una mamá y su hija. Debajo del dibujo ustedes pueden ver la palabra *mamá*. Vamos a aprender a leer esta palabra y otras. Ahora, miren las sílabas junto al dibujo, y repitan después de mí: "ma, me, mi, mo, mu".

NIÑOS: "Ma, me, mi, mo, mu".

MAESTRA: Bien. Ahora lean después de mí las palabras que están en la primera línea: "ama, mima, amo".

NIÑOS: "Ama, mima, amo".

MAESTRA: En la segunda línea, "eme, mimo, mía". Repitan.

NIÑOS: "Eme, mimo, mía".

MAESTRA: En la tercera línea, "mima, mimí, eme".

NIÑOS: "Mima, mimí, eme".

MAESTRA: Muy bien. Ahora vamos a leer una oración completa. Lean conmigo: "Mi mamá me ama".

NIÑOS: "Mi mamá me ama".

Análisis del método ecléctico o mixto ◆ En este método se pueden observar elementos de otros métodos ya descritos. La lección comienza, al igual que el método alfabético, enseñando primero las letras. Las vocales son enseñadas, como en el método fono-ortográfico, relacionando los sonidos iniciales con las palabras que comienzan con estos sonidos. Luego, el método se concentra en las sílabas y, de igual manera que el método silábico, las utiliza para enseñar palabras, aunque haya una mezcla de palabras no relacionadas, pero todas con la letra *m*. Además, hay elementos del método global puesto que la atención de los estudiantes se dirige a un dibujo de una madre y su hija. Al final de la lección, los estudiantes leyeron una oración relacionada con este dibujo.

En las primeras páginas de *Chiquilín,* libro básico de lectura, (Cabrera s. f.) se establece la filosofía sobre la enseñanza de la lectura que deben seguir los maestros. Los dos primeros puntos de esta explicación muestran aun más claramente que este método esta basado en una concepción de la lectura que comprende una combinación de los métodos analíticos y sintéticos descritos previamente:

La metodología de la enseñanza para la lectura del libro *Chiquilín* debe seguir los siguientes pasos:

1. El niño debe leer y pronunciar los fonemas vocales asociándolos con la imagen que los origina. Ejemplo: "*a*" de "*aro*" "*a*" de "*avión*". Debe pronunciar cada sonido silábico, relacionándolo rápidamente con la palabra que lo contiene y la imagen que lo representa.

2. El niño debe leer frases, oraciones y pequeños párrafos dentro de un contexto relacionado con una escena en particular. Luego el docente reforzará la lectura realizada con preguntas sencillas que permitan fijar el aprendizaje adquirido. (2)

Aunque el método ecléctico parece combinar lo mejor de todos los otros métodos, no ayuda a los estudiantes a valorar la lectura y a valorarse a sí mismos como lectores. Un método mixto incluye ejercicios que van de las partes al todo y del todo a las partes, y tiene como principal objetivo la identificación de palabras por parte de los estudiantes. Los ejercicios muy raras veces implican la lectura de textos completos y auténticos; por ello, no se puede afirmar que los lectores hacen uso de los tres sistemas de claves para construir significado. No se les ofrece una verdadera literatura como tampoco oportunidades para escoger sus lecturas. No se les enseñan lecciones de estrategias ni tienen discusiones sobre lo que leen.

Los enfoques eclécticos basados en series básicas de lectura

Dentro de nuestra discusión sobre los métodos eclécticos y antes de concluir este capítulo sobre los métodos de lectura en español, creemos que es importante hacer algunos comentarios sobre las series básicas de lectura en español publicadas para las escuelas en los Estados Unidos. Estas instituciones a menudo usan los fondos estatales para comprar estos materiales, y una vez que se adoptan se convierten en el programa de lectura en muchas aulas de clase. Es importante, entonces, considerar los métodos reflejados en estos programas.

Antes de la década de 1980, las series básicas de lectura en español eran programas cuidadosamente controlados. Estaban fundamentados en una combinación de enfoques fono-ortográficos, silábicos y de palabra completa para la enseñanza de la lectura en español. El estudio de Freeman (Freeman 1987, 1988) de siete series básicas de lectura actuales en español concluyó que los materiales reflejaban un enfoque ecléctico hacia la lectura, y las series eran realmente muy similares. Ella hizo una crítica de la literatura adaptada—a veces mal traducida—que contenían estas series, de las hojas de trabajo basadas en destrezas, de las largas listas de preguntas de comprensión y del enfoque de la lectura centrado en el maestro.

En los años 90, varias casas editoriales de las series básicas de lectura en español respondieron favorablemente a las críticas hechas por Freeman (Freeman 1993). Produjeron nuevas series en las que incluyeron colecciones de literatura infantil de alta calidad y organizadas alrededor de temas. Muchas de estas selecciones fueron escritas originalmente en español y acompañadas por una colección atractiva de lecturas expositivas de apoyo, traducidas cuidadosamente o publicadas originalmente en español. Un ejemplo de estas series es *Invitaciones*, una serie básica de lectura para los grados de primero a sexto de primaria (Freeman y Freeman 1997). Como era típico de todas las series de lectura de ese período, las actividades de apoyo contenían ejercicios que reflejaban el método alfabético, el fono-ortográfico, el silábico, el léxico y el global. En realidad, aunque la literatura y los temas reflejaban un enfoque sociopsicolingüístico, las actividades parecían más eclécticas.

Las casas editoriales de las series básicas de lectura deben seguir siendo competitivas. Ya sea que estén produciendo el material en inglés o en español, siempre prestan mucha atención a los mandatos del gobierno sobre la lectura. Tienen en cuenta las demandas de un público conservador que quiere un movimiento que vuelva a los métodos tradicionales, y escuchan lo que los maestros y los administradores quieren decir. El mensaje que estas compañías actualmente reciben es que se debe basar el material de lectura en la investigación confiable y replicable que apoya la enseñanza sistemática y explícita de habilidades y que sigue los cinco pilares discutidos en el Capítulo 2. Desafortunadamente, los resultados son las series básicas de lectura que incluyen hojas de trabajo y planes pre-escritos para cada minuto del tiempo de la enseñanza. Las nuevas series reflejan claramente una concepción de la lectura como el reconocimiento de palabras.

El eclecticismo basado en principios

Un método ecléctico puede ser considerado como un intento por combinar nuevas comprensiones sobre el aprendizaje y la enseñanza con lo mejor del pasado. A pesar de que hoy en día muchos educadores afirman que el eclecticismo es el mejor enfoque para enseñar a leer, nosotros creemos que es importante que los educadores examinen sus creencias sobre este proceso y sobre el aprendizaje, y ajusten su práctica a esos principios. Estamos de acuerdo con Harste (1992) que afirma: "el eclecticismo es una enfermedad, no una filosofía educativa. [. . .] y que es curable al asumir una posición" (5).

Los métodos eclécticos comúnmente usados para enseñar a leer en español y en inglés combinan algunos elementos de los métodos sintéticos y analíticos, y se centran en varios niveles de análisis o síntesis—la oración, la palabra o la sílaba. Se le presta una cierta atención a la construcción de significado, pero a menudo con textos muy limitados. El problema básico con un método ecléctico es que los maestros pueden combinar técnicas que reflejan concepciones diferentes de cómo se aprende a leer. Esto envía un mensaje poco claro a los estudiantes, y a menudo se confunden sobre lo que la lectura debe ser. ¿Es repetir lo que dice el maestro? ¿Es cambiar sonidos iniciales y finales de palabras? ¿Es completar ejercicios en hojas de trabajo? ¿Es leer independientemente y luego responder?

El eclecticismo basado en principios es la alternativa que proponemos. Los maestros que siguen un enfoque basado en principios usan una variedad de técnicas, pero se aseguran de que ellas reflejen una concepción consistente sobre el aprendizaje de la lectura. Se puede utilizar la lista de evaluación para la enseñanza efectiva de la lectura para garantizar que las prácticas de clase son coherentes con una concepción sociopsicolingüística de la lectura. En el siguiente capítulo explicamos un método para enseñar a leer que refleja el eclecticismo basado en principios y la concepción sociopsicolingüística de la lectura.

 ## Aplicaciones

1. Iniciamos este capítulo con una cita que describía los métodos para enseñar la lectura como "mecánicos y rígidos" y una concepción de la lectura que planteaba que esta era tan difícil y dolorosa que se podía aplicar la expresión "la letra con sangre entra". ¿Cree usted que esta descripción se puede aplicar a los métodos usados para enseñar la lectura en las escuelas en su área? ¿Por qué? Dé ejemplos específicos.

2. Clasificamos los métodos usados para enseñar la lectura en sintéticos y analíticos. ¿Son los métodos que se usan en su escuela para enseñar a leer sintéticos, analíticos o ambos? ¿Por qué? Si usted está enseñando actualmente, entreviste a un maestro y/u observe una clase de primaria para conocer la situación.

3. Si usted no aprendió a leer primero en español, entreviste a alguien que lo hizo. ¿Usó usted o la persona con quien se entrevistó un silabario? ¿Cómo fue la experiencia? ¿Qué recuerda de la enseñanza de la lectura en español?

4. El método silábico es en gran medida el que se usa más comúnmente para enseñar la lectura en español. ¿Se usa este método para enseñar la lectura en español en su escuela? Si no se usa, ¿ve usted evidencia del método silábico en alguno de los materiales? Si usted no está enseñando actualmente, entreviste y/u observe a algunos maestros de primaria para conocer la situación.

5. ¿Qué evidencia del método de la palabra completa nota usted en la enseñanza de la lectura en su escuela? ¿Se enseñan algunas palabras de esa manera? Si usted no está enseñando actualmente, entreviste a algunos maestros de primaria para conocer la situación.

6. Muchos maestros usan un enfoque ecléctico para enseñar a leer. ¿Qué significa "un enfoque ecléctico"? ¿Cree usted que es ecléctico en su enfoque para la enseñanza de la lectura? Si usted no está enseñando actualmente, entreviste a algunos maestros de primaria para descubrir si ellos se apoyan en un enfoque ecléctico. Dé ejemplos específicos del eclecticismo en la enseñanza.

7. ¿Usa su escuela series básicas de lectura para enseñar a leer? ¿Cuál serie utiliza? ¿Cuáles métodos se reflejan en estas series de lectura? Si usted no está enseñando actualmente, entreviste a algunos maestros de primaria para conocer las series básicas de lectura que usan.

El enfoque basado en principios para la enseñanza de la lectura

La enseñanza de la lectura y de la escritura sigue siendo el rompecabezas para muchos maestros, y muy especialmente para los que habiendo terminado la carrera normalista, se inician en la docencia como maestros de primer grado de primaria. La falta de experiencia profesional y el desconocimiento de las técnicas más adecuadas para enseñar a leer y escribir a sus alumnos, los llena de desasosiego y de incertidumbre y los conduce, no pocas veces, a resultados menos que mediocres al término del año escolar.

Antonio Barbosa Heldt, *Cómo han aprendido a leer y a escribir los mexicanos*

La cita anterior fue escrita en 1971, cuando el trabajo en la psicolingüística y la lectura apenas comenzaba. Como lo indica Barbosa Heldt, muchos maestros no sabían la mejor manera de enseñar a leer. En el Capítulo 5, mencionamos que muchos maestros adoptan un enfoque ecléctico; utilizan lo que les parece que funciona. En este capítulo invitamos a los maestros a que adopten un enfoque basado en principios. Un maestro con principios utiliza con frecuencia una variedad de estrategias, pero su perspectiva es consistente y refleja sus creencias sobre la lectura.

 ## Enfoque, método y técnica

Anthony (1965) hace una distinción útil entre enfoque, método y técnica. Un enfoque consiste en un sistema de creencias acerca de la enseñanza y el aprendizaje. En nuestros textos anteriores también nos hemos referido a este sistema de creencias como *orientación*. Un método refleja cómo esas creencias se ponen en práctica en un momento específico y se constituyen como el plan o el programa didáctico que el maestro desarrolla a largo plazo. Las técnicas son actividades de clase específicas que el maestro pone en ejecución regularmente.

En capítulos anteriores distinguimos entre dos enfoques u orientaciones para la enseñanza de la lectura: el enfoque del reconocimiento de palabras y el enfoque sociopsicolingüístico. Presentamos evidencia para validar el enfoque sociopsicolingüístico. Creemos que este enfoque está basado en principios porque se fundamenta en la teoría que viene de la práctica. La lista de evaluación para la enseñanza efectiva de la lectura se basa en este enfoque. Los maestros con principios desarrollan prácticas que son consistentes con un solo enfoque. Por el contrario, un maestro ecléctico puede elegir actividades que se ajustan a ambos enfoques.

Los maestros con principios son igualmente coherentes a nivel de método. El método se refiere al plan a largo plazo para organizar el currículo. En este capítulo describimos un método para organizar la enseñanza de la lectura que es consistente con un enfoque sociopsicolingüístico. Este se basa en un modelo para la enseñanza de la lectura conocido como la transferencia gradual de la responsabilidad (Pearson y Gallagher 1983). La idea es que el maestro comience haciendo la mayoría del trabajo y después transfiera poco a poco la responsabilidad de la tarea al estudiante.

 ## Actividades con textos impresos del ambiente para niños bilingües

El modelo de transferencia gradual se desarrolla sobre las experiencias de lectoescritura que los estudiantes traen cuando comienzan la escuela. Aun antes de que la enseñanza formal comience, los niños que crecen en ambientes ricos en textos escritos han comenzado a formar conceptos sobre estos. Antes de describir el modelo de transferencia gradual de la responsabilidad, quisiéramos hablar de lo que ya saben los niños de habla hispana sobre la letra impresa y la lectura antes de comenzar a aprender a leer en la escuela.

Para ayudarles a entender el enfoque sociopsicolingüístico de la lectura, Yvonne invita a sus estudiantes de posgrado, maestros bilingües en la frontera de Texas con México, a conducir con un lector emergente una entrevista sobre los conceptos de lectura y una investigación acerca de la letra impresa en el ambiente (Goodman y Altwerger 1981; Romero 1983). Puesto que Yvonne enseña en español, sus maestros eligen a un niño de habla hispana que todavía no esté leyendo independientemente, generalmente un niño alrededor de cuatro años de edad. Sin embargo, la entrevista se puede conducir en inglés o en español, dependiendo de la lengua que más hable el niño. Los maestros primero hacen una entrevista sobre el concepto de lectura que tiene el niño. Esta consiste en una serie de preguntas como "¿sabes leer?" y, para los que contestan que sí, "¿cómo aprendiste a leer?". A los niños que contestan que no, les preguntan "¿cómo vas a aprender?". El entrevistador intenta indagar sobre lo que piensan estos niños sobre la lectura, haciendo preguntas como "¿es fácil o difícil leer?" y "¿es posible aprender a leer solo?".

Además de realizar la entrevista, los maestros también hacen una actividad sobre la conciencia acerca de la letra impresa en el ambiente que les ayuda a entender los conceptos que el niño tiene sobre la lectura y la conciencia metalingüística. Para esta tarea, los maestros recolectan cuatro productos, dos en español y dos en inglés, con los cuales los niños estén probablemente familiarizados en sus comunidades fronterizas del sur de Texas. Los maestros eligen productos como "Fabuloso", un limpiador comúnmente usado, sopa de fideos o "Galletas Gamesa", galletas de una marca de fábrica mexicana reconocida. Para la entrevista en inglés, eligen cualquier cosa, desde cajas de pizza hasta galletas "*Oreo*" y toallitas húmedas para bebés de la conocida marca de pañales "*Pampers*". Durante un período de cuatro semanas, el maestro se sienta con el niño elegido y le hace preguntas acerca de los cuatro productos. Durante la primera entrevista, el maestro le muestra al niño el producto. Por ejemplo, le muestra la botella de "Fabuloso" o un paquete de sopa de fideos. Entonces el maestro le hace preguntas como "¿has visto esto antes?", "¿qué crees que dice?" y "¿qué te indica que dice . . . ? Indica con tu dedito dónde dice. . . ". Se repiten las mismas preguntas por un período de cuatro semanas, pero cada vez se reduce más el contexto. La segunda semana, las etiquetas de los productos se recortan y se pegan en cartulina. La tercera semana, el maestro le muestra al niño una fotocopia de la etiqueta. No queda ninguna señal del color. Finalmente, en la cuarta semana, simplemente se imprime el nombre del producto en una tarjeta. Las instrucciones y las preguntas para estas tareas se pueden encontrar en las publicaciones citadas anteriormente, así como en el libro *Kidwatching: Documenting Children's Literacy Development* (Observando a los niños: cómo documentar el desarrollo de la lectoescritura infantil) (Owocki y Goodman 2002) y en la aplicación 2.

La efectividad de estas tareas se vuelve evidente cuando los estudiantes de posgrado escriben un análisis de su experiencia. Las respuestas de los niños a las preguntas de la entrevista sorprenden y animan a menudo a estos estudiantes. Rosa, maestra bilingüe de segundo grado, primero hizo la entrevista sobre los conceptos de la lectura con su hija de cuatro años de edad, Juliana, y escribió:

> Antes de comenzar esta entrevista, realmente no estaba segura de cuál iba a ser el resultado. Le expliqué a mi hija que necesitaba hacerle algunas preguntas. Ella estaba tan emocionada y se sentía tan importante que trajo su pequeña mesa y sus dos pequeñas sillas para que pudiéramos sentarnos. La primera pregunta que le hice fue "¿Sabes leer?". Su respuesta inmediata fue "Sí, mami, sí sé leer". Paré por un momento y pensé que los niños se sienten tan entusiasmados con la lectura en una edad temprana como la de mi hija. "Así pues", yo me pregunté, "¿qué sucede en la escuela para que los niños pierdan este entusiasmo?". Ella me dijo entonces que había aprendido a leer por su propia cuenta y dijo: "Yo sé leer libros, cuentos y eso que estás escribiendo y todo sé leer". Apenas empezábamos la entrevista, y ya estaba fascinada.

Rosa entonces hizo la actividad con los textos impresos del ambiente durante las cuatro semanas, utilizando las toallitas húmedas para bebés de *Pampers* y los cubos de caldo de tomate de *Knorr* para la entrevista en inglés. Para la entrevista en español, utilizó *Suavitel*, un suavizante de ropa, y *Yemina Conchas*, un pan dulce mexicano. Cuando le mostró los productos, la hija de Rosa leyó "sin vacilación lo que ella creyó que decían los textos impresos en los empaques". Cuando las etiquetas fueron pegadas sobre la cartulina, ella todavía leía su versión de las etiquetas, pero esta vez intentó pronunciar la primera letra de cada palabra. En la tercera tarea, cuando el color había sido removido, ella vaciló más al identificar los productos, pues no podía identificar el caldo de tomate sin los tomates rojos y decidió que el paquete decía "naranjas" en lugar de tomates. Cuando Rosa le mostró las palabras impresas en tarjetas, ella estaba segura de que todas las tarjetas tenían su nombre, Juliana Arisleidy Chapa. En resumen, entre las cosas que Rosa escribió, incluyó: "Aprendí que los ambientes ricos en textos impresos dan al niño una oportunidad de dar sus primeros pasos en la lectura, sin aprender primero los sonidos y las letras".

Otra maestra bilingüe, Nancy, también notó lo mucho que ayuda el contexto a los lectores emergentes y cómo el texto impreso aislado frustra a los niños pequeños. Nancy hizo este proyecto con su sobrina de cuatro años de edad, Nallely, y describió la respuesta de su sobrina para cada etapa:

Primera etapa: Nallely mencionó con mucho detalle cada uno de los artículos presentados. Su actitud era bastante emocionante y alegre. En su rostro reflejaba seguridad y mucha confianza en lo que contestaba.

A medida que Nancy trabajaba con su sobrina, notó más vacilación y menos confianza en cada etapa. La respuesta de la niña a la tarea final, con solamente las palabras impresas en las tarjetas, demuestra una realidad sobre las respuestas de los niños pequeños frente a las palabras aisladas.

Cuarta etapa: En la etapa final donde solo le mostré las letras de los productos, noté a Nallely muy inquieta. Ella pudo deletrear las letras pero sin poder tener significado de la palabra. No quería contestar mucho a mis preguntas, me decía que no sabía, como si quisiera que la entrevista se terminara pronto. Lo noté cuando me dijo "No sé, tía" con un tono de voz bastante desesperante.

Muchos de los estudiantes que hicieron este proyecto con un niño pequeño descubrieron que la experiencia fue muy valiosa porque, por medio de la entrevista, aprendieron sobre las concepciones que los niños tienen sobre la lectura y, con las actividades sobre la letra impresa en el ambiente, pudieron ver cómo el color y el contexto son importantes para los lectores emergentes. Además, aprendieron sobre la importancia de hablar con los niños sobre la lectura y los textos. Por ejemplo, Yudith escribió:

After doing this project, I learned what children think about reading. In addition, I realized how important it is for children to encounter context clues and pictures when they read a book.

Traducción
Después de hacer este proyecto, aprendí sobre lo que los niños piensan acerca de la lectura. Además, me di cuenta de qué tan importante es que los niños encuentren claves del contexto y dibujos cuando leen un libro.

Anna comentó:

Many children come from print-rich homes, yet they get to school and we, the educators, dissect the words and teach without context. A simple study like the one I just conducted makes me aware that the young reader needs context to create meaning.

Traducción

Muchos niños vienen de hogares ricos en textos impresos, pero llegan a la escuela y, nosotros, los educadores, separamos las palabras y las enseñamos fuera de contexto. Un estudio simple como el que acabo de conducir me hace consciente de que el lector joven necesita el contexto para crear el significado.

Paula observó:

My student was able to see the picture and make the connection to reading. She also used her previous experiences to relate to what she read. As teachers, we should allow time for children to talk about their experiences to make connections and to make the reading more meaningful to them. Instead some teachers isolate words and drill students without having them make connections.

Traducción

Mi estudiante podía ver el dibujo y hacer la relación con la lectura. Ella también utilizó sus experiencias previas para relacionarlas con lo que leyó. Como maestros, debemos darles tiempo a los niños para que hablen de sus experiencias, para que hagan conexiones y para hacer la lectura más significativa para ellos. En lugar de eso, algunos maestros aíslan las palabras y enseñan a sus estudiantes sin promover el desarrollo de conexiones.

Delia resumió, probablemente, la consideración más importante para la enseñanza de la lectura:

Las consecuencias pedagógicas son pesimistas si se piensa en la escritura como "un sistema de signos que expresan sonidos individuales del habla" (Gelb 1978). Nos estamos refiriendo a la escritura alfabética. En cambio, si definimos la escritura en un sentido más amplio, tomando en cuenta sus orígenes sociales, psicogenéticos y lingüísticos, como una forma particular de representar nuestro medio ambiente, le estaremos dando una visión sociopsicolingüística al proceso de la lectoescritura. Entre las propuestas metodológicas y las concepciones infantiles, hay una distancia que puede medirse en términos de lo que la escuela enseña y el niño aprende. Lo que la escuela pretende enseñar no siempre coincide con lo que el niño logra aprender.

 # Proyecto sobre las funciones de la letra impresa

Otro proyecto importante que los estudiantes de Yvonne realizan mientras estudian sobre la adquisición de la lectura es una investigación sobre las funciones de la letra impresa (Owocki y Goodman 2002; Weiss y Hagen 1988). Este proyecto, al igual que el de la letra impresa en el ambiente, se puede hacer en inglés o en español, y se puede trabajar con niños de preescolar hasta primer grado. Tomando como fuente el proceso sugerido por Weiss y Hagan, los estudiantes recolectan diez artículos que lean a menudo las personas, por ejemplo, una revista, un periódico, un menú, un calendario, una tarjeta de cumpleaños o una invitación, un libro de cuentos y una lista de compras. Para realizar el proyecto, el entrevistador pone tres de los artículos en una mesa y le pide al niño que elija uno de ellos. Por ejemplo, el entrevistador puede poner un libro de cuentos, un periódico y un calendario sobre la mesa y le dice al niño: "Enséñame el calendario". Si el niño selecciona el calendario, la pregunta siguiente es: "¿Por qué lee la gente un calendario?" o "¿Por qué leemos un calendario?". Las respuestas del niño le dan al maestro/investigador información importante acerca de lo que los niños entienden sobre las funciones de los diversos materiales de lectura, incluso cuando nadie les haya enseñado.

Mientras los niños observan a los adultos leer, hacen varias hipótesis sobre por qué la gente lee diversas clases de materiales. Presentamos algunas de las preguntas y respuestas, particularmente interesantes, del proyecto con los niños entrevistados en español, en la figura 6–1. Es evidente que las respuestas de los niños indican qué tanto notan cómo los adultos utilizan diversos textos y cómo responden a ellos. Por último, se hizo en la entrevista una pregunta reveladora: "¿Por qué lee la gente?". Algunos niños encontraron esa pregunta difícil, pero otros tenían respuestas interesantes. Algunos sabían que era necesario leer para tener éxito en la escuela. Un niño dijo: "Es importante porque si no lees no vas a pasar de grado". Otra niña le dijo a su entrevistador: "Si no sabemos leer, no vamos a ir al colegio". Incluso, otra niña vio la lectura como una manera de progresar en la lectura de los libros por nivel: "Mi mamá siempre dice que aprenda mucho y por eso yo siempre leo. Ya voy por el libro verde y mi amiga todavía va por el libro *pink* (rosa)".

Sin embargo, algunos niños vieron la utilidad de la lectura para las tareas diarias. Uno dijo: "Si no saben leer no saben adónde van, o cómo pagar los *biles* (cuentas), y no pueden leer con sus niños". Una niña incluso asoció la lectura con su futuro: "Para aprender muchas cosas. Para que aprendas inglés y español. Y cuando sea grande ir a trabajar. Cuando yo sea maestra voy a leer como tú".

Al realizar la entrevista sobre la lectura, las actividades sobre la letra impresa en el ambiente y las actividades sobre las funciones de la letra impresa, los maestros en la clase de Yvonne aprendieron mucho sobre lo que los niños pequeños ya saben sobre la lectura, por qué piensan que es importante y cómo comienzan a construir el significado desde el texto impreso, incluso sin enseñanza formal. En las siguientes secciones, describimos un modelo para la enseñanza de la lectura que se desarrolla sobre la comprensión que los niños tienen sobre esta, incluso antes de comenzar el proceso de enseñanza formal de lectura en la escuela.

Pregunta	Respuestas
¿Por qué lee la gente libros de cuentos?	Para pasar el examen de lectura acelerada (AR). Hay que leer muchos libros para poder pasar de grado. Para dormirse. Para ser inteligente. Para aprender cosas nuevas.
¿Por qué lee la gente el periódico?	Para saber quién murió. También para saber si hay algo en el Dodge Arena. Los juegos que van a ver. Si va a llover o no y si hay algún hotel. Para ver las personas que roban. Para leer de la guerra.
¿Por qué lee la gente el libro telefónico?	Para marcar a la pizza. Para buscar teléfonos y nombres de personas. Para buscar el teléfono de los bomberos o la policía.
¿Por qué lee la gente cartas?	Porque están enamorados. Como el bil (cuenta) de la luz . . . cuando a mi hermano se le olvidó pagarlo y se quedó toda la noche sin luz.
¿Por qué lee la gente el calendario?	Para ver cuándo va a ser su cumpleaños. Le íbamos a comprar flores a mi abuelita que ya está muerta y se le olvidó a mi mamá. Para saber si vamos a la escuela.
¿Por qué lee la gente las revistas?	Para ver las fotos y oler los perfumes. Para poder hacer lo que hacen en las revistas. Pueden ver si alguien se casó. Son las personas de las novelas.

FIGURA 6–1. Respuestas acerca de las funciones de la letra impresa

El modelo de transferencia gradual de la responsabilidad

El modelo de transferencia gradual de la responsabilidad refleja los conceptos de Vygotsky (1962) de la *zona de desarrollo próximo*. Vygotsky argumentó que aprendemos cuando trabajamos en colaboración con un adulto o un par más experimentado, que puede ser un estudiante o compañero de la misma edad. Lo que podemos hacer ahora con ayuda, lo podemos hacer más adelante independientemente.

La mayoría de nosotros hemos tenido experiencias de aprendizaje que confirman la hipótesis de Vygotsky. Por ejemplo, al principio, necesitamos ayuda en la operación de un nuevo programa de nuestra computadora. Más adelante, podemos hacerlo por nuestra propia cuenta. En cuanto a la lectura, los niños necesitan ayuda. No pueden leer, así que el maestro les lee. Con el tiempo, la responsabilidad de la lectura cambia de lugar y es asumida por el estudiante. La meta es que el estudiante lea independientemente. Por supuesto, ellos quizás pueden leer ciertas clases de textos independientemente y todavía necesiten ayuda para leer textos más complejos o de diversos géneros. El trabajo del maestro es definir la ayuda necesaria y proporcionarla. La figura 6–2 ilustra este modelo de transferencia gradual de la responsabilidad.

La primera etapa que presenta la figura 6–2 es la lectura en voz alta. En esta etapa, el maestro hace todo el trabajo de lectura. La segunda es la lectura compartida. Durante esta, los estudiantes comienzan a compartir la tarea. La tercera etapa es la lectura guiada. Aquí, la responsabilidad se ubica más del lado de los estudiantes. Aunque el maestro proporciona un fuerte apoyo, los estudiantes tienen la responsabilidad principal de leer. La etapa final es la lectura independiente. Aquí, los estudiantes adquieren la responsabilidad completa sobre la lectura.

Un maestro con principios planea la enseñanza de tal manera que incluya esta secuencia de actividades, repitiendo la secuencia a medida que los estudiantes avanzan hacia la exploración de nuevos materiales de lectura más difíciles o hacia nuevos géneros. Así, el modelo de transferencia gradual de la responsabilidad se convierte para el maestro que tiene una concepción sociopsicolingüística de la

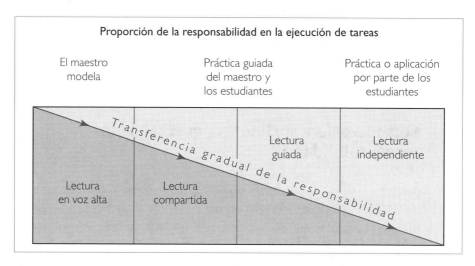

FIGURA 6–2. Modelo de transferencia gradual de la responsabilidad de la lectura (Pearson y Gallagher 1983)

lectura en un método o un plan a largo plazo. En las secciones siguientes describimos más detalladamente cada uno de estos componentes del modelo de transferencia gradual de la responsabilidad.

La lectura en voz alta

Los maestros exitosos con quienes hemos trabajado leen en voz alta a sus estudiantes todos los días. Lo hacen, ya sea que estén enseñando kínder o secundaria. Lo más común es que el maestro lea para toda la clase. Sin embargo, ocasionalmente, el maestro puede leerle a un grupo pequeño. Con estudiantes más grandes, el maestro puede leer en voz alta de un libro de capítulos mientras que los estudiantes simplemente escuchan. Sin embargo, muchos libros ilustrados también son apropiados para los estudiantes más grandes. Además de leerles libros más complejos, los maestros les leen generalmente por períodos de tiempo más largos. Otra diferencia entre la lectura en voz alta para estudiantes más pequeños y para estudiantes más grandes es que los maestros releen con frecuencia y varias veces los libros favoritos de los niños. Puesto que los libros para lectores más grandes son más largos, el maestro lee una parte del texto todos los días, a menudo un capítulo, pero no relee el libro.

La lectura en voz alta ofrece varios beneficios para los estudiantes. En primer lugar, el maestro modela la lectura fluida. Es importante que los estudiantes oigan a un lector fluido, especialmente cuando el libro está en su segunda lengua. Esto les da un sentido del ritmo de la lengua, así como la pronunciación de las palabras. Además, un maestro puede elegir libros para leer en voz alta que ayuden a desarrollar los conocimientos previos sobre un tema que la clase esté estudiando. Escuchar un buen libro puede generar en los estudiantes un interés por un tema y por la lectura. Además, la lectura en voz alta proporciona ayuda para los lectores con dificultades y para aquellos que están desarrollando su habilidad en una segunda lengua. Sobre todo, cuando los maestros leen en voz alta, los estudiantes disfrutan la experiencia. Leer en voz alta ayuda a los estudiantes a valorar la lectura.

Trelease ha escrito ampliamente sobre los beneficios de leer en voz alta a los niños. En su libro *The Read-Aloud Handbook* (Manual para la lectura en voz alta) (2001) se ofrecen varias sugerencias útiles. Él invita a los maestros a que les lean tanto como sea posible, pero que tengan por lo menos una hora determinada todos los días para leer en voz alta. Muchas veces los maestros les leen a los estudiantes después del recreo o la comida. Esto les ayuda a calmarse y hacer la transición de la actividad social a la actividad académica. Trelease sugiere dar a los estudiantes algunos minutos para que se acomoden y piensen sobre el cuento. Una buena manera de hacer esto es hacerles preguntas acerca de la lectura del día anterior.

Trelease recuerda a los maestros que deberían decir siempre el título del libro, el nombre del autor y el del ilustrador. Con el tiempo, los estudiantes llegan a tener sus autores e ilustradores preferidos. También sugiere que los maestros hagan pausas periódicamente para invitar a los estudiantes a predecir lo que puede seguir en la historia. Después de leer el texto, el maestro puede volver a las predicciones y verificar qué tan acertadas fueron. Esto ayuda a los estudiantes, mientras leen por su propia cuenta, a hacer y confirmar sus predicciones.

Si es un libro ilustrado, es importante agrupar a los estudiantes de tal manera que puedan ver las ilustraciones. El maestro puede detenerse brevemente en la lectura para estar seguro de que todos los estudiantes vean cada ilustración. Es mejor que el maestro esté un poco más arriba que los estudiantes (que se siente en una silla cuando los estudiantes están sobre una alfombra o que se siente sobre el escritorio del maestro si los estudiantes se sientan en sus pupitres) de modo que todos los estudiantes puedan ver al maestro claramente y también ver el libro.

Puesto que es el maestro el que está leyendo, el texto puede estar más allá del nivel de lectura de los estudiantes. Incluso, aun cuando los estudiantes puedan leer muchas clases de textos por su propia cuenta, los maestros pueden encontrar lecturas que sean un reto para ellos, textos que les generarían cierta dificultad si los tuvieran que leer de manera independiente. Trelease también precisa que si un capítulo es demasiado largo para leerlo durante una sola sesión, una buena idea es detener la lectura en un punto de suspenso, de tal manera que se mantenga el interés del estudiante hasta la próxima sesión de lectura.

Finalmente, Trelease señala que leer bien en voz alta requiere práctica. Incluso los lectores eficientes necesitan estar preparados para hacerlo bien. La lectura puede ser mejorada cambiando la voz para el diálogo de diversos personajes. El maestro puede acelerar o retrasar el ritmo de la lectura para ajustarlo al texto. Es también bueno determinar con antelación los puntos en el texto en los cuales el maestro puede hacer una pregunta o hacer que los estudiantes predigan. La planeación cuidadosa resulta en una lectura en voz alta más exitosa.

Además de su manual, Trelease ha escrito otro libro, *Hey! Listen to This: Stories to Read Aloud* (¡Oye! Escucha esto: cuentos para leer en voz alta) (1992). Esta útil publicación incluye muchas historias cortas, así como selecciones de libros más largos que se han adaptado para leer en voz alta. Las selecciones se agrupan por temas. Por ejemplo, un grupo de historias está asociada a los días en la escuela, otro a la comida y un tercero a las criaturas gigantescas. Este libro incluye un número de obras clásicas, como *Ramona the Pest* (*Ramona la chinche*). Para los maestros atareados, es especialmente agradable tener un libro con una amplia selección de historias para leer en voz alta.

La lectura compartida

Para ir desplazando gradualmente la responsabilidad de la lectura del maestro al estudiante, los maestros que se apoyan en sus principios se mueven desde la lectura en voz alta a la lectura compartida. La lectura compartida es con frecuencia una característica regular de los salones de los grados de primaria. Típicamente, los maestros leen y releen un libro gigante. Esta actividad es importante para los estudiantes más jóvenes que apenas están desarrollando los conceptos de letra impresa y que necesitan aprender a conectar directamente las palabras en el texto con las que el maestro produce oralmente. Generalmente, el maestro usa un puntero para señalar las palabras mientras las lee.

Uno de los beneficios de la lectura compartida es que escuchar al maestro leer historias, canciones y cantos les ayuda a estos jóvenes lectores a desarrollar la conciencia fonológica y fonémica. La conciencia fonológica es el conocimiento sobre el discurso como un sistema compuesto por unidades como las palabras y las sílabas. Esta conciencia se desarrolla más fácilmente si el niño sigue al maestro mientras lee un libro gigante y sigue la lectura con un puntero. Los niños comienzan a darse cuenta de que la lengua oral está compuesta por unidades discretas y que estas son separadas en el lenguaje escrito por espacios en blanco.

Para los niños que leen en español, la clave está en desarrollar una conciencia sobre la división en sílabas que se da en el lenguaje oral. Para los estudiantes que aprenden a leer en inglés, un paso adicional es necesario. Las sílabas se componen de fonemas individuales. Un fonema es la unidad más pequeña de sonido que representa un cambio en el significado. Los lectores en inglés aprenden que una palabra como *dog* (perro) tiene tres sonidos. Así, desarrollan la conciencia fonémica, que es la capacidad de reconocer y de manipular fonemas en las palabras. Éstas en español se pueden también dividir en fonemas, pero la unidad relevante para la lectura en español es la sílaba, no el fonema.

Los estudiantes desarrollan más fácilmente la conciencia fonológica y fonémica cuando pueden ver las representaciones escritas de las palabras; comienzan a relacionar sonidos con letras. El libro de Opitz, *Rhymes and Reasons: Literature and Language Play for Phonological Awareness* (Rimas y razones: literatura y juego de lenguaje para la conciencia fonológica) (2000), es un recurso maravilloso para los maestros que buscan libros en inglés para leer en voz alta y ayudar a sus estudiantes a desarrollar la conciencia fonológica. Opitz proporciona bibliografías anotadas de libros agrupados por categorías, como textos con rimas, con aliteración, con patrones repetitivos, de poesía, de canciones, e incluso, textos tontos. Para cada libro, el autor ofrece una breve sinopsis, seguida por sugerencias para las actividades en el aula, que un maestro puede utilizar para ayudar a sus estudiantes a desarrollar la conciencia fonológica. Por ejemplo, en su reseña sobre el libro *Night House Bright House* (Casa de noche, casa brillante) (Wellington 1997), Opitz comenta: "Este libro está lleno de ejemplos de palabras que son creadas por las sustituciones de un fonema. Cada una está acompañada de una frase con dibujos que la ilustra. Un ejemplo en inglés: '"*Tickle, tickle," said the pickle*'. ("Cosquillas, cosquillas", dijo el pepinillo). Se puede proporcionar a los niños el primer grupo de palabras y preguntarles cómo fue cambiada la primera palabra para producir la segunda" (62). Las lecturas en voz alta con actividades de seguimiento como estas ayudan a los estudiantes a desarrollar la base de conocimiento necesaria para la lectura.

Los libros de alfabeto también se pueden utilizar para la lectura compartida, con el propósito de ayudar a los estudiantes a que reconozcan las letras iniciales y sus sonidos. Muchos de estos libros se escriben en rima, así que los maestros también pueden utilizarlos para enseñar sonidos finales. Los libros gigantes de alfabeto son particularmente útiles puesto que todos los estudiantes pueden ver las palabras. Los maestros pueden detener la lectura para discutir los sonidos y las letras iniciales y, si el libro es de rima, discutir diversas maneras de deletrear el mismo sonido. En español y en inglés hay una gran variedad de libros de alfabeto apropiados para los estudiantes que están en diversos niveles de un grado. En el Capítulo 7, ofrecemos algunos ejemplos específicos de este tipo de libros en español y en inglés.

Aunque el maestro continúa haciendo gran parte del trabajo, los estudiantes ahora comparten la lectura, participando de manera coral, al unísono, de secciones repetitivas o leyendo palabras familiares. *Fue David* (Menchaca y Menchaca 1997) es un libro gigante, muy conocido en español, que tiene una frase repetitiva y llamativa. En la historia, Daniel hace travesuras como sacar los sartenes y cacerolas de los armarios de la cocina y ensuciar el cuarto de su hermano. Cuando se le pregunta quién hizo estas cosas, Daniel culpa a un amigo imaginario con la frase repetitiva: "Yo no sé. Yo no fui. Pienso que fue David". Los niños no solamente se relacionan con el contenido de la historia, sino que a ellos les fascina el cuento y repetir la frase. Además de unirse al maestro en la lectura de los libros gigantes, los estudiantes gozan leyendo en la lectura compartida de canciones, cantos o de textos de la experiencia inicial de escritura compartida, que están escritos con una letra más grande.

La mayoría de los maestros de primaria están familiarizados con los libros gigantes. Sin embargo, son una invención bastante reciente que se le atribuye a Holdaway (1979), quien fue uno de los primeros en desarrollar los libros gigantes en los años 60. Él quería desarrollar un modelo de lectura que comenzara con los padres leyéndoles a sus hijos, para luego aplicar este modelo en un contexto escolar. Él decía que el principal problema al que se enfrentaban para aplicar el mencionado modelo de aprendizaje individual al aula de clase era el número de estudiantes. Además, veía un problema serio, porque la relación visual cercana con la letra impresa, que caracteriza la experiencia preescolar con el libro, no podía darse adecuadamente por el mismo problema del número de estudiantes. Holdaway solucionó estos problemas desarrollando los libros gigantes, con una letra lo suficientemente grande para que todos los estudiantes en una clase regular la pudieran ver.

Holdaway y otros maestros de Nueva Zelandia hicieron del uso de los libros gigantes una parte importante en la enseñanza de la lectura. Muchas de sus prácticas fueron adoptadas más adelante en otros países. Las casas editoriales han respondido a la necesidad de los maestros de tener libros gigantes disponibles, y ahora casi todas las escuelas primarias tienen una buena cantidad de estos.

El modelo de la lectura compartida desarrollado inicialmente por Holdaway se ha aplicado también en contextos de segunda lengua. Elley (1998), en particular, ha hecho de la lectura compartida un elemento esencial en los programas de enseñanza en inglés que él ha iniciado en muchos países alrededor del mundo. Los maestros han aprendido a utilizar los libros gigantes en lecciones efectivas de lectura compartida, para enseñar inglés en Fiyi, Sri Lanka y Singapur, entre otros lugares. Los estudiantes que usaron libros gigantes aprendieron a leer en inglés mucho más rápidamente que los estudiantes que recibieron una enseñanza con métodos tradicionales de *ESL*. Elley demuestra los progresos en vocabulario y gramática que los estudiantes logran cuando los maestros les leen un libro gigante en voz alta, tres o cuatro veces durante un período de dos semanas, y conducen actividades de seguimiento con ellos.

La lectura compartida proporciona muchas oportunidades para que los maestros demuestren la lectura expresiva y fluida, y para que los estudiantes participen. En el Capítulo 5, discutimos el método onomatopéyico. Aunque este método es limitado en su forma pura, leer libros onomatopéyicos con los niños es una manera excelente de involucrarlos en la lectura compartida. Los lectores pueden recordar al estudiante de Francisco, Salvador, que fue atraído por una historia en la cual los animales del campo hacían ruidos que mantenían a Don Vicencio despierto.

A los estudiantes les fascina participar en las lecturas que incluyen sonidos. Los libros en español tienen a menudo la palabra ¡*Cataplum!* cuando las cosas se estrellan o estallan. Los libros gigantes como *El chivo en la huerta* (Kratky 1989a), *Pepín y el abuelo* (Perera 1993) y el libro bilingüe *Listen to the Desert/Oye al desierto* (Mora 1994) son maravillosos para la lectura compartida por sus frases repetitivas y sonidos de animales que los estudiantes pueden repetir en coro o utilizar para un *teatro de lectores*.

En inglés, el libro gigante *One Red Rooster* (Un gallo rojo) (Sullivan Carroll 1996) es un libro excelente para contar y tiene onomatopeya. Como lo mencionamos anteriormente, las canciones y la poesía escritas en formatos grandes son excelentes para las actividades de lectura compartida. (La mayoría de las referencias siguientes vienen en forma de libro gigante). Incluyen las canciones tradicionales como "Los pollitos dicen" (Fernández 1993) y "Vengan a ver mi granja". Durante el tiempo de enseñanza en inglés, los maestros pueden explorar "Vengan a ver mi granja" con "*Old MacDonald Had a Farm*" y pueden escoger animales y cantar los sonidos que hacen. La lectura de poemas que incluyen onomatopeyas es también una actividad de lectura compartida agradable. Varios poemas tradicionales en español con los sonidos de animales incluyen "Los sapitos" (Houghton Mifflin 1997), "Alborada" (1993; Houghton Mifflin 1997) y "Las hormigas marchan" (Houghton Mifflin 1997).

Al igual que la lectura en voz alta, la lectura compartida ofrece muchos beneficios. Los maestros pueden modelar estrategias. Por ejemplo, un maestro podría cubrir algunas palabras en un libro predecible con papel autoadhesivo. Entonces, a medida que va leyendo, puede detenerse brevemente y pedir que los estudiantes predigan la palabra cubierta. El maestro también puede destapar la palabra, una letra a la vez, para ayudar a los estudiantes a aprender a utilizar claves gráficas para confirmar sus predicciones.

La lectura compartida también permite que los maestros demuestren cómo piensan los buenos lectores, haciendo uso de la estrategia del *pensamiento en voz alta*. Por ejemplo, la maestra puede pensar en voz alta para demostrar cómo relaciona el libro actual con uno leído previamente, o puede demostrar la relectura para darle sentido a un pasaje o seguir leyendo para obtener mayor información.

La lectura compartida ofrece muchos puntos de enseñanza útiles. Parkes (2000) explica cómo los maestros pueden utilizar la lectura compartida para la enseñanza implícita y explícita. A medida que siguen y participan en la lectura de un libro gigante, los estudiantes desarrollan convenciones sobre el libro y la letra impresa. Ellos aprenden sobre la puntuación, las relaciones entre letra y sonido, las palabras, la sintaxis y la semántica. Gran parte de este aprendizaje es incidental, pero los maestros también pueden hacer visible cada uno de los tres sistemas de claves con lecciones específicas durante la lectura compartida. Por ejemplo, un maestro podría centrarse en la sintaxis, cubriendo los pronombres en un pasaje e invitar a los estudiantes a que discutan las clases de palabras que podrían caber en los espacios en blanco y a que den sus razones acerca de los pronombres que escogen. Por ejemplo, por qué *she* (ella) suena mejor que otro pronombre como *hers* (su, de ella).

El libro de Parkes es un recurso muy útil, especialmente para los maestros de estudiantes más jóvenes. Además de explicar cómo utilizar la lectura compartida para la enseñanza implícita y explícita, Parkes demuestra claramente cómo conducir una lección efectiva de lectura compartida y enumera los recursos necesarios para esta, como cinta resaltadora, carteles de bolsillos (*pocket charts*) y un puntero. Ella también da ejemplos de buenas lecciones usando textos narrativos e informativos. Además, sugiere actividades de escritura e incluye un capítulo útil sobre la selección de libros para la lectura compartida.

Aunque la lectura compartida se utiliza más comúnmente con estudiantes más jóvenes, también es esencial para muchos estudiantes de mayor edad, especialmente los que todavía tienen dificultad para leer los textos propios de su nivel escolar. Puesto que la mayoría de los libros gigantes se escriben para niños más jóvenes, el contenido y las ilustraciones no son generalmente apropiados para estudiantes mayores. Sin embargo, los maestros hacen lectura compartida leyendo a menudo en voz alta de un texto de clase, mientras los estudiantes siguen la lectura en sus copias individuales. El maestro se detiene periódicamente para hacer preguntas acerca de la lectura o para invitarlos a hacer predicciones. Los maestros también pueden modelar cómo los buenos lectores construyen significado de los textos, usando la estrategia del pensamiento en voz alta.

Los maestros pueden también escoger un pasaje de un texto y proyectarlo en una transparencia, de modo que todos los estudiantes puedan leerlo, o pueden escanear algunas páginas y compartirlas en una presentación de *PowerPoint*. Al igual que los estudiantes más jóvenes, los lectores más grandes también se benefician de los formatos alternativos para la lectura compartida, como leer con un compañero y escuchar la versión grabada de un libro.

En su libro *On the Same Page: Shared Reading Beyond the Primary Grades* (En la misma página: la lectura compartida más allá de los grados de primaria), Allen (2002) proporciona muchos ejemplos de cómo los maestros de estudiantes más grandes pueden utilizar la lectura compartida con eficacia. Por ejemplo, la lectura compartida de selecciones de textos puede fomentar el estudio productivo del vocabulario. Allen también indica cómo calificar o evaluar las experiencias de lectura compartida. Al igual que Parkes, Allen explica cómo utilizar la lectura compartida para la enseñanza explícita de las estrategias. Con el uso de la lectura compartida, los maestros pueden ayudar a los lectores más grandes que tienen dificultades con la lectura a alcanzar la independencia.

La lectura interactiva: un puente hacia la lectura guiada

La lectura interactiva es un tipo de etapa intermedia entre la lectura compartida y la lectura guiada. Se les da a los estudiantes más responsabilidad porque ahora leen a y con otros estudiantes. Estos pueden trabajar en parejas, de tal manera que cada pareja tenga un lector más avanzado que apoye a un lector menos competente. A medida que este último trabaja con el más avanzado, el lector menos competente puede comenzar a unirse a la lectura coral y a entender el patrón de entonación de la lengua. En clases bilingües y de doble inmersión, los estudiantes trabajan a menudo en parejas bilingües. Dependiendo de la lengua de enseñanza, el nativo del idioma es el lector más eficiente. Cuando la enseñanza cambia a la otra lengua, el estudiante menos competente se convierte en el lector más avanzado. Esto proporciona un buen equilibrio y permite que cada estudiante tenga la oportunidad de liderar la actividad.

Las parejas de lectura se pueden organizar dentro de un aula de clase o en diversas aulas. Samway, Whang y Pippit (1995) han escrito sobre los beneficios de la lectura con un compañero, como parte de un programa en el cual los estudiantes de diversas edades se enseñan los unos a los otros, en escuelas con muchos estudiantes principiantes de inglés. Como ellos lo demuestran, los lectores de mayor edad y sus jóvenes compañeros se benefician de la lectura con un compañero.

Otra manera de establecer un vínculo entre la lectura compartida y la lectura guiada es utilizar los centros de escucha. Los estudiantes pueden escuchar a lectores competentes leer textos de forma fluida. Pueden además leer a medida que escuchan la grabación. Ambas opciones pueden ayudar a los lectores que tienen dificultades a comenzar a leer más fluida y expresivamente.

La lectura guiada

La tercera etapa del modelo de transferencia gradual es la lectura guiada. Aquí, la responsabilidad es asumida más claramente por parte de los estudiantes. Durante la lectura guiada, ellos leen más por su propia cuenta, bajo la supervisión y ayuda de su maestro. La lectura guiada permite que los estudiantes apliquen las destrezas que han desarrollado durante la lectura compartida. Normalmente, el maestro trabaja con un grupo pequeño de estudiantes que tienen necesidades educativas similares. El maestro utiliza los libros cortos durante la lección de lectura guiada. A menudo el maestro usa libros clasificados por nivel. Estos son libros pequeños, organizados de acuerdo con varios criterios, como número de palabras, complejidad sintáctica y correspondencia del texto con las ilustraciones. Primero, los estudiantes pueden releer un libro con el que estén familiarizados. Luego, el maestro presenta un libro nuevo y los guía a medida que leen con él. Después, ellos leen el libro por su propia cuenta. Pueden además escribir sobre el libro. En toda la lección, el maestro usa el texto para enseñar estrategias de lectura en contexto.

Hay varias diferencias entre la lectura compartida y la lectura guiada. La lectura compartida se hace lo más a menudo posible como actividad de toda la clase.

La lectura guiada involucra a grupos pequeños de estudiantes. Durante la lectura compartida, el maestro utiliza a menudo un texto que todos los estudiantes pueden ver, aunque los maestros de estudiantes de mayor edad pueden leer un libro de tamaño regular, mientras ellos siguen la lectura en sus libros. Para la lectura guiada, cada estudiante tiene una copia del libro. La diferencia principal entre la lectura compartida y la lectura guiada radica en que, en la lectura compartida es el maestro quien hace la mayor parte de la lectura, y de vez en cuando, los estudiantes se unen a ella y leen en forma coral, mientras que en la lectura guiada, los estudiantes hacen la mayoría de la lectura con la ayuda del maestro. Ambas, la lectura compartida y guiada, brindan oportunidades para la enseñanza implícita y explícita.

Durante una lección de lectura guiada, el maestro modela buenas estrategias de lectura y los estudiantes aprenden tanto estrategias como destrezas. Las lecciones se diseñan para asegurar el éxito del estudiante. Esto promueve la confianza y la independencia. El trabajo con grupos pequeños permite a los maestros supervisar cuidadosamente el uso de las estrategias por parte de los estudiantes y poder brindarles una enseñanza adecuada a sus necesidades. El propósito de la lectura guiada es orientar a los estudiantes hacia la lectura independiente.

La clave del éxito con la lectura guiada es la flexibilidad. Los maestros deben ajustar la enseñanza para satisfacer las necesidades de sus estudiantes. Esto requiere una habilidad profesional considerable. Un buen recurso para los maestros que desean implementar o refinar la lectura guiada en sus aulas de clase es *Reaching Readers: Flexible and Innovative Strategies for Guiding Reading* (Llegando a los lectores: estrategias flexibles e innovadoras para la lectura guiada) (Opitz y Ford 2001). Los autores comienzan por hacer un bosquejo sobre los papeles que desempeñan el maestro y los estudiantes, y los propósitos de la lectura guiada. Entonces escriben sobre cómo agrupar a los estudiantes, cómo seleccionar los textos, cómo conducir la sesión de lectura guiada y cómo manejar el resto de la clase mientras trabajan con un grupo pequeño. En el capítulo sobre cómo hacer la lección, los autores incluyen ejemplos de clases con diferentes niveles en un mismo grado, de manera que los lectores obtengan una idea clara de lo que es una buena lección. Este texto brinda respuestas a muchas de las preguntas que los maestros pueden tener sobre la lectura guiada.

La lectura independiente

En 1966, Fader publicó un libro notable que documentaba su éxito con los muchachos de un reformatorio, a los cuales él les ayudaba a mejorar su habilidad lectora y a desarrollar un amor por la lectura, al facilitarles simplemente el acceso a libros y revistas que ellos disfrutaban y también al darles todos los días suficiente tiempo para leerlos. Diez años más adelante, Fader (1976) publicó una segunda edición de este libro, en la que explicaba que muchos de sus ex estudiantes pudieron salir del ciclo de la pobreza y el crimen como resultado de "haberse enganchado" con los libros. La clave era encontrar libros que los estudiantes quisieran leer. *Hooked on Books* (Enganchado con los libros), así como otros trabajos de Fader y otros autores, permitió que los educadores se dieran cuenta de los beneficios de la lectura independiente.

En la mayoría de las escuelas se les brinda a los estudiantes un determinado tiempo para la lectura independiente. El período varía. Generalmente, se les da a los lectores más grandes y competentes más tiempo para leer por su propia cuenta. A menudo, el período de la lectura independiente es llamado *DEAR time* (*Drop Everything and Read*) (El tiempo "querido": deja todo y a leer) o *SSR* (*Sustained Silent Reading*) (lectura silenciosa sostenida). *Silencioso* es un término relativo. Especialmente en los grados más elementales, los estudiantes pueden leer en voz alta a sí mismos o con un compañero. En algunas escuelas, todos leen a la misma hora, todos los días, y en otras, cada maestro programa la hora para la lectura independiente. Aunque en muchos casos los estudiantes leen por sí mismos, este puede ser un tiempo para que los estudiantes lean con sus compañeros. En muchas escuelas de doble inmersión, los maestros organizan parejas bilingües, y los dos estudiantes se apoyan el uno al otro al leer en cualquier idioma.

Durante la lectura independiente, los estudiantes seleccionan y leen libros o revistas por placer o para informarse. Una clave para que las sesiones de lectura independiente sean efectivas es que los estudiantes hagan una buena selección de textos para leer. Por esta razón, los maestros generalmente invierten algún tiempo enseñándoles cómo seleccionar libros apropiados, y además revisan las selecciones de sus estudiantes, evitando así que ellos se puedan desmotivar al leer libros muy fáciles o que se sientan frustrados con libros difíciles. Los maestros también pueden organizar los libros en el aula para que esta selección de los libros sea más fácil.

Hemos desarrollado una lista que los maestros pueden utilizar para seleccionar los libros para la lectura guiada y la lectura independiente (ver figura 6–3). Esta lista incluye los factores que apoyan a los lectores. Por ejemplo, si los libros son predecibles y culturalmente relevantes, son más fáciles de leer por parte de los estudiantes. De la misma manera, los libros con una buena correspondencia entre texto e ilustración proporcionan claves importantes para los lectores más jóvenes o menos competentes. Además, los libros deben ser auténticos y que inviten a la lectura. Estas características son particularmente importantes en los libros para la lectura independiente.

1. ¿Son los materiales auténticos? Los materiales auténticos se escriben para informar o para entretener, no para enseñar una destreza de gramática o una correspondencia entre letra y sonido.

2. ¿Es el lenguaje del texto natural? Cuando solamente hay pocas palabras en una página, ¿suena como el lenguaje real, como algo que las personas dirían verdaderamente? Si es una traducción de un libro, ¿es buena la traducción?

3. ¿Es el texto predecible? Los libros son más predecibles cuando los estudiantes tienen conocimiento previo de los conceptos, así que los maestros deben activar o construir el conocimiento. Para los lectores emergentes, los libros son más predecibles cuando siguen ciertos patrones (repetitivo, acumulativo) o incluyen ciertos mecanismos (rima, ritmo, aliteración). Para los lectores en desarrollo, los libros son más predecibles cuando los estudiantes tienen familiaridad con las estructuras del texto (comienzo, trama, final; problema-solución; idea principal, detalles, ejemplos, etc.). Los libros son más predecibles cuando los estudiantes tienen familiaridad con las características del texto (títulos, subtítulos, mapas, etiquetas, gráficas, tablas, índices, etc.).

4. Para los libros ilustrados, ¿hay una buena correspondencia entre las ilustraciones y el texto? Una buena correspondencia proporciona claves visuales, no solo lingüísticas. ¿Es la ubicación de las ilustraciones predecible?

5. ¿Son los materiales interesantes e imaginativos? Los textos interesantes e imaginativos atraen a los estudiantes.

6. ¿Están las experiencias y el contexto cultural de los estudiantes de la clase reflejados en las situaciones y los personajes del libro? Los textos culturalmente relevantes atraen a los estudiantes.

FIGURA 6–3. Lista de las características del texto que apoyan la lectura

A medida que leen de forma independiente, los estudiantes pueden aplicar las estrategias y las destrezas que han aprendido durante la lectura en voz alta, la lectura compartida y la lectura guiada. Los maestros pueden organizar la clase en "círculos de literatura" o "círculos de información" para los libros informativos, de modo que los estudiantes que leen el mismo libro puedan discutirlo.

Krashen (2004) ha resumido la investigación sobre lo que él llama la lectura libre voluntaria. Casi sin falta, los estudios han demostrado que los estudiantes hacen progresos en la comprensión de lectura cuando se les da tiempo para leer. Los pocos estudios que no demuestran avances fueron generalmente estudios de muy corto plazo. Toma tiempo poder establecer una rutina para la lectura independiente. Los estudiantes necesitan aprender cómo seleccionar buenos libros. Cuando los maestros dan tiempo a sus estudiantes para leer regularmente, por lo menos durante un semestre, ellos demuestran obvios avances en cuanto a la comprensión de lectura.

Aunque la lectura independiente es un componente esencial de un programa eficaz de lectura, da buenos resultados solamente si se implementa y ejecuta adecuadamente. Pilgreen (2000) enumera ocho elementos claves para un buen programa de *SSR* para estudiantes de una segunda lengua. Primero, los estudiantes necesitan tener acceso a libros apropiados. Nada puede arruinar un programa de *SSR* tan rápidamente como la carencia de libros. Si los estudiantes no encuentran algo interesante para leer, no se engancharán con los libros. En lugar de engancharse con estos, interrumpirán a otros estudiantes que estén tratando de leer. Siguiendo con la misma idea, los libros deben ser atractivos. Los maestros han encontrado diversas maneras de exhibir los libros y las revistas para que llamen la atención de los estudiantes. Por ejemplo, pueden alinearlos en frente del pizarrón o encontrar otra manera de exhibirlos, de modo que las portadas sean fácilmente visibles. Organizar los libros por tema también puede ayudar a los estudiantes a encontrar sus libros de interés. Además, los maestros pueden incluir tantos libros como sea posible sobre el tema que estén enseñando en el momento.

Además del acceso y del factor llamativo, Pilgreen enumera un ambiente apropiado como uno de los factores que caracteriza los programas exitosos. Por lo menos, el salón debe ser tranquilo (o relativamente tranquilo, cuando los estudiantes están leyendo en parejas) durante *SSR*. Los estudiantes deben saber que no pueden interrumpir a otros lectores. Los maestros también crean ambientes apropiados amueblando el salón con un sofá o con asientos blandos cilíndricos sin patas para que los estudiantes puedan sentarse cómodamente a leer. Una maestra incluso creó un desván para leer. Sus estudiantes podían subir por una escalera al desván y leer sus libros. Pilgreen también anota que los maestros deben animar a los estudiantes a leer. Los lectores menos competentes necesitan a menudo el estímulo. Incluso cuando el maestro proporciona libros que un lector inexperto puede leer, las experiencias previas del estudiante pueden inhibirlo a intentar leer, y para estos estudiantes, un empuje adicional puede ser necesario.

En muchos distritos escolares, las escuelas enteras han adoptado programas de *SSR*. En algunos casos, los programas han fallado porque simplemente les dijeron a los maestros que planearan un determinado tiempo todos los días para esta actividad. Sin embargo, no les dieron ningún entrenamiento sobre cómo desarrollar un buen programa. La capacitación docente es un factor esencial en la creación de programas eficaces. Esta capacitación ayuda a que todos los maestros sigan procedimientos similares. Por supuesto, los maestros necesitan los libros adecuados y el tiempo en su horario escolar para la *SSR*.

Uno de los factores que Pilgreen enumera y que puede sorprender a muchas personas es que no hay una imposición de la responsabilidad académica. Es decir, no se debe evaluar a los estudiantes ni exigirles la escritura de reportes de cada libro que lean. Si ellos tienen que presentar una prueba cada vez que terminan una historia, la *SSR* pierde rápidamente su atracción y su sentido. De hecho, hemos visto escuelas que han adoptado programas que proporcionan los libros pero también proveen sistemas automatizados de pruebas y formas de compilar los puntos de los estudiantes. En estas escuelas, una clase puede ganar una celebración con pizza si sus estudiantes acumulan suficientes puntos leyendo libros y pasando pruebas. El problema es que los estudiantes ya no leen por placer o para informarse, sino para pasar una prueba. Los buenos lectores seleccionan libros fáciles que puedan leer rápidamente para acumular puntos. Aunque estos programas son atractivos para los administradores porque proporcionan libros y un sistema de manejo automatizado, son realmente perjudiciales. Los estudiantes que se recompensan con puntos o premios por leer pueden abandonar la lectura si no reciben esas recompensas externas. Estos programas pueden impedir el desarrollo de un amor por la lectura.

Aunque Pilgreen dice que los estudiantes no deben "responder académicamente" por cada libro que leen, también expresa que los maestros deben atraer a los estudiantes con diversas clases de actividades de seguimiento. Ella enumera varias de estas actividades. Los estudiantes pueden hacer reportes orales sobre los libros o hacer un afiche acerca de un libro que les haya gustado. Pueden escribir una reseña para promocionar un libro o crear un anuncio grabado para este. Pueden crear un diorama para representar las ideas principales de un libro. Los estudiantes que han leído el mismo libro pueden organizar una presentación del libro para toda la clase. Los maestros pueden llevar a cabo una conferencia corta con un estudiante que haya terminado de leer su libro, con el propósito de hablar sobre lo que aprendió o lo que más le gustó o le disgustó del libro.

Un maestro que conocemos creó una base de datos computarizada a la cual sus alumnos de quinto grado podían tener acceso para leer los comentarios de otros estudiantes sobre un libro y después agregar sus propios comentarios. Los estudiantes disfrutaban compartiendo sus opiniones sobre los libros que habían leído, y en el proceso generaron evidencia de que habían leído y entendido el libro. La siguiente actividad podría también reflejar el contenido de dos o tres libros relacionados. Por ejemplo, los estudiantes podrían crear un diagrama de Venn para mostrar cómo los libros o algunos de los personajes son semejantes y diferentes. Después de leer un libro, a los estudiantes les gusta hablar de él o compartir lo que han aprendido, y los maestros eficaces ofrecen a sus estudiantes varias formas de hacer esto.

Finalmente, Pilgreen señala que un buen programa de *SSR* debe ofrecer a los estudiantes una buena distribución de tiempo para leer. La lectura durante solamente una hora el viernes no es suficiente. A la semana siguiente, los estudiantes ya habrán olvidado lo que leyeron. Por el contrario, los estudiantes necesitan un período fijo todos los días o día por medio para la lectura independiente. Cuando los estudiantes tienen el horario determinado para *SSR*, esperan con ganas este espacio y lo aprovechan mucho mejor. En conclusión, son ocho los factores que Pilgreen enumera como importantes para establecer un buen espacio de lectura independiente: el acceso a los libros, el factor llamativo, el ambiente apropiado, el estímulo, la capacitación docente, la libertad frente a la responsabilidad académica, las actividades relacionadas y la buena distribución del tiempo para leer.

Técnicas

Hemos dicho que los maestros que se apoyan en sus principios eligen un método coherente con su concepción de lectura. Hemos descrito el método de transferencia gradual de la responsabilidad, que incluye una serie de rutinas que constituyen el método para estos maestros. Para enseñar a leer, estos maestros utilizan una variedad de técnicas, estrategias o actividades en el salón de clases, para ayudar a sus estudiantes a aprender a leer. Ellos verifican que las técnicas que utilizan sean consistentes con su método y su enfoque. Se aseguran de que el enfoque se mantenga centrado en la construcción del significado del texto, y utilizan cualquier actividad, siempre y cuando esta tenga la comprensión como su meta. Las técnicas específicas que un maestro usa pueden variar. Sin embargo, no son eclécticas porque están siempre orientadas al enfoque general de la construcción de significado.

Un ejemplo de una técnica que puede usar un maestro que se apoya en sus principios es ayudar a sus estudiantes a hacer y a confirmar sus predicciones. Esta técnica promueve el conocimiento y el uso del sistema de claves semántico. El maestro elige un objeto real que cree que sus estudiantes no conocen. Por ejemplo, un maestro bilingüe podría desarrollar una lección alrededor del concepto de las *hallacas*.

Primero, el maestro revela el título "Hallacas" en el proyector de transparencias y pide a los estudiantes que hagan una lluvia de ideas acerca de lo que creen que son las hallacas. Puesto que las hallacas son objetos reales, el maestro le pide a cualquier estudiante que sepa la respuesta que no le diga a la clase. Entonces el maestro empieza a proyectar frase por frase. Después de cada frase, los estudiantes agregan nuevas conjeturas y también deciden si eliminan algunas de las conjeturas anteriores. Por ejemplo, si los estudiantes dijeran que las hallacas son un determinado accidente geográfico, como una cordillera, eliminarían esa idea de la lista de conjeturas cuando lean que se pueden comprar. Si los estudiantes dijeran que las hallacas son una cierta clase de arte o artesanía, eliminarían esa idea cuando lean que son sabrosas. A continuación, presentamos la lección completa de la estrategia de las hallacas.

Hallacas

- ◆ A todo el mundo le gustan las hallacas.
- ◆ La palabra *hallaca* es una combinación de dos palabras: *allá* (España) y *acá* (el Nuevo Mundo). Las hallacas representan la influencia de los españoles y de los indígenas.
- ◆ Se pueden comprar o hacer en la casa.
- ◆ Muchas familias las hacen juntas.
- ◆ Son más sabrosas hechas en casa.
- ◆ Son el plato típico de las Navidades.
- ◆ Hay que juntar muchos ingredientes para prepararlas.
- ◆ Se usa una masa especial de harina de maíz.
- ◆ Esta masa se pone bien delgada en forma redonda y luego se rellena con una preparación a base de pollo, carne de puerco, tomates, pimentones rojos, cebollas, ajos, y especias que le dan sabor al guiso.
- ◆ Se dobla la masa con este relleno y se envuelve en hojas de banano o de plátano.
- ◆ Se amarran con hilo y luego se ponen a cocinar en agua caliente por una hora aproximadamente.
- ◆ Los venezolanos comen hallacas durante todo el mes de diciembre, pero durante la Nochebuena de Navidad y Año Nuevo es el plato que nunca falta en la mesa.

Los estudiantes disfrutan estas lecciones. Lo importante es que ellos discutan con los compañeros de clase por qué hicieron ciertas predicciones y cuáles pistas les ayudaron a confirmar sus predicciones o les ayudaron a decidir que no habían hecho una buena conjetura. Esta actividad ayuda a los lectores menos competentes a darse cuenta de que incluso los buenos lectores no conocen todas las palabras. También logran entender el proceso que los lectores competentes usan para hacer conjeturas sobre las palabras que no conocen. Por último, comienzan a ver la importancia de seguir leyendo para obtener más información, en lugar de detenerse y esperar ayuda. Por supuesto, también comprenden que la mera pronunciación de palabras, como en el caso de las *hallacas,* no les ayudará a construir el sentido del texto.

Hoyt ha escrito una serie de libros que contienen excelentes lecciones de estrategias (1999, 2000, 2002, 2005). Estas lecciones son consistentes con una concepción sociopsicolingüística de la lectura porque se centran en la comprensión. Los libros son recursos maravillosos para aprender sobre las técnicas que los maestros que se apoyan en sus principios pueden utilizar. Otro recurso muy bueno es el libro de Kucer y Silva *Teaching the Dimensions of Literacy* (Enseñando las dimensiones de la lectoescritura) (2006). Este libro también tiene muchas estrategias útiles que pueden ser usadas por los maestros que se apoyan en sus principios.

 ## Conclusión

La enseñanza de la lectura puede involucrar a maestros y estudiantes en diferentes tipos de actividades. Muchas veces estas actividades transmiten a los estudiantes mensajes que están en conflicto con los propósitos reales de la lectura. Es importante que los maestros sigan un enfoque basado en principios para la enseñanza de la lectura. Así, podrán alinear los métodos y las técnicas que seleccionan con su concepción de la lectura.

En este capítulo hemos bosquejado un método, basado en el modelo de transferencia gradual de la responsabilidad, que es consistente con la concepción sociopsicolingüística de la lectura. También hemos dado un ejemplo de una técnica que es coherente con esta concepción. La perspectiva sociopsicolingüística de la lectura se desarrolla a partir de la comprensión sobre la lectura que los niños traen a la escuela. La entrevista, la investigación sobre la letra impresa en el ambiente y el proyecto sobre las funciones de los textos impresos que describimos pueden brindar información importante sobre la manera como los estudiantes más jóvenes ven la lectura.

En los primeros seis capítulos, hemos discutido la lectura en español y en inglés, incluyendo dos concepciones sobre esta, la historia de la enseñanza de la lectura, los métodos usados y un enfoque basado en principios. En los dos capítulos siguientes, discutimos la escritura. Es importante que los maestros bilingües entiendan el desarrollo de la escritura en español y en inglés para ayudar a los estudiantes a llegar a ser verdaderamente capaces de leer y escribir en dos idiomas.

 ## Aplicaciones

1. En este capítulo distinguimos entre enfoque, método y técnica. Examine la siguiente lista, y con un compañero o un grupo pequeño, determine cuáles de estos conceptos son enfoques, métodos o técnicas. Prepárese para defender sus respuestas. Algunos artículos de la lista se pueden ajustar a más de una categoría, dependiendo de cómo se implemente.

   Leer un capítulo y contestar las preguntas al final de este

   El constructivismo social

Usar libros gigantes

Enseñar a leer usando sílabas

Conducir un estudio de literatura

Organizar el plan de estudio por temas

El conductismo

Buscar definiciones en el diccionario

Enseñar a leer usando una serie básica de lectura

La concepción sociopsicolingüística de la lectura

La lectura acelerada (*Accelerated Reader*)

Las preguntas de comprensión

Primero la lectura (*Reading First*)

Emplear una variedad de estrategias para ayudar a los estudiantes a construir significado

Usar tarjetas (*flash cards*)

Darles a los estudiantes ejercicios de conciencia fonémica

La concepción de la lectura como el reconocimiento de palabras

Usar un modelo de transferencia gradual de la responsabilidad para enseñar la lectura

2. Con un niño de preescolar, haga una serie de tareas sobre la letra impresa en el ambiente durante varias semanas. Seleccione varios productos con los cuales el niño pueda tener familiaridad. Utilice las preguntas abajo sugeridas. Escriba un informe sobre los resultados y prepárese para discutir lo que aprendió haciendo esta tarea.

Reconocimiento de la escritura en el ambiente
Print Awareness in the Environment

Preguntas de muestra	Sample Questions
¿Has visto esto antes?	Have you seen this before?
¿Dónde?	Where?

¿Qué piensas que es esto?	What do you think that is?
¿Qué crees que dice?	What do you think it says?
¿Cómo sabes?	How do you know?
¿Por qué dijiste eso?	Why did you say that?
¿Qué te hace pensar eso?	What makes you think so?
¿Qué te indica que dice eso?	What tells you what it says?
Indícame con tu dedito dónde dice . . .	Show me with your finger where it says . . .
¿Qué más dice esto?	What else does this say?
¿Cómo sabes?	How do you know?

3. Haga la tarea sobre las funciones de la letra impresa en el ambiente en español o inglés. ¿Qué aprendió? ¿Cuáles son las respuestas interesantes del niño? ¿Por qué contestó el niño así?

Funciones de la escritura en el ambiente

Functions of Environmental Print

Introducción

Introduction

Esta entrevista informal se hace individualmente con niños de cuatro a siete años. Antes de hacer la entrevista hay que recoger los objetos sugeridos en la lista de abajo o escoger entre los de la lista y otro tipo de texto. Por ejemplo, algunas personas han escogido una tarjeta de cumpleaños o la cuenta de electricidad.

This informal interview is done one on one with children between four and seven years old. Before conducting the interview, collect the objects suggested on the list below or choose among those on the list and another type of text. For example, some people have chosen a birthday card or an electricity bill.

Instrucciones para la entrevista

Directions for the Interview

Dígale al niño/a la niña: "Te voy a enseñar algunas cosas que probablemente hayas visto en la escuela o en tu casa".

Say to the child: "I am going to show you something that you have probably seen at school or at home."

Ponga enfrente del niño/de la niña los tres primeros elementos de la lista: el libro de cuentos, la tarjeta de cumpleaños y el periódico.

Put the first three items on the list in front of the child: the storybook, the birthday card, and the newspaper.

Dígale al niño/a la niña: "Enséñame el libro de cuentos".

Say to the child: "Show me the storybook."

Pregúntele: "¿Por qué leemos libros de cuentos?".

Ask, "Why do people read story-books?"

Escriba lo que el niño/a conteste.

Write what the child answers.

Quite el libro de cuentos y reemplácelo por otro artículo de la lista. Esté seguro/a de tener siempre tres objetos enfrente del niño/de la niña.

Take the storybook away and replace it with another item on the list. Be sure to always have three items in front of the child.

Al final, pregúntele: "¿Por qué leemos?". Se puede introducir esta idea diciendo: "Hemos hablado de varias cosas que la gente lee. Vamos a fingir que estás hablando con alguien que no sabe nada de la lectura. Esta persona te pregunta: '¿por qué leemos?'. ¿Qué contestarías?".

At the end ask, "Why do we read?" You can introduce this idea by saying, "We have talked about several things that people read. Let's pretend that you are talking to someone who doesn't know anything about reading. That person asks, 'Why do people read?' What would you answer?"

Entrevista

Interview

Nombre _____ Edad _____

Objeto / Item	¿Lo reconoció? / Recognition	Respuesta / Response
1. Libro de cuentos Storybook	sí	no
2. Tarjeta de cumpleaños Birthday card	sí	no

3. Periódico
    Newspaper

    sí   no

4. Libro/guía de teléfonos
    Telephone book

    sí   no

5. Revista
    Magazine

    sí   no

6. Lista de compras
    Shopping list

    sí   no

7. Carta
    Letter

    sí   no

8. Cuenta (de electricidad, etc.)
    Bill (electric, etc.)

    sí   no

9. Calendario
    Calendar

    sí   no

10. Direcciones
    Directions

    sí   no

¿Por qué leemos?

Why do people read?

La enseñanza efectiva
de la escritura

Pablo es un estudiante de cuarto grado, en una escuela de doble inmersión donde recibe parte de su enseñanza diaria en español y parte en inglés. Pablo lee y escribe en una amplia variedad de géneros, tanto en inglés como en español. La figura 7–1 está tomada de una sección del largo reporte de Pablo escrito en inglés "*My Grandfather and Me*" (Mi abuelo y yo). Para este reporte, Pablo entrevistó a su abuelo y luego escribió acerca de lo que averiguó sobre la vida de este. Pablo describe la vida adulta de su abuelo y registra detalles que parecen especialmente interesantes, incluyendo la matanza de un marrano para la celebración de su boda. En su conclusión (ver figura 7–2), la cual se desarrolla en varias páginas, Pablo muestra su respeto por su abuelo con el final de su última frase: "*He worked hard to have a nice family and life*" (trabajó duro para tener una vida bonita y una familia bonita).

La muestra del escrito en español de Pablo (ver figura 7–3) es el primero de cuatro capítulos de una historia acerca de las aventuras del rey Cobra. En este capítulo introductorio, vemos que Pablo tiene imaginación y comprensión sobre la forma para generar una trama. En su historia, el rey Cobra debe derrotar a un

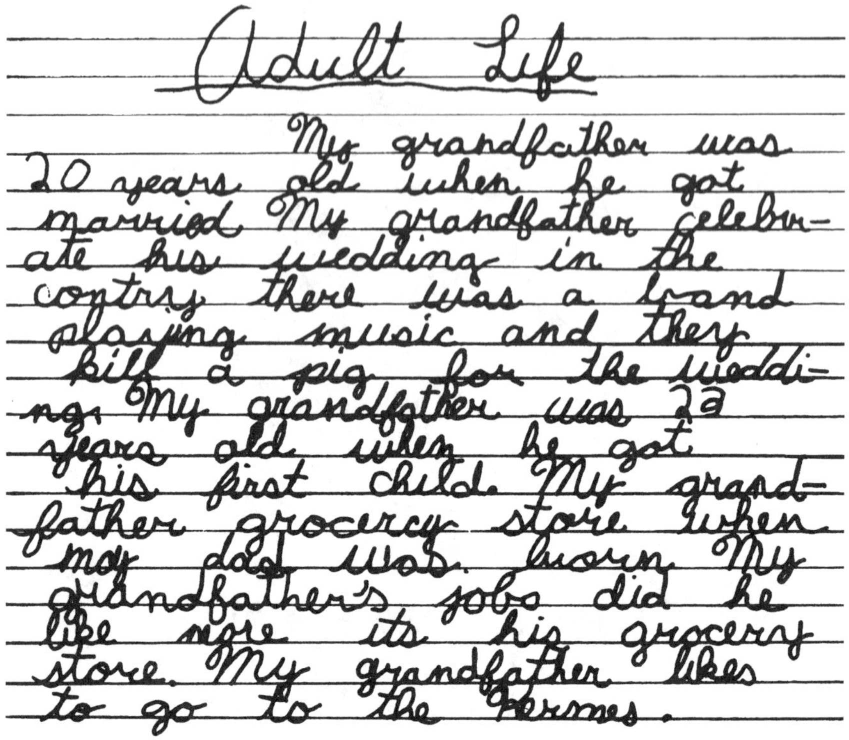

> ## Adult Life
>
> 20 years old when he got married My grandfather celebrate his wedding in the contry there was a band playing music and they kill a pig for the wedding. My grandfather was 22 years old when he got his first child. My grandfather grocercy store when my dad was born. My grandfather's jobs did he like more its his grocery store. My grandfather likes to go to the kermes.

Vida adulta

Mi abuelo tenía 20 años cuando se casó. Mi abuelo celebró su boda en el campo había una banda tocando música y ellos mataron un marrano para la boda. Mi abuelo tenía 22 años cuando tuvo su primer hijo. Mi abuelo tenía una tienda cuando mi papá nació. El trabajo que más le gustó a mi abuelo era su tienda de abarrotes. A mi abuelo le gusta ir a la kermés.

FIGURA 7–1. La historia del abuelo de Pablo

personaje diabólico. El final de esta (ver figura 7–4) también es bastante predecible. La última línea muestra que los héroes ganan al final y que "ellos vivieron muy felices".

El escrito de Pablo tiene errores. Sin embargo, él se expresa claramente tanto en inglés como en español. Además, escribe cómodamente textos de ficción y de tipo informativo. En cuarto grado, Pablo va bien encaminado para llegar a ser un escritor competente en dos lenguas. ¿Cómo llegó Pablo a esta etapa? Es importante que los maestros bilingües entiendan cómo apoyar a los estudiantes que escriben

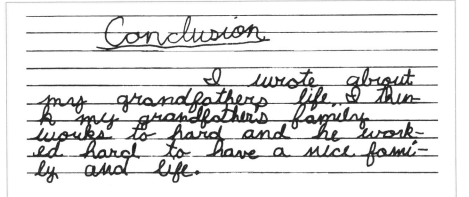

Conclusión
Yo escribí acerca de la vida de mi abuelo. Yo pienso que la familia de mi abuelo trabaja muy duro y él trabajó duro para tener una vida bonita y una familia bonita.

FIGURA 7–2. Conclusión de la historia del abuelo de Pablo

en dos lenguas. Esto implica ofrecer una variedad de experiencias ricas en escritura y saber cómo evaluar y apoyar la escritura en desarrollo.

En capítulos anteriores, nos enfocamos en la lectura. En este capítulo y en el siguiente, miraremos el desarrollo de la escritura para mostrar cómo los maestros pueden ayudar a los estudiantes a aprender a escribir eficazmente en dos lenguas. Aunque discutimos el desarrollo de la lectura y la escritura en diferentes capítulos, reconocemos que estos son procesos interrelacionados. A medida que describíamos las perspectivas de la lectura y sus métodos de enseñanza, también presentábamos lecciones en las cuales la lectura y la escritura estaban relacionadas. De igual manera, cuando nos acercamos al desarrollo de la escritura, damos ejemplos que provienen de salones de clases ricos en oportunidades para escribir y leer significativamente. Los maestros en estos espacios de clase entienden que un buen programa de lectoescritura siempre relaciona la escritura con la lectura.

Empezamos nuestra discusión sobre la escritura presentando diferentes enfoques para la enseñanza de esta. De la misma manera que existen dos perspectivas para leer, también hay dos perspectivas para escribir. A estas nos referimos como el enfoque tradicional y el enfoque como proceso. Contrastamos estas dos perspectivas y entonces presentamos una lista de evaluación para la enseñanza efectiva de la escritura. Después de describir los elementos de un programa de escritura exitoso en general, pasamos a los detalles particulares del desarrollo de la escritura. Nos

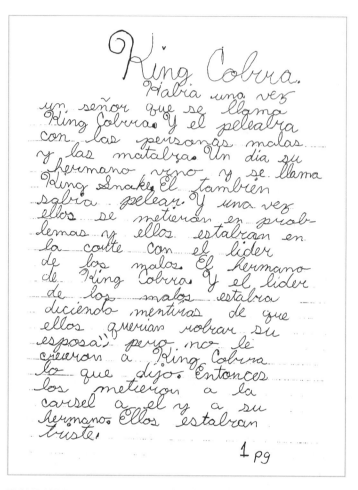

FIGURA 7–3. La historia de Pablo sobre el rey Cobra

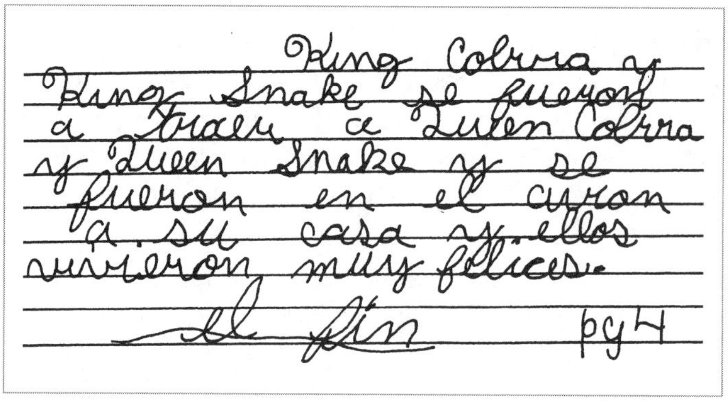

King Cobrra y
King Snake se fueron
a traer a Queen Cobrra
y Queen Snake y se
fueron en el avion
a su casa y ellos
vivieron muy felices.
El fin   pg 4

FIGURA 7–4. Conclusión de la historia del rey Cobra

enfocamos en el desarrollo natural de la escritura tanto en inglés como en español, en aulas de clase en donde los maestros se apoyan en un enfoque como proceso. Para cada etapa de desarrollo, sugerimos actividades para el aula y damos ejemplos de buenas prácticas de enseñanza que apoyen a los estudiantes y los motiven a alcanzar niveles superiores en la escritura.

Los dos enfoques de la escritura

Así como hay dos enfoques de la lectura, existen dos distintos enfoques de la escritura. El primer enfoque, el tradicional, se compara con el enfoque de la lectura como el reconocimiento de palabras. El segundo enfoque, como proceso, se compara con el enfoque sociopsicolingüístico de la lectura. La figura 7–5 muestra las diferencias entre el método tradicional y el enfoque de la escritura como proceso.

Al igual que con el enfoque de la lectura como el reconocimiento de palabras, el enfoque tradicional de la escritura empieza con pequeñas unidades para construir un todo. Con frecuencia, los maestros empiezan por poner a los estudiantes a copiar letras y palabras. El maestro le enseña directamente al estudiante a formar las letras y a combinarlas en palabras y oraciones. Es el maestro quien escoge el tema sobre el cual tienen que escribir los estudiantes, y muchas veces estos temas no se relacionan con la vida de ellos. Se espera que los estudiantes produzcan cierta clase de escritos en períodos específicos de tiempo. Por ejemplo, podrían copiar oraciones del pizarrón o completar una hoja de trabajo durante un período de escritura de veinte minutos.

Las tareas de escritura en clases tradicionales son generalmente ejercicios de caligrafía y ortografía en las primeras etapas. Más tarde, los alumnos aprenden a escribir oraciones completas y párrafos con una oración principal y con detalles. En ocasiones, llegan hasta un ensayo de hasta cinco párrafos. La audiencia para todos estos escritos en realidad es el maestro. El trabajo de este es asignar lo que tienen que escribir los estudiantes y brindar una enseñanza directa sobre los elementos de la escritura que se deben aprender, y después corregir lo que sus estudiantes presentan. Ellos rara vez comparten sus escritos con otros, aunque los mejores trabajos pueden ser exhibidos en el salón. El propósito de enseñar a escribir es siempre el producto final, y la meta para los estudiantes es desarrollar las habilidades necesarias para producir textos que respeten las reglas de ortografía, de gramática y de puntuación.

En contraste, con el enfoque de la escritura como proceso, el énfasis siempre es comunicar un mensaje significativo. Los estudiantes comienzan con un mensaje y los maestros los ayudan a comunicar este mensaje en una forma escrita para que

Salones donde se enseña la escritura de manera tradicional	Salones donde se enseña la escritura como proceso
El énfasis está en el producto.	El énfasis está tanto en el proceso como en el producto.
Los estudiantes comienzan con las partes para poder llegar a la construcción de mensajes completos.	Los estudiantes comienzan con los mensajes completos para después analizar las partes.
Los maestros enseñan directamente la formación de las letras, después las palabras y finalmente la combinación de palabras para formar oraciones.	Los maestros crean condiciones para que los estudiantes respondan de manera auténtica con la escritura.
Los maestros escogen los temas sobre los cuales van a escribir los estudiantes.	Los maestros ayudan a los estudiantes a escoger temas apropiados.
Los temas no siempre se relacionan con la vida y experiencias de los estudiantes.	Los temas surgen de las experiencias e intereses de los estudiantes.
El tiempo destinado para la escritura es restringido e inflexible.	El tiempo destinado para la escritura es abierto y flexible.
Existen pocos recursos disponibles para ser utilizados por los estudiantes en su escritura.	Los escritores disponen de muchos recursos que los estimulan a escribir.
Lo que escriben los estudiantes debe ser sin errores (escritura convencional).	La escritura surge de manera natural y se desarrolla desde la invención hacia la escritura convencional.
Los estudiantes escriben solo para los maestros.	Los estudiantes escriben para una audiencia real y auténtica.
Los maestros corrigen la escritura.	Otros estudiantes y otras personas responden a la escritura.
La escritura es algo privado e individual.	La escritura es algo compartido y social.

FIGURA 7–5. Dos concepciones para la enseñanza de la escritura (basado en Pearson y Gallagher 1983)

otros puedan leer. Los primeros trabajos de Graves (1983, 1994) y sus colegas (Calkins 1986; Hansen 1987) ayudaron a los maestros a comprender cómo implementar la enseñanza de la escritura en el aula, utilizando como modelo el proceso que usan los escritores profesionales. Maestros y educadores de maestros han continuado la publicación de libros útiles sobre cómo implementar el enfoque de la escritura como proceso (Calkins 2003; Fletcher 1992; Harwaync 2000; Routman 2000).

Los maestros que se apoyan en este enfoque entienden que la escritura se desarrolla naturalmente por etapas, a medida que los estudiantes se mueven desde la ortografía inventada hacia las formas más convencionales de la lengua. El maestro que considera la escritura como proceso crea situaciones en las cuales la escritura es la manera natural de comunicarse. Por ejemplo, los maestros pueden llevar a sus estudiantes a una excursión escolar y luego pedirles que escriban acerca de sus experiencias. En cuanto a los escritores más jóvenes, el maestro puede asumir el papel de un escribiente, utilizando el enfoque de la experiencia inicial de escritura compartida. Gradualmente, los estudiantes asumen una mayor responsabilidad frente a la escritura. De igual manera que en la lectura, también hay un modelo de transferencia gradual de la responsabilidad en la escritura (ver figura 7–6).

El modelo de transferencia gradual de la responsabilidad en la escritura

La primera etapa, la escritura compartida, se asemeja a la lectura en voz alta porque son los maestros los que hacen toda la escritura. Esta etapa se denomina escritura compartida porque los estudiantes contribuyen con ideas. Durante la experiencia

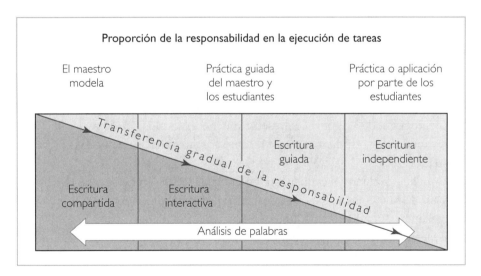

FIGURA 7–6. El modelo de transferencia gradual de la responsabilidad en la escritura (basado en Pearson y Gallagher 1983)

inicial de escritura compartida, por ejemplo, los estudiantes le dictan al maestro qué escribir, y él actúa como un escribiente. La escritura interactiva, la segunda etapa, es similar a la escritura compartida. Los estudiantes empiezan a asumir una mayor responsabilidad en sus escritos porque comparten la escritura de estos con el maestro. Esto ocurre con frecuencia durante la escritura del "mensaje de la mañana" (*morning message*) o de las "noticias diarias" (*daily news*). Los estudiantes contribuyen con información, y también a veces, escriben oraciones o palabras. Los maestros también pueden pedirles que le pongan la puntuación a un mensaje. Como mencionamos anteriormente, un excelente recurso para enseñar varias de las convenciones de la escritura durante la escritura interactiva es *Getting the Most Out of the Morning Message and Other Shared Writing* (daCruz-Payne y Browning-Schulman 1998).

La tercera etapa, la escritura guiada, también se parece a la lectura guiada. Los estudiantes ahora asumen la responsabilidad de escribir, pero el maestro está allí para apoyar y guiar el proceso. Durante la escritura guiada, el maestro también da mini lecciones sobre aspectos específicos de la escritura (Atwell 1987, 1998). La meta de la enseñanza de la escritura es su etapa final: la escritura independiente. Se les da tiempo a los estudiantes para desarrollar la escritura por sí mismos. Luego, comparten sus resultados con sus compañeros, muchas veces sentados en la "silla del autor" (*author's chair*).

El análisis de palabras se da todo el tiempo en los programas de escritura. En las primeras etapas, los maestros ayudan a los alumnos a observar y a enfocarse en letras y palabras. Pueden crear muros de palabras e involucrar a los estudiantes en la escritura de libros de alfabeto. En etapas posteriores, los estudiantes pueden llevar a cabo investigaciones lingüísticas de patrones ortográficos y sobre la historia de las palabras. El análisis facilita el conocimiento y las herramientas para que los jóvenes escritores escriban eficientemente.

Akhavan (2004) describe en detalle cómo los maestros en su escuela primaria desarrollaron talleres de escritura efectiva para sus numerosos estudiantes de inglés como segunda lengua. Ella presenta muchos ejemplos que demuestran cómo la escritura de los estudiantes mejoró, como resultado del enfoque de la escritura como proceso.

Cuando los alumnos comienzan a escribir diferentes géneros, con frecuencia repasan de nuevo las etapas de la escritura. Al principio el maestro brinda casi todo el apoyo. Gradualmente, una mayor responsabilidad es asumida por los estudiantes y ellos escriben independientemente. La enseñanza se enfoca tanto en el proceso como en el producto final. Los estudiantes aprenden a seleccionar buenos temas, a revisar borradores y a editar lo que escriben.

La lista de evaluación para la enseñanza efectiva de la escritura

La lista de evaluación para la enseñanza efectiva de la escritura refleja los tres componentes generales de una buena clase en donde se enseña la escritura como proceso: actividades de pre-escritura, escritura y post-escritura. Mucho se ha escrito acerca de la escritura como proceso para los nativos de habla inglesa (Calkins 1986, 1991; Fletcher 1992). Libros y artículos adicionales hacen énfasis en los enfoques de proceso para los estudiantes que escriben en una segunda lengua (Gibbons 2002; Hudelson 1986, 1989; Rigg y Enright 1986). Ferreiro, Pontecorvo y colegas (1996) investigaron cómo los jóvenes españoles, portugueses e italianos desarrollan la escritura en cada idioma, analizando y comparando una versión de *Caperucita Roja* escrita por los niños en sus idiomas maternos. Freeman y Bonett-Serra (2000) detallan lo que un programa efectivo de lectoescritura para niños de habla hispana podría ser, y más recientemente Castedo y Waingort (2003) han escrito un artículo en dos partes detallando el proceso de la escritura de historias de niños de siete años de edad en Argentina. Bruno de Castelli y Beke (2004) describen cómo la escritura como proceso ayudó a escritores mayores de español a ser más claros y efectivos. Invitamos a los lectores a consultar estos recursos para una comprensión más amplia de la escritura como proceso. Aquí solo comentamos brevemente sobre la lista de evaluación para la enseñanza efectiva de la escritura. Luego, examinamos en detalle los patrones de desarrollo que los maestros pueden esperar cuando trabajan con escritores jóvenes en clases bilingües y de doble inmersión.

Para ayudar a los maestros con la planeación de la enseñanza de la escritura, hemos desarrollado una lista de evaluación (ver figura 7–7). Invitamos a los maestros a usar esta lista mientras comienzan y luego refinan su propio programa de escritura. La lista está basada en la enseñanza de la escritura como proceso que sigue el modelo de transferencia gradual de la responsabilidad en la escritura.

En los enfoques tradicionales para enseñar a escribir, los maestros generalmente les dan los temas a los estudiantes. Les pueden asignar tareas específicas, entregarles una lista de temas para escoger o escribir el principio de una historia en el pizarrón. Cuando los maestros dan a los estudiantes el tema, estos pierden un componente esencial de la escritura: la libertad del escritor para seleccionar su propio tema. Los buenos escritores saben cómo escoger lo que quieren escribir. Cuando los estudiantes escogen sus propios temas, se apropian de la escritura y escriben con propósitos auténticos. Es decir, escriben para expresar ideas que son importantes para ellos, en lugar de simplemente escribir como respuesta a una tarea.

1. ¿Dan los maestros ejemplo sobre los pasos que ellos siguen para escoger los temas? ¿Ayudan a sus estudiantes a seguir estos mismos pasos cuando escogen los temas sobre los que quieren escribir?

2. ¿Se estimula a los estudiantes escritores a tener en cuenta sus propias experiencias cuando escogen los temas sobre los que van a escribir? ¿Escriben con fines verdaderamente auténticos y comunicativos?

3. ¿Establecen los estudiantes relaciones entre lo que leen y lo que escriben? ¿Pueden percibir que la lectura les brinda ideas para la escritura?

4. ¿Mantienen los estudiantes una lista actualizada de los temas sobre los cuales han escrito y sobre los que quisieran explorar?

5. ¿Perciben los estudiantes que la escritura es un proceso? ¿Entienden en qué actividades de escritura deben participar para llevar un texto a su versión final?

6. ¿Disponen los estudiantes en el aula de una amplia variedad de libros de literatura y otros materiales de consulta que les pueda servir de referencia cuando van a escribir?

7. Cuando los estudiantes escriben, ¿se les permite "inventar" su propia ortografía partiendo de sus hipótesis fono-ortográficas internas y de las "imágenes" que se han formado de las palabras a partir de sus experiencias previas con la lectura?

8. ¿Tienen los estudiantes oportunidades de compartir con otras personas lo que escriben? ¿Reciben de estas personas respuestas auténticas que les sirven de apoyo a su sensibilidad y necesidades como escritores?

FIGURA 7–7. Lista de evaluación para la enseñanza efectiva de la escritura

Los maestros ayudan a sus estudiantes a escoger buenos temas, modelando el proceso para decidir acerca de qué escribir y de qué no. Por ejemplo, un maestro puede compartir con una clase lo que piensa en voz alta: "Hoy pensé en tres cosas sobre las que podría escribir". Entonces el maestro podría hacer una lista de las tres y discutir por qué una es mejor que las otras dos. Algunos maestros usan la estrategia de lluvia de ideas con sus alumnos para elegir los temas, y mantienen esta lista de posibles temas en el salón de clases.

La mejor escritura se realiza cuando los estudiantes seleccionan temas que tienen que ver con sus propias experiencias e intereses. Muchos maestros invitan a sus estudiantes a mantener una lista personal de posibles temas. En esta pueden llevar un registro actualizado de las cosas sobre las que han escrito y sobre las que quieren escribir. Los maestros hablan de estos temas con toda la clase o en conferencias individuales, y también invitan a los estudiantes a compartir con otros los posibles temas. Los estudiantes también obtienen ideas para escribir de sus lecturas (Hansen 1987) o escriben para presentar temas que han investigado en ciencias sociales, matemáticas u otras materias.

Además de ayudar a los estudiantes a aprender a escoger temas, los maestros en las clases donde se considera la escritura como proceso brindan a sus estudiantes suficiente tiempo para investigar temas y para escribir borradores, en lugar de asignar temas y darles un período de tiempo determinado para terminar el escrito. En estas clases, la mayoría de los maestros crean un ambiente de taller, con un gran bloque del día dedicado a la lectura y la escritura. Por supuesto, los maestros también tienen que ayudar a los niños a comprender cómo hacer buen uso de su tiempo. No solo tienen que comenzar a ver la escritura como proceso, sino también llegar a comprender el proceso mismo, exponiéndose a él durante el tiempo del taller.

Los buenos escritores no empiezan con todas sus ideas en su cabeza. Al contrario, aprenden al escribir. Por esta razón, necesitan saber cómo usar una variedad de recursos. Los maestros analizan con los alumnos posibles recursos y los motivan a leer más para tener más ideas y buscar otras fuentes de información, como videos o bancos de datos computarizados. También motivan a los alumnos a conversar con sus compañeros de clase, sus padres y otras personas mientras planean sus escritos. En las clases tradicionales, la escritura es privada e individual, mientras que en las clases de escritura como proceso, es compartida y social.

Con frecuencia los jóvenes escritores tienen buenas ideas, pero se frustran por la falta de control sobre las convenciones de la escritura, cuando tratan de poner sus ideas en el papel. Podrían tener dificultades con la formación de las letras, la ortografía y la puntuación de sus mensajes. Sin embargo, estos maestros también observan el desarrollo de los alumnos y los llevan gradualmente hacia formas más convencionales. Además, ayudan a sus estudiantes a editar sus trabajos para publicarlos cuando sea apropiado.

En aulas de clase donde los estudiantes comparten sus escritos con otros, en un ambiente de apoyo, ellos llegan a ser más conscientes de la necesidad de usar formas de escritura más convencionales para que sus compañeros, sus padres y el maestro puedan entender. Alcanzar el control sobre las formas convencionales toma tiempo, pero cuando los estudiantes escriben con propósitos auténticos— cuando tienen un mensaje verdadero y una audiencia real—gradualmente refinan sus invenciones y se orientan hacia escritos que otros puedan leer.

El desarrollo de la escritura

Goodman y Goodman (1990) han descrito el aprendizaje de la lectura y la escritura como la búsqueda del equilibrio entre la invención y la convención. Los pequeños escritores inventan letras para expresar sus ideas; inventan también palabras y signos de puntuación. Al leer se dan cuenta de que la comunidad de lectores y escritores ha establecido ciertas formas aceptadas de escritura. Diferentes grupos establecen diferentes acuerdos. En la puntuación en español, por ejemplo, las preguntas son marcadas con signos de interrogación al principio y también al final. Por el contrario, en inglés, el único signo va al final de la oración. En español, los adjetivos propios (por ejemplo, la palabra *español*) no se escriben con mayúscula, pero en inglés, sí se usa la mayúscula. Los niños necesitan aprender estas convenciones.

Los niños comienzan su proceso de escritura haciendo garabatos. Schickedanz y Casbergue (2004) explican que al principio los garabatos que los niños hacen son una evidencia del descubrimiento de que pueden dejar huella. Entonces, después de varios meses, los niños pequeños empiezan a notar que las huellas les recuerdan algo y las identifican. Esto probablemente no es intencional, sino más bien una "feliz casualidad" (9), como lo describen los autores. Una vez que los niños empiezan a pensar que les gustaría recrear algo que han garabateado, se presenta un cambio. Sin embargo, como Schickedanz y Casbergue mencionan, "el placer completo de crear signos domina la creación del niño por muchos meses" (10). Aun así, se presentan muchos momentos en los cuales los garabatos de los niños llegan a ser más intencionales, y ellos quieren decir algo con sus signos.

Los garabatos escritos por los niños poco a poco reflejan un propósito. Estos llegan a ser los primeros intentos de representar letras, que se pueden distinguir fácilmente de sus dibujos. Estas primeras letras, llamadas letras simuladas (*mock letters*) por Schickedanz y Casbergue, son importantes en el desarrollo de la escritura. "Las letras simuladas, que muestran muchas características de las letras del alfabeto, contienen los segmentos que son los componentes para la construcción de verdaderas letras" (18). Un buen ejemplo de letras simuladas en la escritura de garabatos es el de Anthony. Su maestra, Blanca, pidió a sus alumnos que escribieran acerca del Día de Acción de Gracias. Anthony hizo un dibujo. Después, garabateó letras simuladas debajo de este (ver figura 7–8). Él le dijo a Blanca que su texto decía: "*I went to my grandma's on Thanksgiving*" (Yo fui donde mi abuela el Día de Acción de Gracias). Blanca escribió su mensaje usando letras y ortografía convencional y se lo leyó. Es fácil distinguir el dibujo de Anthony de su escritura. Sus letras todavía no están bien formadas, pero tienen la clara intención de representar escritura, no dibujo.

Blanca está ayudando a sus estudiantes a moverse hacia la escritura convencional. Para facilitar el desarrollo de la escritura en escritores principiantes, los maestros necesitan entender los patrones regulares del desarrollo de la escritura. Con tal conocimiento, ellos pueden interpretar y apoyar la escritura inventada de sus estudiantes, al mismo tiempo que los orientan hacia formas convencionales. Si la escritura inventada no recibe atención, nadie puede leer el mensaje del niño. Sin

FIGURA 7–8. El dibujo del Día de Acción de Gracias de Anthony

embargo, si se imponen las convenciones demasiado temprano, los niños pueden perder el sentido de la escritura como proceso de construcción de sus propios significados. Los maestros bilingües, como siempre, tienen aún más que aprender. Necesitan entender los patrones de desarrollo de la escritura que ocurren en inglés y en español, y también lo que se puede esperar de los hispanohablantes que crecen en un ambiente dominado por la escritura en inglés.

Las investigaciones iniciales de Read (1971), Chomsky (1970) y otros han proporcionado importante información en cuanto al proceso natural por el que pasan los niños mientras aprenden a escribir en inglés y se mueven desde la invención hacia la convención. Las investigaciones continuadas sobre el desarrollo de la ortografía en los niños (Hughes y Searle 1997; Laminack y Wood 1996; Schickedanz y Casbergue 2004; Wilde 1992) muestran ambos patrones naturales y las formas en las que el maestro puede ayudar a los estudiantes a avanzar en su proceso de moverse de lo inventado a lo convencional. En español, el trabajo seminal sobre el desarrollo de la escritura en los niños es de Ferreiro y Teberosky (Ferreiro, Pontecorvo, et al. 1996; Ferreiro y Teberosky 1979, 1982).

Antes de analizar esta investigación, queremos resaltar que a pesar de que usamos el término *etapa* para describir diferentes puntos del progreso de los estudiantes en su escritura, este simplemente nos permite analizar de una forma conveniente los comportamientos que forman parte de un proceso completo y constante. Los niños entran y salen de las etapas. No hay un progreso lineal claro. Sin embargo, las categorías a las que nos referimos como etapas reflejan nuestra comprensión sobre los puntos más importantes que generalmente los niños alcanzan, a medida que su escritura llega a ser progresivamente más convencional.

Cuando se habla del desarrollo de la escritura, es la experiencia con esta lo que cuenta más que la edad del escritor. En algunos casos, niños muy pequeños demuestran períodos avanzados en el desarrollo de la escritura. Paty, una estudiante de posgrado, decidió comprobar lo que ella estaba aprendiendo acerca del desarrollo de la escritura con su hijo de cuatro años, Flavio. Cuando le pidió que escribiera la palabra *gato* en español, él la representó escribiendo "GTO", y luego escribió "CT" por *cat* (gato) en inglés. Era capaz de formar letras convencionales y esto sorprendió aún más a su madre. Él incluyó ambas consonantes y, en español, una vocal. A la edad de cuatro años, ya se estaba moviendo hacia una etapa más avanzada en la escritura.

Leslie, de cinco años de edad, escribió casi convencionalmente en español (ver figura 7–9), aunque todavía no marcaba espacios entre sus palabras. Con excepción de la letra *p,* que la escribió al revés, ella escribió cada palabra correctamente: "las amigas se pelearon". Su escritura en inglés no fue tan avanzada, pero después de leer sobre *Apple Annie*, Leslie produjo el texto que aparece en la figura 7–10. A ella le debió de haber gustado este personaje, ya que escribió "*Apple Annie is my friend*" (Apple Annie es mi amiga). Estos dos pequeños escritores se han movido hacia etapas avanzadas de la escritura en dos idiomas. Es su experiencia con el lenguaje escrito, más que su edad, lo que les ha permitido hacer esto.

Las etapas del desarrollo de la escritura

Es importante que los maestros entiendan los patrones normales del desarrollo de la escritura para los estudiantes bilingües. Este conocimiento puede ayudar a los maestros a validar lo que los alumnos saben. También puede guiar a los maestros sobre las maneras de motivar y enseñar a sus estudiantes para que lleguen a ser escritores más competentes. La siguiente discusión se desarrolla desde el trabajo

FIGURA 7–9. La escritura de Leslie en español

de Buchanan (1989) en su excelente libro *Spelling for Whole Language Classrooms* (Ortografía para clases del lenguaje integral), y el libro de Ferreiro y Teberosky *Los sistemas de escritura en el desarrollo del niño* (1979) y su traducción en inglés, *Literacy Before Schooling* (1982).

Buchanan divide el desarrollo de la ortografía de los niños en cuatro grandes etapas: prefonética, fonética, fono-ortográfica y sintáctica-semántica. Estas etapas están basadas en sus observaciones de la escritura de los niños en inglés. Para cada etapa, la autora analiza los conceptos principales que el niño desarrolla y sugiere maneras en que los maestros pueden ayudar a los niños a moverse hacia la siguiente etapa. Buchanan invita a los maestros a conservar muestras de la escritura de los

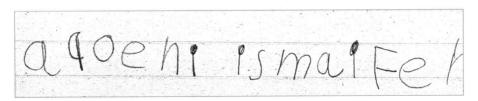

FIGURA 7–10. La escritura de Leslie en inglés

alumnos para que puedan identificar patrones en la escritura y llevar un registro del progreso del estudiante.

Las etapas que Buchanan identifica para el inglés corresponden a los cinco niveles que Ferreiro y Teberosky describen para el español. Ferreiro y Teberosky son especialistas en Piaget y han trabajado ampliamente en Argentina y México. Sus descubrimientos están basados en investigaciones en las que ellas han dictado palabras u oraciones a niños o les han pedido que completen ciertas actividades. Usando estos métodos, Ferreiro y Teberosky han podido indagar sobre la comprensión que tienen los niños acerca del lenguaje escrito.

Los resultados de las investigaciones de Buchanan, Ferreiro y Teberosky brindan información adicional sobre la comprensión que los niños tienen de la escritura antes de empezar la escuela. Cuando los maestros entienden cómo conceptualizan los niños el lenguaje escrito, pueden planear lecciones que fortalezcan estos conocimientos. Al describir cada etapa del desarrollo de la escritura en este capítulo y en el siguiente, usamos ejemplos tomados de Ferreiro y Teberosky y muestras de escritura que hemos recopilado de niños en clases bilingües. La figura 7–11 resume las características de cada etapa de la escritura descritas por Buchanan y cada nivel identificado por Ferreiro y Teberosky.

La etapa prefonética

La primera etapa se denomina prefonética porque los niños usan símbolos para representar cosas, no una palabra para la cosa. Una marca en el papel podría representar un oso de peluche, no la palabra *oso*. A medida que los niños en esta primera etapa pasan de escribir garabatos a escribir letras reconocibles, frecuentemente mezclan letras y números. Con frecuencia se apoyan en las letras de su propio nombre para escribir. Y puede ser que no entiendan la diferencia entre escribir y dibujar, aunque sus signos en el papel muestran que pueden hacer ambas cosas.

Los niveles 1 y 2 de Ferreiro y Teberosky corresponden a la etapa prefonética de Buchanan porque en este nivel los niños no asocian la escritura con los sonidos. Un ejemplo de escritura del nivel 1 viene de Alexis de cinco años de edad (ver figura 7–12). Él le dijo a su maestro que su escritura decía "mi papá". Alexis está empezando a formar letras reconocibles y, como muchos pequeños escritores, usa las letras de su nombre. La escritura es prefonética porque no hay relación entre las letras que Alexis escribe y los sonidos en "mi papá".

Ferreiro y Teberosky expanden nuestro conocimiento sobre esta etapa. Ellas encontraron tres características en la escritura de los niños en el nivel 1. Primero, la escritura es egocéntrica. Es decir que los niños no comprenden que tienen la responsabilidad de escribir algo que otros puedan leer. Algunas veces ellos saben qué

Etapa (Buchanan)	Nivel (Ferreiro y Teberosky)	Características
Prefonética	1	No hay ninguna relación entre letras y sonidos. La escritura es egocéntrica. No se usa para transmitir información. El tamaño de una serie de letras es igual al tamaño del objeto.
	2	Los escritores asumen que hay un número fijo de letras en una palabra y que hay una variedad de letras. (No se repite ninguna letra). Los escritores usan las letras de sus nombres.
Fonética inicial	3	Hay una relación entre los aspectos físicos de la producción de una palabra y la ortografía de esta. Cada letra representa una sílaba en la palabra.
Fonética avanzada	4	Cada elemento de producción de sonido en la pronunciación de una palabra debería tener su propia representación gráfica. Los escritores cambian de una hipótesis silábica a una alfabética.
Fono-ortográfica	5	El sonido es la clave de la ortografía. Sin embargo, los escritores pueden sobregeneralizar las reglas fono-ortográficas. Ellos se dan cuenta de que un sonido puede ser representado por más de una letra y que el mismo sonido puede ser representado por diferentes letras o un grupo de letras.
Sintáctica-semántica		En la ortografía de palabras, el significado y la sintaxis ofrecen pistas importantes que en muchos casos tienen mayor relevancia que el sonido de las palabras.

FIGURA 7–11. Etapas y niveles del desarrollo de la escritura

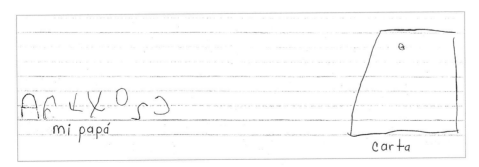

FIGURA 7–12. La escritura de Alexis

están escribiendo, pero no esperan que otros lo lean, ni ellos esperan ser capaces de leer lo que otros escriben. Sin embargo, aun estando en el nivel 1, los niños empiezan a desarrollar un sentido de audiencia y a imaginar que otros pueden leer lo que ellos escriben.

Segundo, los niños creen que el tamaño de la palabra escrita debería corresponder al tamaño del objeto que la palabra representa. Por ejemplo, los niños en este nivel podrían esperar que la palabra *papá* fuera más grande que la palabra *hermano,* porque para los niños más pequeños, su padre es más grande que su hermano.

Cuando Ferreiro y Teberosky (1979) le pidieron a Gustavo, de cuatro años de edad, que escribiera *pato*, él dibujó algunas líneas onduladas. El diálogo que sigue entre Gustavo y el investigador demuestra el pensamiento de Gustavo:

Investigador:	**Gustavo:**
¿Podés escribir "oso"?	
¿Será más largo o más corto?	Más grande.
¿Por qué?	[Gustavo comienza a hacer una escritura enteramente similar, pero que resulta más larga que la anterior, mientras silabea].
	O-so. ¿Viste que sale más grande?
Sí, pero ¿por qué?	Porque es un nombre más grande que el *pato*. (242)

Gustavo piensa que la representación escrita de *oso* debería ser más grande que la de *pato*, ya que los osos también son más grandes que los patos. Otros dos ejemplos de Ferreiro y Teberosky (1979) aclaran cómo los niños relacionan aspectos cuantificables de las palabras con aspectos cuantificables del significado. Una niña de cinco años en México, al visitar a su doctor, le dijo que ya era tiempo de que escribiera su nombre más grande porque había cumplido años el día anterior. Ya era más grande, ¡así que su nombre también debería ser más grande!

Un ejemplo adicional muestra otra forma de cómo los niños del nivel 1 relacionan la escritura con el tamaño:

Una niña mexicana de 5 años, llamada Verónica, escribe su nombre así: VERO; pero piensa que cuando sea grande lo va a escribir "con la be grande" (es decir, BERO, ya que en México la V es llamada "be chica" y la B es la "be grande"). (243)

Una tercera característica de los escritores del nivel 1 es que ellos no distinguen claramente entre lo que llamamos escritura y dibujo. Por ejemplo, si un padre le dice a su hijo que escriba "madre", él podría, en lugar de escribir, dibujar a una madre.

Por otro lado, un niño podría decir que dibujará algo y entonces escribirá letras. En un estudio que transcribió partes de la investigación mencionada anteriormente, Freeman y Whitesell (1985) encontraron esta misma confusión de términos entre los niños preescolares de habla inglesa en Tucson, Arizona. Los niños parecen diferenciar entre la escritura y el dibujo pero no logran usar consistentemente las palabras *escribir* y *dibujar* para describir lo que ellos están haciendo. Ellos frecuentemente también mezclan números y letras.

Ferreiro y Teberosky también señalan que los pequeños escritores con frecuencia invierten los caracteres tanto de letras como de números, y que "en este nivel y en niveles subsiguientes, señalemos que [esta característica] no puede ser tomada como índice patológico (preanuncio de dislexia o disgrafía), sino como algo totalmente normal" (248).

Tomamos a Vicente, un escritor del nivel 1, como ejemplo de este fenómeno. Vicente hizo un dibujo del sol y de algunos juegos del patio (ver figura 7–13) y luego escribió en su dibujo. Vicente le dijo a su maestro que su texto decía: "Había mucho sol y jugué afuera muchos días". Parecía que él había invertido el número 4 y la letras *n*, *S*, y *R*, aunque la *r* minúscula y ambas la *n* y la *R* también fueron escritas convencionalmente. Él también invirtió la *v* en dos lugares. Es importante darse cuenta de que inversiones como estas son una parte natural del desarrollo de la escritura.

No es que los niños *vean* las letras al revés. Al contrario, ellos están haciendo hipótesis acerca de la direccionalidad de las letras y los números. Tienen que decidir hacia dónde se orientan. Se puede pensar que la mayoría de las letras del alfabeto se orientan hacia la derecha. Sin embargo, letras como la *d* miran hacia la izquierda. Otras letras, como la *g*, pueden orientarse hacia ambos lados, dependiendo del tipo de letra. Por ejemplo, la *G* mayúscula se orienta hacia la derecha. Los números, por otro lado, miran hacia la izquierda, excepto por el 5 y el 6. Los niños pequeños generalmente buscan el patrón consistente y lo sobregeneralizan al hacer sus hipótesis. Ellos esperan que todas las letras se orienten hacia el mismo lado. Desafortunadamente, el sistema no es completamente consistente. Los niños tratan de construir una regla básica, no simplemente imitar las formas superficiales. Debido a que la regla que ellos necesitan es compleja, necesitan tiempo. Lamentablemente, a algunos niños pequeños no se les da el tiempo suficiente que necesitan. Son etiquetados tempranamente como disléxicos, aunque sus inversiones sean parte natural de su desarrollo.

Ferreiro y Teberosky encontraron que muchos de los niños argentinos que ellas estudiaron tenían unas pocas palabras aprendidas en su repertorio. Estos niños podían haber aprendido las palabras de un miembro de la familia o las podían haber

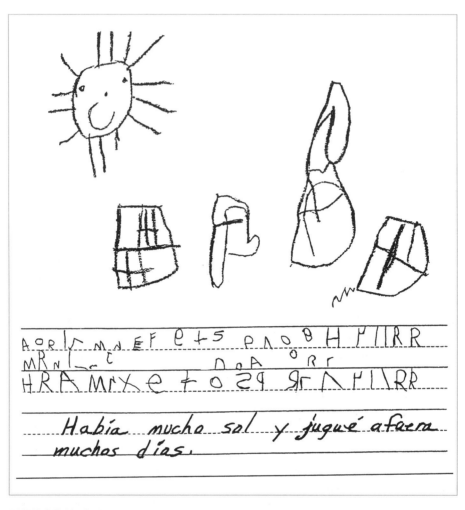

FIGURA 7–13. El dibujo del sol de Vicente

visto con frecuencia. Laura, por ejemplo, podía escribir cuatro palabras: *mamá, papá, oso* y *Laura*. Ferreiro y Teberosky reportan lo que explicó Laura: "*Laura* me enseñó mi mamá, y *papá, oso* y *mamá* aprendí yo de un librito para empezar a leer".

Los jóvenes escritores pueden copiar palabras que están en el aula de clase. Como una experiencia inicial de escritura compartida, Rhonda pidió a sus estudiantes que escogieran una historia favorita, la ilustraran y luego le contaran lo que estaba sucediendo. La figura 7–14 muestra el dibujo de Anita, con su título "La bella durmiente", así como el resumen que la maestra escuchó de Anita. Aunque ella estaba en una etapa temprana de la escritura, reconoció el título del cuento y fue capaz de copiarlo con mucha precisión. Anita tuvo un poco de dificultad para

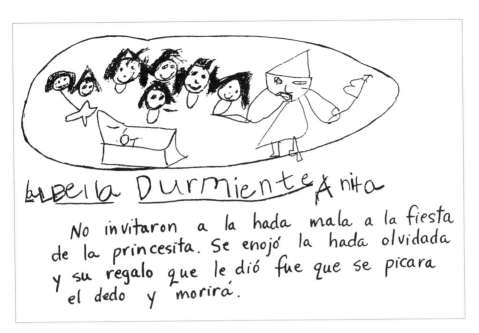

FIGURA 7–14. El dibujo de Anita

escribir el título en forma recta. Primero escribió una *L* torcida y la borró. Cuando le mostró su papel a Rhonda, decidieron juntas que faltaba la *a* de su *L* enderezada, y Rhonda agregó una *a*. Al copiar letras, los estudiantes empiezan a formar sus letras de manera más convencional. Anita también aprendió que la escritura puede usarse para contar una historia.

Ferreiro y Teberosky dividen la etapa prefonética en dos niveles. En el nivel 2, ellas determinaron que las formas gráficas hechas por los niños eran más definidas y más convencionales. La mayoría de sus letras podían ser reconocidas, aunque todavía se presentaban algunas letras escritas al revés. Un buen ejemplo del nivel 2 de escritura proviene de Ramón, un alumno de la clase de kínder de Pricila (ver figura 7–15). Como muchos otros jóvenes escritores, él se apoya en las letras de su nombre. Hasta ahora, todavía no hay correspondencia entre las letras y los sonidos de las palabras que ellos representan.

Ferreiro y Teberosky también encontraron que los niños de esta etapa suponen que las palabras deberían tener un cierto número fijo de caracteres y que ellas requieren de una variedad de estos. Ellas llegaron a estas conclusiones por medio de un estudio, en el cual dieron a los niños tarjetas con letras, números, palabras y palabras sin sentido. Pidieron a los niños que separaran las tarjetas en dos pilas. Una pila para lo que "se puede leer" y la otra para lo que "no se puede leer". Las investigadoras preguntaron a los niños por qué habían colocado cada tarjeta en una pila

FIGURA 7–15. La escritura de Ramón

en particular. Descubrieron que los niños pequeños imaginan que las palabras deben tener cierta longitud y una variedad de letras o caracteres para que "se puedan leer". Así que las palabras como *un* fueron frecuentemente rechazadas por los niños hispanohablantes porque eran demasiado cortas o tenían "solo unas cuantas letras". Cuando les dieron tarjetas con letras repetidas como *AAAA*, los niños también las colocaron en la pila de "no se puede leer" porque no había una variedad de letras.

Freeman y Whitesell replicaron este estudio con niños preescolares de habla inglesa y descubrieron que los niños usaban el mismo criterio. Por ejemplo, Tracy, de cinco años de edad, les dijo a los investigadores: "La *p* no es para leer porque no tiene más letras . . . y la *a* no es nada" (1985, 23). Cuando a Beth, de cinco años, se le mostró la tarjeta *BBBB*, ella la colocó en la pila de "no se puede leer" porque "todas eran *B*".

Otro ejemplo de las hipótesis de los niños sobre la escritura es ilustrado por otro estudio de Ferreiro y Teberosky. Cuando le pidieron a Romina que escribiera tres palabras y una oración, ella escribió lo siguiente, usando letras de su nombre:

R I O A

O A I R

A R O I

O I R A (251)

Como muchos otros niños que Ferreiro y Teberosky estudiaron, Romina cree que las palabras deben tener por lo menos cuatro letras. También sabe que las palabras diferentes tienen secuencias de letras diferentes. Romina mezcla las letras de su nombre para lograr lo que se le pidió. Es interesante observar que para Romina no hay diferencia entre el número de letras en una palabra y el número en una oración. Su última línea, que fue una oración dictada, tiene el mismo número de

La enseñanza de la lectura y la escritura en español y en inglés

letras que las palabras. Los términos *palabra* y *oración* son muy abstractos para los jóvenes escritores y al principio ellos tal vez no pueden distinguir entre ambos.

Algunas muestras de escritura de niños bilingües de kínder en los Estados Unidos ayudan a confirmar las conclusiones de Ferreiro y Teberosky. José es un niño en la clase de kínder de Blanca, donde todos los niños son animados a escribir diariamente. José hizo un dibujo y escribió un mensaje que su maestra puso en forma convencional. Su escrito (ver figura 7–16) demuestra que él cree que las palabras u oraciones deben tener un número mínimo de letras y también una variedad de letras. José escribe diez letras en cada línea y, aunque las letras se repitan, el orden varía. Cabe resaltar que él está empezando a apoyarse en letras que no están en su nombre.

José está aprendiendo a escribir en español, pero sus combinaciones de letras reflejan la influencia del entorno en inglés. Por ejemplo, él comienza su texto con la combinación *sk*. En español no se empiezan las palabras con *s* seguidas de una consonante, y la *k* aparece solamente en palabras tomadas de otro idioma. También incluye consonantes dobles como *ss* o *pp* que tampoco aparecen en el español. Muchos estudiantes como José en clases bilingües producen escritos que muestran la influencia de los dos idiomas que están aprendiendo.

Esta información esencial sobre el desarrollo de la escritura en los niños tiene implicaciones para la enseñanza de la lectura. Cuando los niños observan la letra impresa se enfocan en las palabras más grandes y más sobresalientes. La mayoría de los anuncios de las tiendas o nombres de productos, como cereales para el desayuno, tienen varias letras. Los niños con frecuencia ignoran las palabras cortas. Tanto en inglés como en español, las palabras de contenido (sustantivos, verbos, adjetivos y adverbios) son generalmente más largas que las palabras de función (artículos,

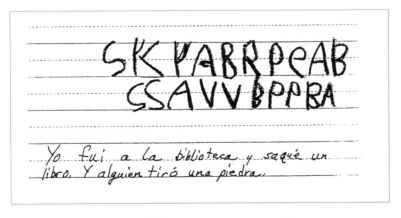

FIGURA 7–16. La escritura de José

conjunciones, preposiciones y demás). Es natural que los niños se fijen en esas palabras más grandes y más importantes.

Aun cuando los niños llegan a la escuela con una claridad mayor sobre las palabras más largas que las cortas, y aunque su propia escritura muestra que piensan que las palabras deberían tener un número mínimo y una variedad de letras, con frecuencia los libros para lectores principiantes dan importancia a las palabras cortas con letras repetidas (*oso, la*). La idea es que si usamos palabras cortas y simples con pocas letras, haremos la lectura más fácil para los niños. Sin embargo, puede que los niños crean que estas palabras cortas no son realmente para leer, ya que vienen a la escuela con creencias acerca de las palabras que han visto a su alrededor todos los días. Al principio, los niños observan estas frases como un todo y después le ponen atención a las partes más pequeñas. Si los materiales de lectura comienzan con las partes, la lectura se convierte en algo más difícil, no más fácil.

La enseñanza de la escritura para estudiantes en la etapa prefonética

Buchanan (1989) señala que lo más importante que los maestros pueden hacer por los niños en la etapa prefonética es motivarlos a seguir escribiendo. Ellos deben tratar de proporcionar a los estudiantes una amplia variedad de materiales. Algunos niños prefieren usar marcadores en lugar de lápices. Los niños también pueden escoger diferentes tamaños y colores de papel. Muchos maestros tienen un centro de escritura en el salón con estos materiales para que los niños los usen.

Los maestros deberían responder a la escritura de los estudiantes, preguntándoles qué han escrito y haciendo comentarios sobre el mensaje. Esto ayuda a los estudiantes a entender que el lenguaje escrito puede comunicar ideas. En esta etapa, sin embargo, es importante no corregir la escritura del estudiante ya que los niños todavía no han llegado a entender la relación entre las letras y los sonidos. El maestro puede marcar los papeles con los nombres de sus estudiantes, y muy pronto, empezarán los estudiantes a escribir sus propios nombres. Los maestros también pueden escribir sus nombres en los pupitres. A menudo, los maestros crean un centro de nombres. Los estudiantes pueden organizar los nombres de sus compañeros de diferentes maneras (del nombre más largo al más corto, nombres de niños y nombres de niñas, nombres que empiezan con la misma letra).

Además, los maestros deberían asegurarse de que los niños estén rodeados de escritura significativa para ellos. Muchos maestros ponen letras del alfabeto alrededor del salón. Con frecuencia, les leen a los niños usando libros gigantes para que los niños puedan ver la letra impresa más fácilmente. También usan la experiencia inicial de lectura compartida; involucran a los estudiantes en una actividad y luego escriben con ellos, en un papel grande, a medida que los estudiantes recuentan sus experiencias. Esta actividad permite a los maestros modelar la escritura y ayudar a los estudiantes a empezar a relacionar las palabras escritas con los sonidos del lenguaje oral.

Jeff es un buen ejemplo de un maestro, en una clase de doble inmersión, quien brinda apoyo apropiado a sus estudiantes en la etapa prefonética.

Lecciones sobre animales con la escritura—clase de kínder ◆ Jeff es un maestro de una clase de kínder, en una comunidad rural con una alta población de latinos. En su programa de doble inmersión, él enseña contenido académico, en ambos idiomas, tanto a estudiantes de habla hispana como a los de habla inglesa. Jeff involucra a sus estudiantes en un número de actividades que gradualmente los llevan a la escritura. Él adapta su forma de enseñar, brindando el apoyo que sus niños requieren a medida que empiezan a desarrollar el lenguaje escrito.

Al principio del año escolar, los alumnos de Jeff estudian los animales. Aunque ellos están interesados en toda clase de animales, a los niños les fascinan especialmente los animales salvajes de África. Una manera en la que Jeff introduce los conceptos y los textos acerca de los animales salvajes es a través de un canto sobre la caza de un león. Durante el canto, Jeff usa dibujos de animales, incluyendo un león, un elefante, un mono, una cebra y una jirafa. Él señala las palabras a medida que los niños cantan con él:

¿Dónde está el león?
¿Está bañándose en el río?
No, el elefante está bañándose en el río.

¿Está jugando en el árbol?
No, el mono está jugando en el árbol.

¿Está pastando en el prado?
No, la cebra está pastando en el prado.

¿Está comiendo hojas de los árboles?
No, la jirafa está comiendo hojas de los árboles.

¿Está deslizándose hacia arriba en el árbol?
No, la boa constrictora está deslizándose hacia arriba en el árbol.

¿Está cazando animales para comer?
Sí, está cazando animales para comer.
Sh . . . Sh . . . Sh. . . .

Además de tener a los alumnos cantando las palabras, Jeff escribe las expresiones básicas del canto en tiras para carteles de bolsillos. Por ejemplo, una tira podría decir: "un elefante bañándose" o "un león cazando". En uno de los carteles, las palabras están en orden; en el otro, están mezcladas. En grupos pequeños o en parejas, los estudiantes organizan las palabras en el segundo cartel como aparecieron en el modelo.

Jeff también usa el canto del león como modelo para los libros pequeños que los niños se llevan a su casa para leer con sus familias. Él escribe e ilustra su propio libro basado en el canto. La primera página pregunta: "¿Dónde está el león?". Debajo de las palabras hay un dibujo de un león. Cada una de las siguientes páginas se enfoca en alguno de los otros animales del canto. Las páginas tienen un patrón repetitivo. Por ejemplo, la segunda página (ver figura 7–17) tiene el dibujo de un elefante y dice: "¿Está bañándose en el río? No, el elefante está bañándose en el río". Los libros de los estudiantes son exactamente iguales al modelo del maestro. Jeff se encarga de ensamblar y grapar el libro de los estudiantes, ya que ellos tienen dificultad para hacer esta tarea por sí solos, sin la supervisión de un adulto.

FIGURA 7–17. La página del elefante del libro *Canto de la caza del león*

Al crear estos libros, Jeff modela la escritura y algunas veces hace un dibujo dirigido en cada página con los niños. Para crear cada página, Jeff trabaja con grupos pequeños de seis a nueve estudiantes. Por ejemplo, cuando trabaja en la página que dice: "¿Está bañándose en el río? No, el elefante está bañándose en el río", Jeff pone una copia de *¿Dónde está el león?* en un caballete para que todos los niños del grupo lo puedan ver fácilmente. Jeff y los niños escriben la palabra *elefante* al final de la página. Jeff muestra la formación correcta de cada letra, dice el nombre de la letra y les ayuda a escuchar el sonido de cada letra de la palabra *elefante*, a medida que las escribe una por una. De esta forma, él puede enseñar el mecanismo de formación, el sonido de la letra y el nombre de esta, en un contexto significativo. Luego, los estudiantes leen en coro la página con Jeff mientras señalan las palabras, moviendo sus dedos de izquierda a derecha y de arriba abajo.

Jeff también trabaja con los estudiantes en la creación de un segundo tipo de libro para llevar a casa. Este es creado en un centro de escritura independiente. En este centro, los alumnos pueden hacer sus libros originales utilizando hojas de papel de fotocopia que son ensambladas y grapadas, con portadas de cartulina de colores. Los alumnos usan plumones, bolígrafos, lápices de colores y crayones para escribir e ilustrar sus libros, los cuales más tarde leerán a sus compañeros durante la actividad de *la silla del autor*. Enseguida del centro de escritura, se encuentra, colgado en la pared, un banco de palabras que refleja el tema que la clase ha estado trabajando. Este banco de palabras está en un cartel de bolsillos que tiene dibujos de cosas sobre las que los estudiantes quisieran escribir. Al lado de los dibujos están las correspondientes palabras, las cuales están codificadas por colores para español y para inglés. Por ejemplo, al lado del dibujo del león está la palabra *lion* escrita en anaranjado y *león* escrita en verde. Los niños saben que las palabras en color anaranjado están escritas en inglés, y las palabras en verde están en español. Cuando escriben sus propios libros, los niños pueden decidir si quieren copiar palabras del banco o usar escritura garabateada, letras al azar, letras iniciales u ortografía inventada, dependiendo de su etapa de desarrollo.

Los alumnos pasan mucho tiempo de clase hablando y leyendo acerca de los animales. Muchos de los libros que Jeff les lee se pueden encontrar en la bibliografía sobre animales para niños pequeños mencionada en el Capítulo 3 (ver figura 3–3). Durante estas actividades, los estudiantes de Jeff están desarrollando tanto conceptos académicos como literarios. Usando un proyector de filminas, Jeff muestra imágenes de animales, como elefantes y leones, sobre pedazos grandes de papel de periódico. El proyector le permite a Jeff pasar las figuras a formatos grandes. Él usa la proyección de los dibujos para copiar en el papel el contorno del animal proyectado. Los niños pintan los animales y dibujan el correspondiente hábitat de estos. Estos murales se conservan en las paredes del salón mientras estén trabajando la unidad. Cuando los alumnos están trabajando en esos proyectos, un audio casete con sonidos de animales se escucha de fondo para crear un ambiente y estimular una discusión posterior entre los niños.

Como actividad adicional, los alumnos en grupos pequeños clasifican dibujos de animales en diferentes categorías como los que viven en la selva, los que viven en el prado, los que comen pasto y los que comen carne. Juntos crean tablas donde se registra lo que los niños han aprendido. Por ejemplo, después de clasificar dibujos de animales por su apariencia exterior, Jeff hace una gráfica con varias columnas. En la parte superior de cada columna hay un pedazo de un material que se parece a la textura de la capa exterior de algún animal, ya sea pelo, escamas, piel o plumas. Los estudiantes colocan los dibujos de sus animales debajo de la columna apropiada y luego rotulan cada dibujo.

Puede ser que algunos maestros consideren que ninguna de las actividades que hemos descrito hasta ahora sea de escritura en el sentido convencional, pero estas actividades reflejan etapas tempranas de la escritura. Los estudiantes asocian las palabras con los dibujos. Los libros que ellos leen y hacen les ayudan a reconocer las letras y las palabras. Ellos están juntando las palabras en patrones. Están aprendiendo cómo se ensamblan páginas en un libro. En todas estas actividades, los estudiantes están activamente construyendo significados usando la letra impresa. Estas experiencias representan los primeros pasos importantes hacia la escritura independiente.

Como una actividad final, los niños trabajan en grupos pequeños para crear un libro gigante de clase llamado *Animales salvajes*. Este libro también se crea usando como modelo el texto del león. Presenta los mismos animales y se centra en los lugares donde habitan. Cada página tiene uno de dos patrones de oraciones con un espacio en blanco: "_____ viven en la selva" o "_____ viven en prados". Usando moldes de animales, los estudiantes trazan y cortan los animales que están en el cartel y deciden dónde ponerlos. Si es un animal como el elefante, que es de la pradera, será pegado en un papel amarillo. Si es un animal de la selva como un mono, se pega en el papel verde claro. (Jeff hace que sus estudiantes usen el verde claro porque los árboles y el pasto serán de verde oscuro). Las ilustraciones son particularmente llamativas si se hacen con cartulina de colores. Los estudiantes cortan los animales, árboles, pasto, ríos, el sol y todo lo demás, y los pegan sobre papel de 12 por 18 pulgadas que servirá como fondo (amarillo o verde, dependiendo del hábitat del animal). Esto se convierte en una página del libro. Es la misma hoja que tiene la oración con el patrón escrito.

Después de que sus páginas son ensambladas, los niños escriben el nombre del animal en cada página. Usan los libros, los carteles y los dibujos rotulados alrededor del aula para ayudarse con la ortografía de los nombres de los animales. Cada estudiante de un grupo que crea una página la firma. Una vez que el libro está terminado, se lamina y permanece en el salón de clases para que los estudiantes lo vean y lo lean juntos.

Estas actividades son el principio del desarrollo de la escritura para los niños. Los estudiantes en la clase de Jeff continúan desarrollando su escritura durante el año escolar. Comparten sus escritos con sus compañeros y son invitados en cada etapa del proceso a expresar sus ideas, usando dibujos e inventando la ortografía. Puesto que las palabras que ellos quieren escribir están a la mano en las paredes del salón de clases y en los libros gigantes y pequeños, los alumnos de Jeff pueden empezar a escribir desde el principio del año escolar. Comienzan a ver la importante relación entre la lectura y la escritura. Durante el proceso empiezan a moverse desde la etapa prefonética hacia las etapas más avanzadas del desarrollo de la escritura. En el siguiente capítulo, describimos estas etapas más avanzadas.

 ## Aplicaciones

1. Si trabaja en una escuela de doble inmersión o tiene acceso a una, reúna los escritos en español y en inglés de un estudiante de tercer grado o de un nivel más avanzado. En términos generales, ¿qué puede concluir acerca de la escritura de este estudiante en español? ¿En inglés? ¿Puede deducir cuál es el idioma dominante del estudiante? ¿Existe evidencia de transferencia de un idioma al otro? Explique y dé ejemplos específicos desde la escritura.

2. Observe a un maestro conducir el "mensaje de la mañana" (*morning message*) o las "noticias diarias" (*daily news*). Puede usar su propio salón de clases, si se realizan estas actividades regularmente. ¿Cuáles habilidades del lenguaje se enseñan dentro del contexto de la escritura? ¿Cuáles habilidades están desarrollando los estudiantes al hacer esta actividad diariamente? Haga una lista y sea específico.

3. Reúna algunos garabatos de niños de tres o cuatro años de edad. ¿Qué observa en estos? ¿Distingue el niño entre el dibujo y la escritura? ¿Se pueden distinguir letras simuladas?

4. Busque algunos ejemplos de escritura de un niño que esté en la etapa prefonética. ¿Intenta el niño escribir en español o en inglés? Use los ejemplos y las explicaciones en el capítulo y analice las muestras de escritura.

Las etapas y los niveles del desarrollo de la escritura

Empezamos nuestra revisión de las etapas más avanzadas del desarrollo de la escritura con tres ejemplos de estudiantes de segundo grado de una clase bilingüe, español e inglés, de una escuela rural. Muchos de los estudiantes de esta escuela son niños migratorios y la mayoría de las familias trabajan en la agricultura. Puesto que la clase está estudiando los dinosaurios, Carolina, la maestra, pidió a sus estudiantes que escribieran sobre lo que habían aprendido. Ellos saben que estos escritos se van a incluir en los portafolios requeridos por la escuela. Aunque los tres están en la misma clase, las muestras de escritura señalan que ellos están en etapas muy diferentes de la escritura en español.

La escritura de Alejandra (ver figura 8–1) está en una etapa más temprana que la de sus compañeros. Ella sí usa las letras para formar palabras y algunas de las palabras pueden ser entendidas. Por ejemplo, Alejandra le dijo a Carolina que el título era "Los dinosaurios comen mucho" y que la primera oración decía: "Unos comen hojas". Muy pocas palabras, excepto *los* e *y* parecen estar escritas de manera convencional. Alejandra no escribe letras mayúsculas y agrega un punto solo des-

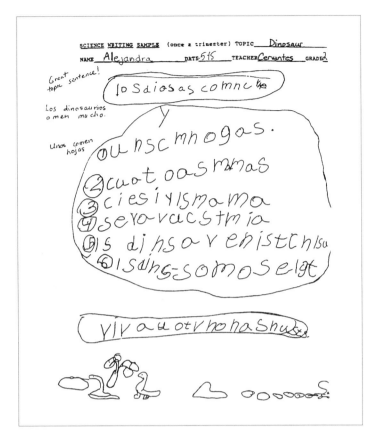

FIGURA 8–1. El escrito de Alejandra sobre los dinosaurios

pués de la primera oración. Además, hace dibujos y enumera sus oraciones en lugar de usar párrafos. Ella encierra con un círculo las partes de su composición (título, cuerpo y conclusión) en lugar de usar sangría. Esta convención es una de las tantas que muchos escritores usan en las etapas iniciales. En este punto, la escritura de Alejandra se caracteriza más por su invención que por su conocimiento de las normas convencionales de la escritura.

En contraste, el ejemplo de Joel (ver figura 8–2) tiene solamente tres errores. Él deletrea *especiales* sin la *c* en la quinta oración y no agrega la *n* al verbo en la séptima. En la última oración, deletrea incorrectamente *pescuezo*, una palabra difícil. Las oraciones comienzan con letras mayúsculas y terminan con un punto seguido. El ejemplo enumera las características de los dinosaurios, usando la misma estructura de oración para cada una de las seis primeras oraciones y luego solo cambia el verbo *son* por *tienen* en las últimas dos. A pesar de que esta escritura es casi

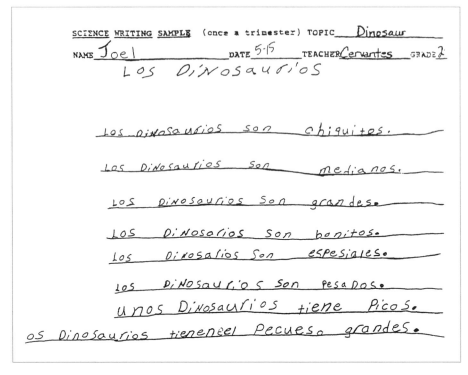

FIGURA 8–2. El escrito de Joel sobre los dinosaurios

completamente correcta, le falta variedad e imaginación. Joel no está tomando ningún riesgo con su escritura. En lugar de inventar nuevas maneras de expresar sus ideas, Joel está siguiendo un modelo convencional cuidadosamente.

Si los maestros enfatizan demasiado lo convencional, existe el peligro de que los estudiantes no asuman sus propios riesgos, necesarios para crecer como escritores. Su interés por producir una escritura convencional inhibe la fuerza creativa. Los estudiantes escriben textos correctos pero poco interesantes. Aquellos que escriben con tanta precaución no intentan nuevas expresiones o vocabulario avanzado. Necesitan ser animados a desarrollar su voz y expresarse usando un lenguaje más vívido.

El tercer escrito (ver figura 8–3) muestra a un escritor que está experimentando con estructuras de oraciones, vocabulario e ideas más complejos. José comienza refiriéndose al tiempo y al ambiente en el cual vivieron los dinosaurios y hace una comparación con el presente. Luego, continúa con la descripción de los diferentes tipos de dinosaurios. Aunque hay ejemplos del deletreo y la puntuación que no son convencionales, José hace un buen trabajo, no solo en demostrar su conocimiento de la estructura y el vocabulario del español, sino también en lo que ha aprendido

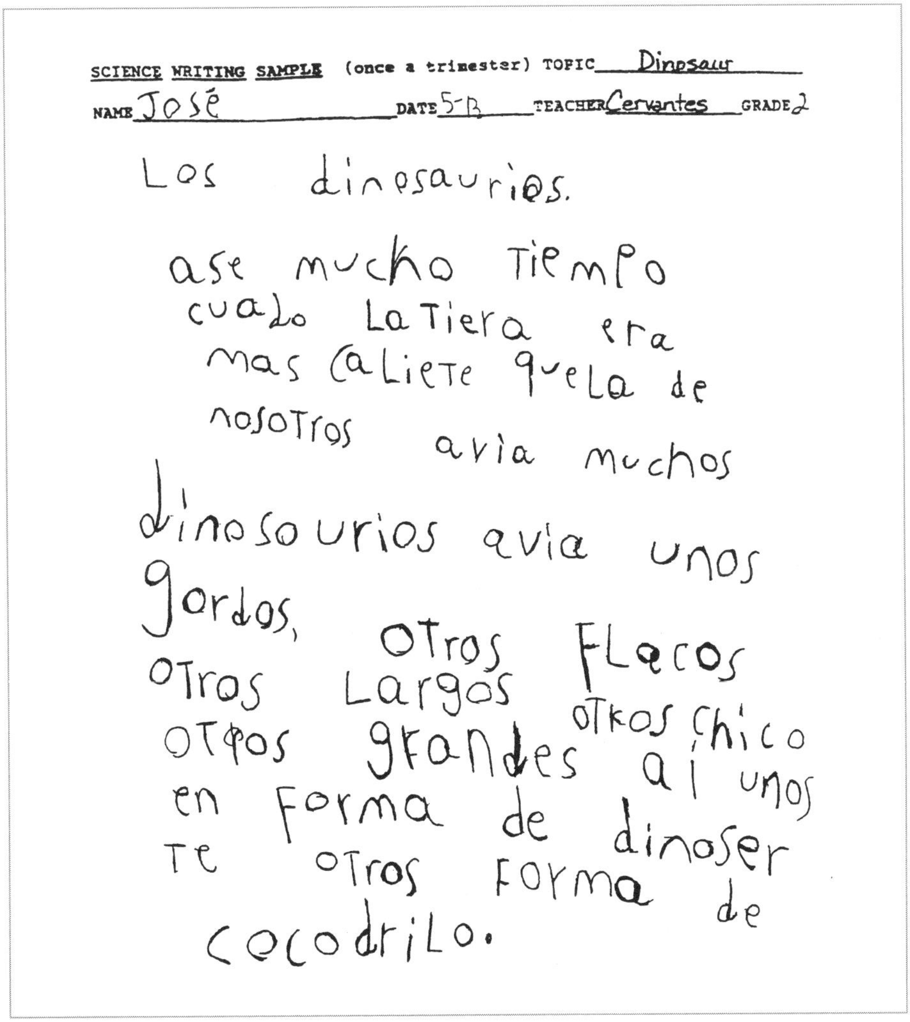
SCIENCE WRITING SAMPLE (once a trimester) TOPIC Dinosaur
NAME José DATE 5-13 TEACHER Cervantes GRADE 2

Los dinosaurios.

ase mucho Tiempo cuado La Tiera era mas Caliete que La de nosotros avia muchos dinosaurios avia unos gordos, otros Flacos otros Largos otros grandes otros chico ai unos en forma de dinoser te otros forma de cocodrilo.

FIGURA 8–3. El escrito de José sobre los dinosaurios

sobre los dinosaurios. La escritura de José muestra un buen equilibrio entre la invención y la convención.

Los tres escritores tratan de expresar lo que han aprendido a partir de las lecturas y las discusiones en la clase de Carolina. Sus escritos indican que saben algunas cosas importantes sobre las convenciones de la escritura. Ellos están en etapas diferentes de su desarrollo y muestran diferentes grados de disposición para arriesgarse a inventar nuevas formas de expresar sus significados. Es solo por medio del proceso de invención de formas escritas y de la retroalimentación significativa que los escritores se pueden desarrollar. En las siguientes secciones describimos las etapas por las cuales pasan los escritores una vez que salen de la etapa prefonética.

 # La etapa fonética inicial

Con el tiempo, los niños se mueven hacia la etapa fonética. El concepto principal para los estudiantes en esta etapa es que "hay una relación entre los aspectos físicos de producir una palabra y la ortografía de una palabra" (Buchanan 1989, 135). Los niños en la etapa fonética todavía no relacionan los sonidos con la ortografía. En cambio, están conectando la producción del sonido con la ortografía. El desarrollo de la ortografía se presenta gradualmente de lo concreto a lo abstracto, y las acciones físicas involucradas en producir sonido son más concretas que las cualidades físicas del sonido mismo.

Los niños pequeños son buenos en fonética. Ellos saben cómo y dónde se producen los sonidos en su boca. Read (1971), por ejemplo, señala que lo que aparenta ser una ortografía extraña simplemente es el reflejo del apoyo del niño en los mecanismos de producción del sonido. Por ejemplo, un niño deletreó *truck* (camión) con las letras *chrak*. Sustituir *t* por *ch* es extraño para muchos adultos, pero si uno dice "*truck*" y luego "*chruck*" se dará cuenta de que las acciones que usa y los movimientos de la lengua son casi iguales. La convención en inglés es usar una *t* antes de *r* para representar este sonido en lugar de una *ch*, pero desde el punto de vista de la producción del sonido, un lingüista (o un niño pequeño) podría justificar cualquiera de las dos opciones.

La etapa fonética inicial del desarrollo de la escritura en inglés de Buchanan es paralela al nivel 3 de la escritura en español de Ferreiro y Teberosky. En este nivel, los niños comienzan a darle importancia al sonido de las letras y a tratar de producirlas físicamente por sí solos. Hasta ahora, los niños piensan que las letras representan directamente objetos, como discutimos con el ejemplo de Gustavo, quien pensaba que la palabra *oso* debería ser más grande que *pato* porque los osos son más grandes que los patos. En el nivel 3, los niños se dan cuenta de que las letras se relacionan con los sonidos de las palabras que usamos para nombrar los objetos. En realidad, como lo mencionamos antes, los niños se enfocan más en las acciones físicas requeridas para producir sonidos que en los sonidos mismos.

La escritura en inglés en la etapa fonética inicial

En la etapa fonética inicial de la escritura, los niños generalmente usan una letra para cada palabra. Más tarde, en la etapa fonética, usan una letra para cada sílaba.

En inglés también pueden incluir sonidos de consonantes finales en sus palabras. Dos ejemplos de la escritura de Rosalinda (ver figuras 8–4 y 8–5) muestran su uso de las consonantes iniciales y finales. En la primera muestra ella escribe *house* (casa) como *hs* y *rainbow* (arco iris) como *rbl*. La *l* puede ser el resultado de pronunciar la palabra como "*rainbowl*". A menudo los niños pronuncian sus palabras sonido por sonido mientras las escriben y algunos exageran en la pronunciación de esos sonidos. En la segunda muestra, Rosalinda deletrea *ladybug* (catarina) como *ldbg* invirtiendo la *g*. Aquí ella escribe la consonante inicial de cada sílaba más la consonante final. A medida que escribe, ella es consciente de cómo está produciendo los sonidos, y les presta especial atención tanto a las consonantes iniciales de cada sílaba como a las finales.

La mayoría del tiempo, los niños que escriben en inglés, como Rosalinda, representan las sílabas con consonantes. Esto se debe a que la correspondencia entre los sonidos de las consonantes y las letras que los representan es más consistente en inglés que la correspondencia entre los sonidos de las vocales y las letras empleadas para representarlas. El sonido /b/, por ejemplo, al principio o al final de una palabra es casi siempre representado por la letra *b*. Por el contrario, el sonido de la vocal larga /ey/ puede ser deletreado de manera diferente: *a* en *ladybug* (catarina), *ai* en *wait* (espera), *ay* en *way* (manera), *a_e* en *late* (tarde) y hasta *ei* en *weight* (peso). Los escritores jóvenes de inglés comienzan con las consonantes porque las correspondencias entre el sonido y la letra son más consistentes.

FIGURA 8–4. La ortografía de Rosalinda para *rainbow* (arco iris) y *house* (casa)

FIGURA 8–5. La ortografía de Rosalinda para *ladybug* (catarina)

La escritura de nivel 3 en español

En los países de habla hispana, los escritores principiantes del español general-mente escriben vocales primero. La aparición de vocales en la escritura en español puede ser atribuida al hecho de que hay una correspondencia consistente en el es-pañol entre los cinco sonidos vocales y las cinco letras usadas para representarlos. En cambio, los que hablan español y que han sido educados en un ambiente do-minado por la escritura en inglés pueden mostrar una mezcla de vocales y conso-nantes. Compartiremos algunos ejemplos de jóvenes escritores de habla hispana de los Estados Unidos que demuestran cómo se desarrollan de una forma similar a aquellos del estudio argentino, donde las vocales definitivamente se usan más, al igual que un ejemplo que muestra la influencia del inglés.

En el estudio argentino, se les pidió a los niños que escribieran palabras y oraciones dictadas por los investigadores. Primero, Mariano escribió su nombre correctamente. Como muchos niños, él aprendió a escribir su propio nombre y usó las letras de su nombre para representar otras palabras. Cuando le pidieron que escribiera *sapo*, el escribió "AO". Fue capaz de usar letras de su nombre para escribir las vo-cales de las dos sílabas de *sapo*. Después, cuando los investigadores le pidieron que escribiera "Mi nena toma sol", escribió todas las vocales de la oración: "IEAOAO". Él también escribió "PO" cuando le pidieron que escribiera *pato*, lo que demuestra que las consonantes no siempre desaparecen. Este descubrimiento de que los escritores que hablan español frecuentemente comienzan con vocales es una infor-mación especialmente importante para los maestros bilingües. Mientras que en el pasado las hileras de vocales escritas en un papel por un niño podrían haber sido interpretadas como práctica ocasional de letras, ahora los maestros pueden reconocer que esas vocales pueden estar relacionadas directamente con mensajes que el niño intentó escribir.

La escritura de Efraín ofrece un buen ejemplo de un niño que usa las vocales para representar las sílabas en sus palabras (ver figura 8–6). Carolina, su maestra, escribió las palabras cuando él recontó la historia que había escrito. Este tipo de documentación es una práctica excelente porque brinda a las maestras una información valiosa que pueden usar para registrar el progreso en la escritura de sus estudiantes. A menos que la maestra escuche al niño y escriba lo que él diga, es muy difícil entender más tarde lo que escribió. Cuando la maestra escucha a los niños de esta manera, también les ayuda a comprender el carácter comunicativo de la escritura.

FIGURA 8–6. La escritura de Efraín

La primera línea de la escritura de Efraín incluye todas las vocales de las palabras en orden. La única excepción es que las letras *d* y *a* aparecen después de *ea* para *está*. Él pudo haber repetido la última sílaba de la palabra para sí mismo cuando escribió y agregó la consonante y repitió la vocal final. Él escribe la consonante como *d*. Ambas letras, *d* y *t,* son producidas en el mismo lugar de la boca y los niños en esta etapa se apoyan en esta forma de producción física. En la segunda línea, Carolina escribió solamente las primeras dos palabras. Efraín agrega una *o* extra después de la *e* para *el* y luego incluye dos consonantes en *submarino*. También incluye tres consonantes adicionales en el resto de la hilera de letras. Esto demuestra que él está empezando a darse cuenta de que la escritura contiene tanto consonantes como vocales. Puede además reflejar la escritura en inglés en el ambiente. Sin embargo, en la mayoría de sus escritos, él todavía usa una vocal por cada sílaba.

Otra estudiante en la clase de Carolina, Rosa, le enseñó a Carolina su dibujo y le dijo: "La niña está en la casa. Tiene mucho frío". Carolina escribió en el papel de Rosa: "¿Por qué tiene frío?". Carolina le leyó la pregunta y Rosa respondió escribiendo "OEAELO" para representar "porque hay hielo" (ver figura 8–7). Aquí ella

FIGURA 8–7. La escritura de Rosa

representó cada sílaba consistentemente con una vocal para las dos primeras palabras. Ella usa *e* para *ie*. Al igual que Efraín, ella demuestra un reconocimiento creciente de las consonantes al agregar *l* en *hielo*.

Ya sea que usen vocales, consonantes o alguna combinación de las dos, los escritores en el nivel 3 operan bajo una hipótesis silábica. Generalmente escriben una letra por cada sílaba en una hilera de palabras. Para un maestro es más difícil leer los textos de los estudiantes cuando consisten completamente de vocales. Sin embargo, si los maestros les piden a sus estudiantes que lean lo que han escrito (tan pronto como terminen de escribirlo), ellos podrán notar la correspondencia cercana entre las letras que los estudiantes escriben y las vocales en las palabras de su mensaje. Los niños en este nivel han logrado un paso conceptual muy grande: han empezado a relacionar las letras con la producción de sonido y es importante que los maestros reconozcan y apoyen este avance.

El último ejemplo del nivel 3 es de Ariana, una niña de la clase bilingüe de primer grado de Sam. Ella ha visto los términos *Valentine* y *San Valentín* escritos por todo el salón. Cuando ella hacía su tarjeta del Día de San Valentín, ella escribió "*sanvavenn*". Este deletreo incluye consonantes, pero es probable que las haya copiado de los textos impresos que están alrededor del salón de clases. En este punto, su copia no es exacta. Ella parece haberse perdido después de *sanva* y luego retomó con *venn*.

Luego, ella escribió su propio mensaje en la tarjeta. Cuidadosamente se puso a pronunciar sonido por sonido su mensaje deseado: "¿Cómo está su familia?". Representó sus palabras con las letras *ooeauaiaif*. Ella escribió las dos vocales para *cómo,* las *ea* para *está* y la *u* de *su*. Para la palabra *familia*, ella invirtió las últimas dos vocales y luego agregó la *f* inicial.

La etapa fonética avanzada y la escritura de nivel 4

Buchanan divide la etapa fonética en dos: una fase inicial que se caracteriza por el uso de una letra para cada sílaba o palabra y una etapa avanzada en la que el niño comienza a conectar cada sonido con una letra. Esto quiere decir que el niño avanza de una hipótesis silábica a una alfabética. Sus invenciones todavía no concuerdan con las convenciones de la escritura ya que el sistema no está basado solamente en la producción de sonidos. Sin embargo, él comienza a usar vocales y consonantes.

Un tercer ejemplo de Rosalinda (ver figura 8–8) demuestra su progresión hacia la etapa fonética avanzada. Ella invierte el orden de la *l* y la *f* cuando escribe "*BRLFi*" para la palabra *butterfly* (mariposa), lo cual no es motivo de preocupación. A

FIGURA 8–8. La ortografía de Rosalinda para *butterfly* (mariposa)

menudo los niños trabajan fuertemente para pronunciar una palabra y escribir las letras. Si se les olvida una letra, ellos la agregan donde haya espacio. Lo más significativo es que Rosalinda agregó una *i* final aquí usando el deletreo del nombre de la letra (*letter-name spelling*). Ella puede estar moviéndose hacia la etapa fonética avanzada, en la cual los niños empiezan a usar tanto consonantes como vocales. El cuarto ejemplo de Rosalinda (ver figura 8–9) demuestra este progreso más claramente. Su deletreo de la palabra *star* (estrella) como "*stor*" demuestra su conciencia sobre la producción de vocales junto con las consonantes. Es común que los estudiantes tengan problemas con las vocales antes de la *r* porque esta cambia el sonido de la vocal precedente.

Los estudiantes en la etapa fonética avanzada a menudo podrán suponer que los nombres de las letras son iguales a los sonidos que hacen. Rosalinda representa

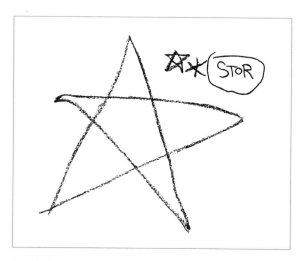

FIGURA 8–9. La ortografía de Rosalinda para *star* (estrella)

La enseñanza de la lectura y la escritura en español y en inglés

el sonido /ay/ con la letra *i* en *"brlfi"*. Otro ejemplo claro del deletreo del nombre de la letra es el de María, quien usa la *i* para el sonido /ay/ y la letra *r* por *are* (están) (ver figura 8–10).

Los estudiantes cuyo primer idioma no es el inglés, también se pueden apoyar en los nombres de las letras cuando deletrean, pero pueden pensar que los nombres de las letras en inglés son iguales a los sonidos de su primer idioma. Un buen ejemplo proviene de una alumna bilingüe en una clase de kínder que está escribiéndole a su padre (ver figura 8–11). Ella escribe *take* (llevar) como *"tec"*, *me* (a mí) como *"mi"* y *please* (por favor) como *"plis"*. En cada palabra, la vocal que ella emplea tiene el nombre correcto en español para el sonido que ella quiere representar. Como este ejemplo lo demuestra, los estudiantes pueden usar el deletreo del nombre de la letra de cualquiera de los dos idiomas que sepan.

La etapa fonética avanzada en inglés corresponde al nivel 4 de la escritura en el análisis de Ferreiro y Teberosky. Los escritores en español comienzan con las

FIGURA 8–10. La escritura de María

FIGURA 8–11. Nota de un estudiante bilingüe de kínder para Dolly

vocales. Sin embargo, ellos empiezan a darse cuenta de que en la letra impresa en el ambiente se usan tanto las vocales como las consonantes. Si los maestros les leen libros gigantes, ellos también empiezan a notar que las palabras tienen más que solo vocales. Así forman una hipótesis alfabética, en la que cada sonido de una palabra debe ser representado por una letra.

En la clase de kínder de Rhonda, otros niños solo estaban escribiendo sus propios nombres o hileras de vocales, pero después de escuchar el cuento, Susi hizo un dibujo del patito feo saliendo del cascarón y lo rotuló usando vocales y consonantes (ver figura 8–12). Su deletreo de "*el ptito feo*" está muy cerca de la escritura convencional de "el patito feo". Ella escribe todas las consonantes y deja fuera solo una vocal. Este ejemplo demuestra que es la experiencia con la escritura, no necesariamente la edad, la que influye en la etapa de escritura del estudiante.

Estrategias para la etapa fonética

Los niños que están en una etapa fonética inicial se benefician de las mismas estrategias que aquellos en la etapa prefonética. Los niños pueden jugar con tarjetas de alfabeto o con letras con imanes. Los maestros deben leerles mucho, promover

La enseñanza de la lectura y la escritura en español y en inglés

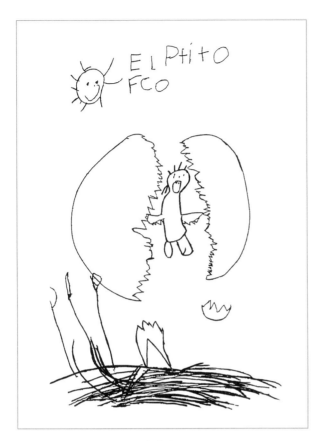

FIGURA 8–12. La escritura de Susi

la experiencia inicial de escritura compartida y asegurar que haya abundancia de letra impresa alrededor del salón.

Además de eso, los maestros pueden usar efectivamente libros de alfabeto. Muchos de estos libros para los nuevos lectores se enfocan en los sonidos iniciales. *Annie, Bea, and Chi Chi Dolores* (Maurer 1996) tiene nombres de cosas asociadas con las actividades de la escuela, como *J* para "*jumping rope*" (brincar la cuerda), *K* para "*kicking a ball*" (patear un balón) y *L* para "*lining up*" (ponerse en fila). Un libro similar en español es *ABC ¡Ya me lo sé!* (Canetti 1997). En este libro de alfabeto ilustrado y colorido, los nombres de estudiantes están combinados con verbos que describen las actividades que ellos hacen en la escuela. El texto juega con la aliteración de los nombres de los niños y de las actividades escolares, como "Darío dibuja" y "Elena estudia". Otro libro para lectores principiantes, *ABC and You* (El alfabeto y tú) (Fernandes 1996), tiene nombres de estudiantes y sus características en cada página, desde "*Amazing Amanda*" (Amanda asombrosa) hasta "*Zippity*

Zack" (Zacarías ¡Zas!). Los tres libros, con poco texto, proveen un buen modelo para que los estudiantes hagan sus propios libros de alfabeto.

Los libros de alfabeto de poesía también pueden ayudar a los maestros a enfocar a los estudiantes en los sonidos iniciales y finales de las palabras. Un libro de alfabeto de poesía en español, *ABC animales* (Broeck 1983), puede servir para que los estudiantes presten atención al sonido inicial resaltado en la página y a la ortografía de las palabras que riman. Cada página de este llamativo libro describe un animal distinto:

D de delfín

alegre saltarín

que cruza los mares

de muchos lugares. (9)

En inglés, *It Begins with an A* (Comienza con una A) (Calmenson 1993) presenta a los estudiantes una serie de adivinanzas para resolver. Cada página con rima da pistas y pregunta: "¿Qué es?". Por ejemplo, la página de la *A* dice: "Tú viajas en este. Comienza con una *A*. Empieza en la tierra, y ¡luego vuela alto y lejos! ¿Qué es?". La página de la *C* dice: "Esto toma tu retrato. Comienza con una *C*. Prepárate, alístate. ¡Ahora sonríe para mí! ¿Qué es?" (6). Los estudiantes disfrutan resolviendo las adivinanzas, aumentan su conocimiento de vocabulario y pueden comenzar a prestarle atención a los sonidos iniciales. La figura 8–13 ofrece una bibliografía de libros de alfabeto en español y en inglés para niños pequeños.

Las mismas actividades que son provechosas en las primeras etapas siguen ayudando a los niños en la etapa fonética avanzada. Es necesario que los maestros lean mucho a los niños y junto con ellos; también es necesario que los niños escriban. Usando poemas y cartelones de canciones o libros gigantes, los maestros pueden comenzar a señalar los diferentes modos de representar sonidos, y mientras los niños sigan leyendo y escribiendo diariamente, seguirán avanzando hacia la ortografía convencional. Hughes y Searle (1997) documentan cuidadosamente cómo los maestros trabajaron con estudiantes que escribieron muchas palabras convencionalmente, pero todavía tenían dificultad con palabras complicadas. Ellos ofrecen sugerencias útiles para trabajar con los estudiantes en los niveles avanzados. En este punto, la enseñanza explícita puede ayudar a los estudiantes a empezar a reconocer patrones de ortografía que funcionan con bastante consistencia.

Es importante que los maestros mantengan un registro del progreso de los estudiantes y luego que trabajen en forma individual o en grupos pequeños con estudiantes que no parezcan reconocer que su ortografía es irregular. Sin embargo, leer

Broeck, Fabricio Vanden. 1983. *ABC animales*. Colección piñata. México, DF: Editorial Patria.

Calmenson, Stephanie. 1993. *It Begins with an A*. New York: Scholastic.

Canetti, Yanitzia. 1997. *ABC ¡Ya me lo sé!* Big book ed. Boston: Houghton Mifflin.

Detwiler, Darius, and Marina Rizo-Patron. 1997. *Mi libro del ABC*. Boston: Houghton Mifflin.

Drew, David. 2000. *Food Alphabet*. Big book ed. Crystal Lake, IL: Rigby.

Ehlert, Lois. 1989. *Eating the Alphabet*. New York: Scholastic.

Fernandes, Eugenie. 1996. *ABC and You*. Boston: Houghton Mifflin.

Grande Tabor, Nancy M. 1992. *Albertina anda arriba*. New York: Scholastic.

Horenstein, Henry. 1999. *A Is for? A Photographer's Alphabet of Animals*. New York: Scholastic.

Maurer, Donna. 1996. *Annie, Bea, and Chi Chi Dolores*. Big book ed. Boston: Houghton Mifflin.

McPhail, David. 1989. *Animals A to Z*. New York: Scholastic.

Perea Estrada, Altamira. 1996. *Un abecedario muy sabroso*. New York: Scholastic.

Sempere, Vicky. 1987. *ABC*. Caracas, Venezuela: Ediciones Ekaré-Banco del Libro.

Shannon, George. 1996. *Tomorrow's Alphabet*. Hong Kong: South China Printing.

FIGURA 8–13. Bibliografía de libros de alfabeto para niños pequeños

más y escribir más es la clave, sobre todo si los niños escriben con propósitos auténticos. Los estudiantes se mueven hacia la ortografía convencional si realmente tienen un mensaje que quieran compartir con sus compañeros de clase. Si es así, revisarán su ortografía cuando sus mensajes no estén claros para su audiencia.

La etapa fono-ortográfica

Buchanan llama a la próxima etapa en el desarrollo de la ortografía la etapa fono-ortográfica. Es en esta fase que los niños comprenden la importancia real de los sonidos. En la etapa fonética, ellos estaban preocupados por las acciones físicas involucradas en la producción de los sonidos; en la etapa fono-ortográfica están más enfocados en los sonidos que resultan. Muchas de las equivocaciones de los niños al escribir muestran cómo ellos exageran sus generalizaciones acerca de las relaciones entre el sonido y la escritura. Por ejemplo, ellos podrían deletrear todos los sonidos de /s/ con una *s* y usar la letra *c* para representar el sonido de /k/.

Buchanan anota que los estudiantes en la etapa fono-ortográfica han hecho dos descubrimientos importantes: un sonido puede ser representado por más de una letra, y el mismo sonido puede ser representado por letras diferentes o grupos de letras. Los escritores jóvenes en inglés comienzan a comprender que una letra como la *c* a veces representa el sonido de /k/, como en *candy* (dulce), y a veces representa el sonido de /s/, como en *center* (centro). Al mismo tiempo, un sonido como /f/ puede ser representado de modos diferentes: *f*, *ph*, y hasta *gh* al final de una palabra. Durante la etapa fono-ortográfica, puede ser que los estudiantes comiencen a usar la misma letra para cada sonido, pero luego avancen hacia la ortografía más convencional.

La escritura de Benita (ver figura 8–14) tiene muchas de las características de la etapa fono-ortográfica. Por ejemplo, ella escribe *phone* (teléfono) como "*fon*". Tanto la *ph* como la *f* pueden representar el sonido de /f/. Benita aún no sabe cuál de las dos ortografías usar. Ella elige la opción más común: *f*. Ella puede haber sido influenciada por su conocimiento del español. Benita también escribe la palabra *so* (para / entonces) como "*sow*". De nuevo, ella sabe que el sonido largo de *o* puede ser deletreado de modos diferentes, pero todavía no sabe cuál opción ortográfica debe usar. Del mismo modo, deletrea *know* (saber) como "*now*", excluyendo la *k* muda. Ella también comienza a ser consciente de la *e* muda final. Añade innecesariamente una *e* para *can* (puedo) en una ocasión. La escritura de Benita todavía muestra algunos rasgos de la etapa fonética avanzada. Ella no ha entendido cómo usar todas las vocales y aún usa el deletreo del nombre de la letra, como en "*mi*" por "*my*".

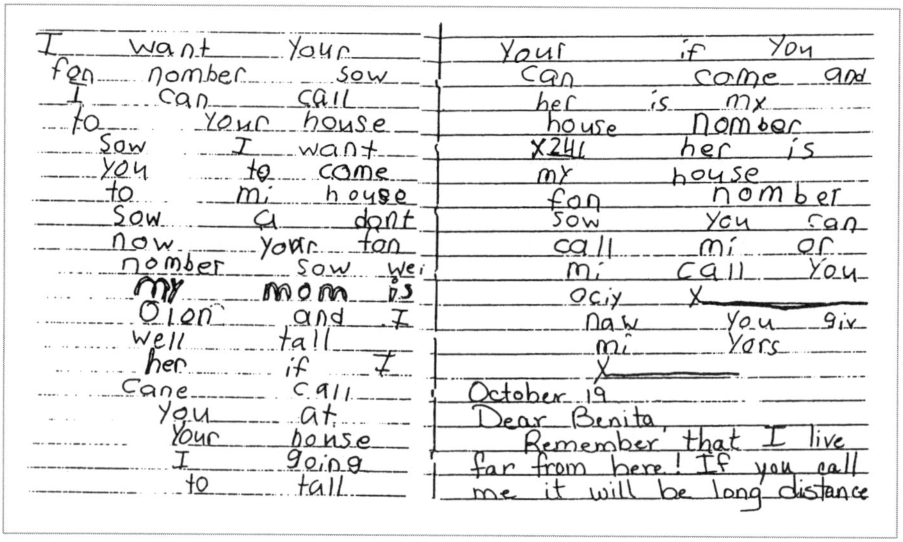

FIGURA 8–14. La escritura de Benita

Otro buen ejemplo de la etapa fono-ortográfica proviene de Kelly, una estudiante de primer grado, que es nuestro único ejemplo de un estudiante nativo de la lengua inglesa (ver figura 8–15). Su historia tiene mucha ortografía convencional, pero ella todavía tiene que resolver cómo representar ciertas vocales. Por ejemplo, Kelly escribe *town* (pueblo) como *"tone"* y *they* (ellos) como *"thea"*. El dígrafo *ea* puede tener el sonido de /ey/, como en *steak* (bistec), pero esa ortografía no se usa al final de una palabra para representar el sonido largo de la *a*. Por otra parte, ella usa la letra *a* para el sonido largo en *great* (maravilloso) donde ella debería haber usado *ea*. Además, ella asume que *little* (pequeño) deber ser deletreado como suena, *"littel"*, con la vocal antes de la consonante final. Con más práctica en lectura

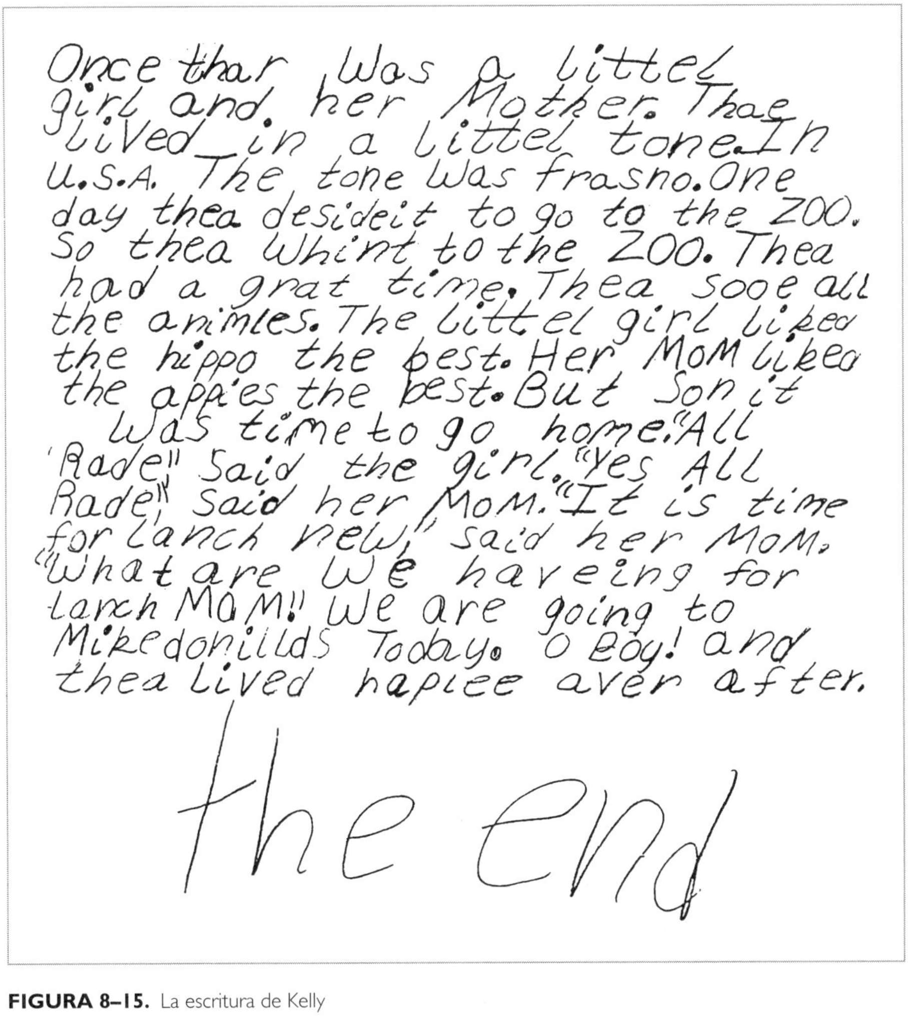
Once thar Was a littel
girl and her Mother. Thae
liVed in a littel tone. In
U.S.A. The tone Was frasno. One
day thea desideit to go to the ZOO.
So thea Whint to the ZOO. Thea
had a grat time. Thea sooe all
the animles. The littel girl liked
the hippo the best. Her MoM liked
the appes the best. But Son it
Was time to go home. "All
Rade" Said the girl. "Yes All
Rade" Said her MoM. "It is time
for lanch new," said her MoM.
"What are We haveing for
lanch MOM!" We are going to
Mikedonillds Today. O Boy! and
thea lived hapiee aver after.

the end

FIGURA 8–15. La escritura de Kelly

y escritura, Kelly comenzará a controlar algunas de estas convenciones, y, como la protagonista de su historia, vivirá "*haplee aver after*" (feliz para siempre).

Los estudiantes de una clase de doble inmersión demuestran el desarrollo de la escritura en ambas lenguas. Alexis, una alumna del segundo grado cuyo primer idioma es el español, escribió sobre ir a *Sea World* tanto en inglés como en español. Su escritura en inglés tiene algunos errores predecibles, típicos de un estudiante en la etapa fono-ortográfica (ver figura 8–16). Ella omite la *h* en *Wen* (*when*: cuando), que se refleja en su probable pronunciación de la palabra. Ella invierte la *o* y *r* en *wrold* (*world*: mundo). Puede que Alexis confíe en su memoria visual que hay una *o* en la palabra. Del mismo modo, omite la *e* antes de la *r* en *suumr* (*summer*: verano) y dobla la *u*. Ella usa la *f* para la *ph* en *dolfins* (*dolphins*: delfines), un error común para los nativos hispanohablantes, y omite la *r* en *shaks* (*sharks*: tiburones). Finalmente, pone solo una *m* en *swiming* (*swimming*: nadando). Esto también puede reflejar su conocimiento del español, ya que en este no se doblan consonantes para señalar sonidos vocálicos cortos mientras el inglés sí lo hace. A pesar de estos errores, la mayor parte de las palabras son deletreadas convencionalmente y el mensaje es fácil de leer.

Otra alumna bilingüe, Citlaly, de siete años, también escribe tanto en español como en inglés. En el inglés que escribe también muestra ciertos errores predecibles (ver figura 8–17). Ella experimenta, de varias formas, con la ortografía de las vocales

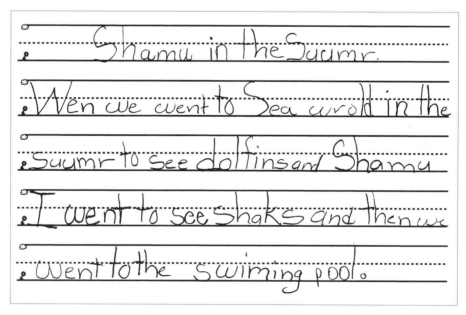

FIGURA 8–16. La escritura de Alexis en inglés

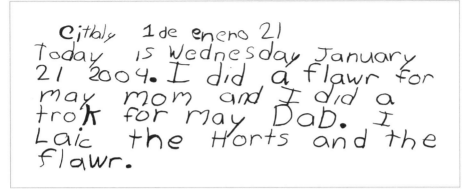

FIGURA 8–17. La escritura de Citlaly en inglés

largas en palabras como *flawr* (*flower*: flor), *may* (*my*: mi) y *laic* (*like*: gusta). Los sonidos vocálicos largos pueden ser representados por combinaciones de letras diferentes en inglés, y los estudiantes tardan un poco para desarrollar la ortografía convencional de estos sonidos. Citlaly también sustituye *ea* por la *o* antes de la *r* en *hearts* (corazones). A menudo, los escritores jóvenes tienen dificultad en decidir sobre la ortografía correcta de las vocales antes de la *r*. Además, la combinación de *ea* es usada rara vez en inglés para representar el sonido que tiene en *heart* (corazón). Más comúnmente, *ea* antes de la *r* tiene el sonido que se escucha en *bear* (oso) o *dear* (querida). Aunque ella todavía tenga que resolver el deletreo de las vocales, Citlaly está en una etapa fono-ortográfica en la ortografía de inglés.

 ## La escritura de nivel 5

La etapa final que identifican Ferreiro y Teberosky es el nivel 5. En esta etapa, los niños perfeccionan su hipótesis alfabética. Ellos usan consonantes y vocales para representar todos los sonidos en cada palabra más consistentemente. El nivel 5 es el equivalente a la etapa fono-ortográfica de Buchanan. La mayoría de las palabras son deletreadas convencionalmente. Los errores surgen cuando los escritores jóvenes tienen dificultad con los diferentes modos de deletrear un sonido. Por ejemplo, un escritor no podrá estar seguro de si hay que usar la *s* o la *z* en la palabra *mesa*.

Alexis, cuya escritura en inglés acabamos de analizar, también escribió sobre su viaje a *Sea World* en español (ver figura 8–18). Ella invierte las letras en *wrold* (*world*: mundo), quizás apoyándose en la ortografía del inglés. La mayor parte de sus otros errores resultan de una confusión entre las letras *b* y *v*, dos sonidos que

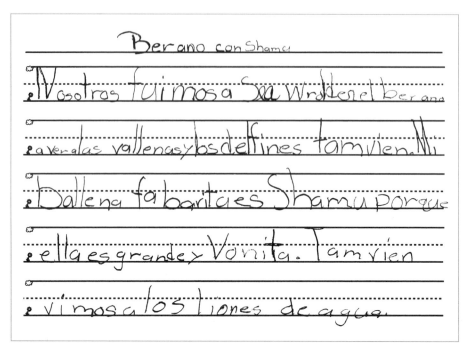

FIGURA 8–18. La escritura de Alexis en español

son muy parecidos en la pronunciación en español. Ella sustituye la letra *v* por la letra *b* en *berano* (verano) y *faborita* (favorita). Ella sustituye la letra *b* por la letra *v* en *vallenas* (ballenas) una vez y luego la deletrea correctamente con una *b*. También usa la *v* en *tamvien* (también) y *vonita* (bonita). Su deletreo de *leones* como *liones* puede reflejar la influencia del inglés. Alexis también omite tildes, que es común. Ella deletrea la mayoría de las palabras correctamente, pero todavía tiene problemas con algunas letras que podrían representar el mismo sonido o uno muy parecido.

Citlaly también escribe en el nivel 5 en español (ver figura 8–19). Como en inglés, sus errores son predecibles. Ella sustituye la *c* con la *s* en *parsialmente* (parcialmente), la *b* con la *v* en *vien* (bien) y la *c* con *s* en *haser* (hacer). Ella tiene dificultad para deletrear la palabra para *first* (primera) en *first communion* (primera comunión). Ella la deletrea como *primes* en lugar de la palabra convencional, *primera*. La maestra de Citlaly, Delia, supuso que ella pudo estar pensando en hacer la comunión por primera vez y luego combinó las dos palabras (*primera* y *vez*). A pesar de estos errores, su escritura en español es completamente avanzada para una estudiante en el mes de marzo de su año de primer grado.

Un ejemplo encantador de las características del nivel 5 proviene de Ana, terminando su año escolar de kínder (ver figura 8–20). Hay todavía algunos problemas

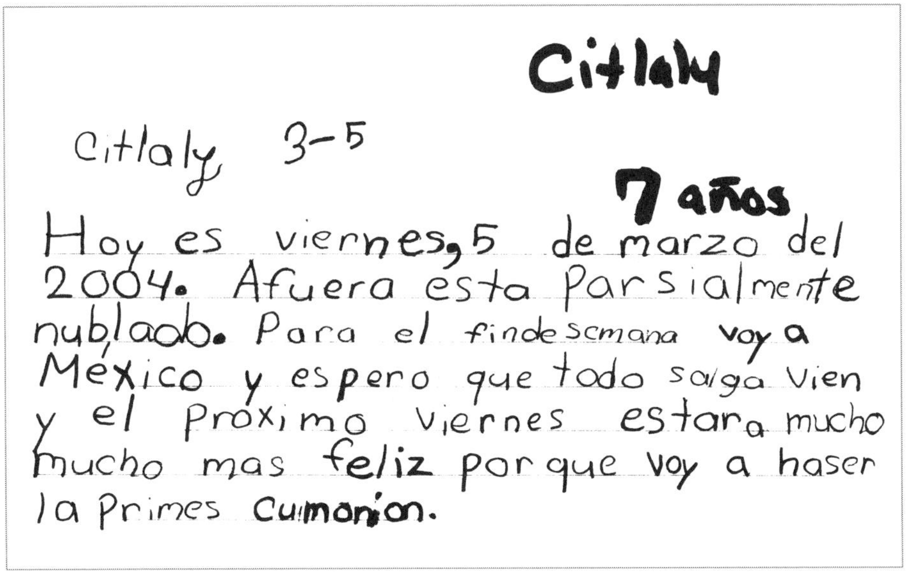
Citlaly

Citlaly 3-5

7 años

Hoy es viernes, 5 de marzo del 2004. Afuera esta parsialmente nublado. Para el findesemana voy a México y espero que todo salga vien y el próximo viernes estara mucho mucho mas feliz porque voy a haser la primes cumonion.

FIGURA 8–19. La escritura de Citlaly en español

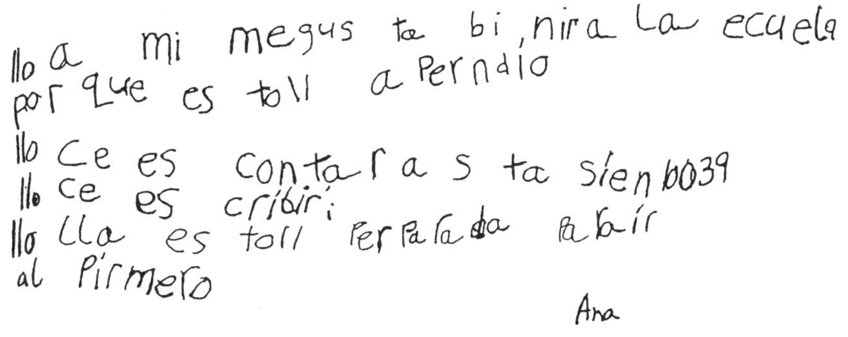
llo a mi megus ta bi, nira la ecuela
por que es toll a pernd io
llo ce es con ta r a s ta sien b039
llo ce es cribir;
llo lla es toll perpa ra da pa ir
al pirmero

Ana

Español convencional
Yo a mí me gusta venir a la escuela
porque estoy aprendiendo
Yo sé es contar hasta cien
Yo sé escribir
Yo ya estoy preparada para ir al primero

FIGURA 8–20. La escritura de Ana

con la separación de palabras, aunque tenga un buen sentido de los límites de las sílabas. Por ejemplo, ella escribe *"megus ta bi nira"* por *me gusta venir*. Casi todos sus errores de ortografía son representaciones alternativas de un sonido particular. Ella constantemente representa el sonido de /y/ con *ll* cuando la convención requiere una *y*. También sustituye la *v* por la *b* en *venir*, la *s* por *c* en *sé* y la *c* por la *s* en *cien*. Ana está, en efecto, "preparada para ir al primero".

Estrategias para la etapa fono-ortográfica

Los maestros pueden ayudar a los niños que se han movido a la etapa fonoortográfica poniéndoles a buscar palabras que sigan un cierto patrón de ortografía con el cual ellos tienen dificultad. Un niño podría hacer una lista de palabras en inglés en las cuales el dígrafo *ea* tiene el sonido largo de *e /i/*, como en *tea* (té). Un buen modo de promover en los niños una mayor conciencia sobre un patrón ortográfico es presentar una palabra clave y escribirla en papel periódico, para luego invitar a los niños a que añadan otras palabras que sigan el mismo patrón. Por ejemplo, un maestro podría comenzar con la palabra *tea* (té), y luego los niños podrían añadir otras palabras que encuentren cuando estén en sus actividades de lectura y escritura.

Es especialmente útil hablar con los estudiantes sobre la idea de que un sonido se puede representar por más de una letra o combinación de letras, y una letra o combinación de letras pueden representar sonidos diferentes. Los maestros pueden invitar a los niños a que hagan sus hipótesis y luego que recojan y clasifiquen palabras para comprobarlas. Por ejemplo, un maestro podría pedir a los niños que busquen palabras que tengan la combinación *ea* y que clasifiquen sus palabras por los diferentes sonidos asociados con el dígrafo. Entonces los estudiantes podrían tratar de formar una regla para explicar los patrones que pueden observar.

Actividades similares se pueden usar con los hispanohablantes nativos. Los estudiantes podrían organizar sus muros de palabras, donde los maestros y los estudiantes pongan palabras, por ejemplo, que se terminen en *ción*, como *nación* y *canción*. También pueden usar palabras que son problemáticas por su ortografía, incluso palabras con *v* y *b*, como *ver* y *bonito*; palabras que comienzan con la *h* muda, como *hay*; palabras con *y* y *ll*, como *ayer* y *ella*; y palabras con *c* y *s* como *cien* y *sé*.

Los libros de alfabeto para estudiantes mayores también se pueden usar. Estos les ayudarían a enfocarse en estos tipos de problemas de la ortografía, además de promover el juego con el lenguaje y la creatividad. Por ejemplo, la publicación venezolana *ABC* (Sempere 1987) es un libro ilustrado de alfabeto de animales que usa la aliteración. Para la letra *v*, que causa tanta confusión ortográfica con la *b*, el autor escribe:

A volar me llevó el viento

y todo chiquito lo vi:

veinte ovejas, diez venados

y una vaca con violín. (3)

Los estudiantes pueden escribir sus propios versos alternativos y compartirlos con sus compañeros de clase.

Cada página de *De la A a la Z por un poeta* (del Paso 1990), un libro de poesía de alfabeto en español apropiado para estudiantes más grandes, ofrece a los estudiantes ejemplos de la relación entre los sonidos, la ortografía y el significado. Por ejemplo, una parte de la página sobre la letra *h* dice: "La *H* no suena en 'hilo' ni en 'hombre' . . . Mas tú la puedes hallar—y aunque te diga que es muda—incluso en el verbo 'hablar'". Del mismo modo, una parte del poema de la letra *d* indica que:

La *d*, ya lo verás,

un tanto desordenada:

está en todo y está en nada,

está delante en detrás. (8)

Otro complejo libro de alfabeto para estudiantes más grandes que podría apoyar el desarrollo de la ortografía es el libro onomatopéyico de cuentos *Carlota, reina de las letras, o El rapto de la ñ* (Monreal 1995). La historia comienza durante una noche tempestuosa con dos sonidos con los que empieza el alfabeto: "Una sombra apareció repentinamente invadiendo la habitación.—¡Ahhh!—gritó Carlota. El susto de Carlota estalló junto con el trueno: —¡¡Braum!!" (2). Más tarde la letra *ñ* entra en escena. "¡Ohhh! ¡¡¡Es la ñ!!!"—dijeron asombrados Oscar y Carlota al tiempo. "Te estábamos buscando". "¡Niño pequeño! ¡Pequeña niña! Añoraba compañía y cariño". Los estudiantes podrían escribir historias similares usando las letras del alfabeto para jugar con los sonidos y la ortografía.

El alfabeto proporciona un esquema organizativo natural para los libros hechos por los niños en la clase. Los maestros pueden comenzar por leer un libro de alfabeto relacionado con el tema del área de contenido que estén estudiando o para reforzar conceptos importantes como la cultura. Un libro de alfabeto favorito es el de Alma Flor Ada *Gathering the Sun* (Recogiendo sol) (Ada 1997b), con ilustraciones coloridas por Simón Silva. Este libro bilingüe tiene un poema en inglés y uno en español para cada letra del alfabeto. Los poemas se centran en objetos y acontecimientos de la vida de los trabajadores migratorios. La página de la *d*, por ejemplo, tiene un poema sobre "Duraznos" y las páginas de la *c* y la *ch* conmemoran la vida de César Chávez. La poesía de Ada y el arte de Silva ayudan a los lectores a entender y respetar la vida de los hispanos cuyas raíces son mexicanas y cuya subsistencia viene de la tierra. Después de leer y discutir los poemas, los estudiantes pueden hacer sus propios libros bilingües de alfabeto que reflejen su cultura.

Durante la exploración del tema del océano ampliado, Francisco leyó *The Ocean Alphabet Book* (El libro del alfabeto del océano) (Pallotta 1986b), con sus alumnos de tercer grado. Cada página de este libro presenta un animal del océano. Por ejemplo, la página de la *j* dice: "*J is for jellyfish. Jellyfish are soft, gooey and see-through. Their dangling arms can sting if you touch them*" (La jota es para *jellyfish* [medusa]. Las medusas son suaves, fangosas, transparentes. Sus brazos pendientes te pueden picar si los tocas) (10). En grupos pequeños, los estudiantes de Francisco usaron este libro como un recurso para las investigaciones sobre diferentes animales del océano. Como proyecto final de su unidad del océano, los estudiantes decidieron hacer su propio libro de alfabeto del océano. Ellos siguieron el modelo del libro de Pallotta; hablaron de qué animal del océano iban a poner en cada página; hicieron dibujos de los animales del mar y luego escribieron lo que ellos habían aprendido sobre cada criatura del océano; y por último, leyeron su libro a la clase. Este se convirtió en un recurso favorito en la biblioteca de la clase de Francisco. Al mismo tiempo, por ser un libro de alfabeto, proporcionó un repaso de todas las letras del alfabeto y sus sonidos. Cuando los estudiantes buscaban animales específicos en su libro, también practicaban sus habilidades con el alfabeto.

Otro libro de alfabeto fascinante para estudiantes más grandes es *The Butterfly Alphabet* (El alfabeto de mariposas) (Sandved 1996). El autor, Kjell Sandved, pasó más de veinticinco años fotografiando mariposas cuyos patrones de sus alas tienen las letras del alfabeto. Cada página es una fotografía cercana de un ala con el nombre de la mariposa, y al final del libro el autor incluye información adicional sobre cada mariposa. El texto en cada página es un poema de dos líneas que riman con la palabra clave resaltada con el color del ala de la mariposa que se presenta. Los libros como *The Butterfly Alphabet* no solo amplían el vocabulario de los estudiantes, sino que también les ayudan a pensar en las palabras que tienen los mismos sonidos finales aun cuando su ortografía es diferente. Por ejemplo, para la página que muestra el ala de la mariposa que se parece a la letra *n*, Sandved escribe: "*Butterflies enchant the ho<u>urs</u> / sipping* nectar *from the flow<u>ers</u>*" (Las mariposas encantan las horas / bebiendo a sorbos el néctar de las flores) (27). En este ejemplo, los estudiantes ven dos patrones distintos para la ortografía de un solo sonido: "*our*" y "*ower*". De igual manera, en la página de la letra *t*, el autor escribe: "*Nature's angels fill the sk<u>ies</u> / In* twinkling *butterfly disgu<u>ise</u>*" (Se llenan los cielos con ángeles de la naturaleza / con disfraz de centelleo de mariposa) (39). Este libro ofrece dos modelos para un libro de alfabeto de grupo o de una clase: los estudiantes pueden escribir la poesía para cada letra alrededor de algún tema y/o ellos pueden destacar ciertas palabras dentro de sus poemas. Cuando los estudiantes crean sus libros, siguen desarrollando su conocimiento del contenido, junto con una mayor conciencia de las letras del alfabeto y de los diferentes patrones de ortografía asociados con varios sonidos. Ver la figura 8–21 en la que se presenta una lista de libros de alfabeto para estudiantes más grandes.

El mejor modo de ayudar a los estudiantes que están en esta etapa a avanzar es darles el tiempo necesario para leer y escribir. Los juegos de palabras, la diversión con palabras y sonidos y las actividades anteriormente descritas pueden ayudar a los estudiantes a desarrollar la conciencia sobre los patrones de la ortografía. Sin embargo, muchos de estos conocimientos son un resultados subconsciente que los niños desarrollan por medio de su lectura y escritura. Entre más interés muestran los maestros por las palabras y la ortografía, más tienden los niños a de-

Ada, Alma F. 1997. *Gathering the Sun*. New York: Lothrop, Lee and Shepard.

Alshalabi, Firyal M. 1995. *Ahmed's Alphabet Book*. Kuwait: Rubeian.

Calmenson, Stephanie. 1993. *It Begins with an A*. New York: Scholastic.

Cassen Mayers, Florence. 1990. *The Wild West*. New York: Harry N. Abrams.

Chin-Lee, Cynthia, and Terri de la Peña. 1999. *A es para decir América*. New York: Orchard.

del Paso, Fernando. 1990. *De la A a la Z por un poeta*. México, DF: Grupo Editorial Diana.

Drew, David. 2000. *Food Alphabet*. Big book ed. Crystal Lake, IL: Rigby.

Drucker, Malka, and Rita Pocock. 1992. *A Jewish Holiday ABC*. New York: Trumpet.

Monreal, Violeta. 1995. *Carlota, Reina de las letras*. Madrid, Spain: Grupo Anaya.

Pallotta, Jerry. 1986a. *The Icky Bug Alphabet Book*. New York: Scholastic.

———. 1986b. *The Ocean Alphabet Book*. New York: Trumpet.

———. 1993. *The Extinct Alphabet Book*. New York: Scholastic.

———. 1996. *The Freshwater Alphabet Book*. New York: Trumpet.

Pratt, Kristin J. 1993. *Un paseo por el bosque lluvioso/A Walk in the Rainforest*. Nevada City, CA: Dawn.

Samoyault, Tiphaine. 1998. *Alphabetical Order: How the Alphabet Began*. New York: Viking.

Sandved, Kjell B. 1996. *The Butterfly Alphabet*. New York: Scholastic.

Singer, Arthur. 1973. *Wild Animals: From Alligator to Zebra*. New York: Random House.

Wilbur, Richard. 1997. *The Disappearing Alphabet Book*. New York: Scholastic.

FIGURA 8–21. Bibliografía de libros de alfabeto para estudiantes más grandes

sarrollar un interés similar, especialmente si el maestro adopta el enfoque en el cual la ortografía vale la pena investigarla, en lugar de memorizarla. El libro *Essential Linguistics* (Freeman y Freeman 2004) ofrece otras ideas adicionales para facilitar que los estudiantes investiguen el lenguaje y descubran los patrones de la ortografía.

 ## La etapa sintáctica-semántica

Buchanan añade una etapa adicional en el desarrollo de la ortografía del inglés. En la etapa sintáctica-semántica, los niños se hacen cada vez más conscientes de que los sistemas ortográficos reflejan mucho más que solo sonidos. La ortografía también está formada por la sintaxis y el significado. Los estudiantes en esta etapa deletrean la mayor parte de las palabras correctamente, pero podrían tener problemas con palabras homófonas u homógrafas. Por ejemplo, puede que un estudiante confunda las palabras *your* (su/tu) y *you're* (usted es/tú eres), o *there* (allí), *their* (su) y *they're* (ellos son/están). Las lecciones que mezclan estas palabras similares parecen que solo confunden a los estudiantes. Normalmente, las palabras aparecen en contextos diferentes y los estudiantes hacen todo lo posible para usar la información sintáctica y semántica para decidirse por cuál forma escoger.

Los estudiantes que han alcanzado esta etapa se benefician más con el incremento de la lectura y la escritura. Sin embargo, también pueden hacerse más conscientes de la ortografía investigando las historias de las palabras. Muchos estudiantes también disfrutan de los juegos de palabras, que se basan en su mayoría en el uso de palabras homófonas u homógrafas. Si los estudiantes mantienen un interés constante en las palabras, comienzan a escribir de una forma más convencional. Además, en esta etapa, los estudiantes escriben a menudo para audiencias más amplias y son más conscientes de la necesidad de moverse hacia la ortografía convencional con el fin de comunicarse con eficacia.

 ## Conclusión

En este capítulo y en el anterior, hemos considerado las etapas del desarrollo de la escritura en español y en inglés. Cuando los maestros son conscientes de estas etapas, ellos pueden apoyar mejor a los jóvenes escritores. Un buen ejemplo de la importancia del conocimiento del maestro sobre el desarrollo de la escritura proviene de Manuel, un estudiante de segundo grado, recién llegado de México. La clase de Manuel había estado estudiando una unidad de animales. A continuación, se encuentra una lista de las diez palabras con ortografía inventada por Manuel, después de un dictado (en paréntesis) hecho por su maestra.

1. an (*animal*: animal)
2. bs (*birds*: aves)
3. bn (*bison*: bisonte)
4. fs (*feathers*: plumas)
5. fs (*furs*: pieles)
6. gn (*gone*: ido)
7. kl (*kill*: matar)
8. ls (*laws*: leyes)
9. on (*ocean*: océano)
10. ps (*plants*: plantas)

Lamentablemente, la maestra de Manuel no estaba informada sobre el desarrollo de la escritura y no reconoció que Manuel estaba en la etapa fonética inicial. Ella marcó todas las respuestas como incorrectas ya que estas no fueron deletreadas convencionalmente. Como podemos ver, Manuel representó los sonidos iniciales y finales de la mayoría de estas palabras correctamente. Su ortografía se desarrollaba bastante bien para alguien que apenas estaba aprendiendo inglés. Por suerte, su maestra practicante, Denette, que en ese momento estudiaba la escritura emergente, reconoció las fortalezas de Manuel. Denette fue capaz de indicar a la maestra que Manuel desarrollaba hipótesis importantes sobre la ortografía del inglés y sugirió actividades que le ayudarían a seguir moviéndose hacia la ortografía convencional.

Además de estar informados sobre el desarrollo normal de la escritura, es importante que los maestros ayuden a los estudiantes a desarrollar la confianza en sí mismos sobre su capacidad de comunicarse por medio de la escritura. Terminamos este capítulo con un ejemplo de la clase de Katie. Esta maestra enseña a estudiantes de "transición". Estos son estudiantes que han pasado por el kínder, pero no están todavía listos para el primer grado. Muchos de ellos están aprendiendo inglés como segunda lengua.

Katie es una maestra maravillosa. Hace que los estudiantes escriban todos los días. Ellos leen sus mensajes a Katie y ella les escribe una respuesta para modelar la ortografía convencional. Hay letra impresa por todo el salón. Katie no solo ayuda a sus estudiantes a desarrollar sus capacidades de escritura, sino que también promueve su confianza como escritores.

La figura 8–22 es un ejemplo de la escritura de Linda. Ella realizó un dibujo sobre ella misma y dos de sus amigas. Ella escribió sus nombres en los pupitres, y luego escribió un mensaje para Katie. Linda está en la etapa de la fonética avanzada ya que ella representa tanto consonantes como vocales y también se concentra en

FIGURA 8–22. La escritura de Linda

la producción de sonido. Por ejemplo, ella usa "*kt*" para el *gd* de *good* (bien). El sonido de la *k* como el sonido de la *t* se produce en el mismo lugar en la boca que el de la *g* y la *d*. Cuando Linda leyó el mensaje, Katie escribió las palabras bajo la ortografía de Linda. Ella deja claro que valora la ortografía correcta y se valora a sí misma como una escritora. Esta es la lección más importante que un escritor joven podría aprender.

 ## Aplicaciones

1. Recoja una muestra de escritura en español y en inglés de tres o cuatro niños de primer grado. La escritura debe ser una historia o un resumen de algo que ellos hayan aprendido. Compare las muestras de escritura como se compararon los textos sobre los dinosaurios a principios del capítulo. ¿Qué puede decir sobre las fortalezas y necesidades de cada escritor?

2. Recoja una muestra de escritura en español y una en inglés de un niño, desde primero al quinto grado. Si la escritura del estudiante no es fácil de leer, escriba al lado del texto lo que el estudiante quiso decir. Analice las muestras de escritura usando las etapas y los niveles descritos en el capítulo. Prepárese para compartir las muestras y su análisis.

3. En este capítulo había una discusión acerca de diferentes libros de alfabeto y cómo se pueden utilizar. Traiga a la clase dos o tres libros de alfabeto y comparta con un grupo de colegas cómo estos libros podrían apoyar al estudiante en su aprendizaje.

4. Denette descubrió que el estudiante que tomó la prueba de ortografía realmente entendía algunos rasgos de la ortografía en inglés. El estudiante podía oír y escribir los sonidos iniciales y finales. Traiga algunas muestras de escritura de niños a los que usted haya visto hacer lo mismo en español o en inglés para que las analice con sus compañeros de clase.

5. En la clase, realice una lluvia de ideas sobre las palabras que tienen diferentes sonidos asociados con una sola ortografía en inglés (como *ea*) y palabras con ortografía diferente para un solo sonido en español (como *ll* o *y*).

La enseñanza temática para desarrollar la lectoescritura en dos idiomas

En clases bilingües y de doble inmersión, los maestros que se apoyan en sus principios ayudan a todos sus estudiantes a desarrollar la lectura y la escritura en dos idiomas. Ellos mantienen centrada la enseñanza en de lectoescritura como construcción de significado. Estos maestros adaptan la enseñanza para ser consistentes con el modelo de transferencia gradual de la responsabilidad. Entienden los procesos normales del desarrollo de la lectura y la escritura, y apoyan a sus estudiantes a medida que se van convirtiendo en usuarios eficientes de dos idiomas.

Estos maestros bilingües también tienen claro que la mejor manera de aprender la lengua es a través de la exploración de las grandes preguntas que tengan sus estudiantes, utilizando los recursos de las diversas áreas de contenido. Ellos enseñan la lengua a través del contenido académico y organizan su plan de estudios alrededor de temas integrados, relacionados con los estándares de contenido. Los maestros creativos pueden involucrar a los estudiantes bilingües en proyectos de investigación, incluso cuando los distritos escolares asignan por ley el uso de las series básicas de lectura.

Una ventaja de organizar la enseñanza alrededor de temas en las clases bilingües es que se estudian los mismos conceptos académicos en cada una de las lenguas. El contenido no se repite, pero un concepto que se introduce en una lengua se desarrolla más a fondo a medida que los estudiantes continúan su estudio en la segunda lengua. La enseñanza temática proporciona una secuencia natural mediante las estrategias de vista previa (*preview*), exploración (*view*) y repaso (*review*) porque el mismo tópico o tema se desarrolla en cada lengua y en cada materia.

Los estudiantes tienen una vista previa de un tema cuando lo estudian en su lengua materna. Ellos exploran el tema más a fondo cuando se amplía en una lección en su segunda lengua. Por último, repasan el tema cuando se discute otra vez en una lección más tarde en su lengua materna. Cuando el plan de estudios se integra de esta manera, todos los estudiantes pueden desarrollar altos niveles de lectoescritura y aprender el contenido académico en dos idiomas (Freeman y Freeman 2005).

En este capítulo describimos lecciones que provienen de dos maestros que organizan su plan de estudios alrededor de temas para proporcionar una técnica natural con las estrategias de vista previa, exploración y repaso (*preview, view y review*). Estos maestros combinan actividades de lectura y escritura para ayudar a todos sus estudiantes a alcanzar altos niveles de la lectoescritura en dos idiomas.

 ## Del campo a la mesa

Rosa enseña segundo grado en un salón bilingüe, en un distrito en el valle del río Grande en el sur de Texas. Sus estudiantes son casi todos latinos. Algunos tienen como lengua dominante el inglés, otros, el español. La mayoría de los estudiantes provienen de familias que están involucradas con la agricultura. Varios de ellos son de familias migratorias, que se mueven con las cosechas. Aunque la política del distrito es que los estudiantes hagan la transición al inglés antes del tercer grado, Rosa, que hace estudios de posgrado en educación bilingüe, entiende que cuanto más sólida sea la base que sus estudiantes tienen en su lengua materna, más eficientes serán en inglés. Rosa necesita darles a sus estudiantes una base consistente en su primera lengua y prepararlos también para los exámenes de alto impacto de tercer grado que presentarán el año siguiente en inglés.

Rosa trabaja con otras maestras de segundo grado en su escuela para asegurar que el contenido académico que ellas enseñan se desarrolle sobre los conocimientos previos de los estudiantes y se base en los estándares del estado. Un tema que las maestras han acordado trabajar se llama *Del campo a la mesa*. Este tema se relaciona con la vida de los estudiantes y abarca muchos de los estándares de los *TEKS*

(*Texas Essential Knowledge and Skills*) (conocimientos y habilidades esenciales de Texas). En los estándares para el área de lenguas de los *TEKS*, por ejemplo, se requiere que los estudiantes identifiquen preguntas relevantes para investigar, utilicen múltiples fuentes para recopilar información y lean e interpreten fuentes gráficas como cuadros, gráficas y diagramas. Se espera que los estudiantes escriban para registrar ideas, reflexionar y descubrir. Deben utilizar diversas formas de escritura, incluyendo hacer listas, tomar notas y demostrar relaciones a través de organizadores gráficos. Los *TEKS* de matemáticas requieren que los estudiantes midan y registren la información en gráficas. Según los *TEKS* de ciencias naturales, los estudiantes deben aprender sobre qué necesitan las plantas para crecer e identificar las funciones y las partes de estas. En los estándares de ciencias sociales, dos conceptos relevantes son la dependencia de los seres humanos del medio ambiente y la relación entre producción y consumo. Los *TEKS* de salud requieren que los estudiantes exploren los grupos de alimentos y los buenos y malos hábitos alimenticios. La tecnología aparece como un estándar separado, y los estudiantes deben incorporarla en su aprendizaje. Esto incluye buscar y leer información en Internet, escribir y redactar informes usando la computadora.

Rosa y las otras maestras repasan estos estándares y hacen una lluvia de ideas sobre las actividades que pueden usar para ayudar a los estudiantes a alcanzar estas metas. También deciden cuáles materiales compartirán mientras enseñan. Aunque cada maestra implementará el tema de forma distinta, este tiempo inicial de planeación, en el cual relacionan su enseñanza con los conocimientos previos de los estudiantes y los estándares de contenido, es esencial.

Las grandes preguntas

Rosa invita a sus estudiantes a hacer una lluvia de ideas sobre algunas grandes preguntas para investigar mientras realizan el estudio temático. En una transparencia ella enumera algunas de las grandes preguntas que plantean los estudiantes: ¿qué hace que una semilla se transforme en una planta?, ¿cuánto tiempo tardan las semillas para convertirse en plantas?, ¿cuáles plantas podemos comer?, ¿cómo se convierten las plantas que cosechamos, por ejemplo el trigo, en alimentos como el pan?, ¿qué hace que un alimento sea sano o perjudicial?

Una vez que la clase ha identificado varias grandes preguntas, Rosa realiza una actividad diseñada para descubrir lo que ya saben sus estudiantes sobre las semillas. Durante la clase de ciencias naturales, les muestra un frasco grande de semillas y pregunta: "¿Qué son estas cosas en el frasco?". Sus estudiantes contestan con entusiasmo: "¡Semillas! ¡Pepitas!". Entonces Rosa les pregunta si pueden identificar cualquiera de las semillas: "¿Reconocen algunas de estas semillas?". Algunos niños reconocen el maíz; otros reconocen el fríjol, la calabaza y la sandía. Algunos niños incluso reconocen las semillas de la lechuga y las semillas del chile, explicando que sus madres plantan esas semillas en su huerto familiar.

El crecimiento de la semilla

En la clase de español, Rosa lee cuatro libros ilustrados cortos: *Semillas y más semillas* (Cutting y Cutting 1995), *¿Qué sale de las semillas?* (Kratky 1995c), *Plantas y semillas* (Walker 1995c) y *De las semillas nacen las plantas* (Lucca 2003). Estos libros con poco texto muestran diversas clases de semillas y las plantas que crecen de ellas. Rosa les pide a los estudiantes que formen grupos de cuatro. Los estudiantes juntan sus pupitres y ella le da a cada grupo una bolsa de plástico que contiene una variedad de semillas. Ella les dice: "Pongan las semillas que son iguales juntas". Los niños agrupan las semillas similares y hablan de las semillas mientras trabajan. Cuando terminan, Rosa pone otra transparencia sobre el proyector. Ella dibuja un círculo en el centro y en él escribe "semillas". Entonces ella pregunta a los estudiantes si pueden identificar algunas de las semillas en su bolsa de plástico. Comienza con un grupo que sabe cuáles son las semillas de la lechuga. Rosa dibuja una línea desde *semillas* y hace un círculo más pequeño en el cual escribe "lechuga". Cada grupo identifica un tipo de semilla. La semilla más difícil para identificar es la semilla minúscula de la zanahoria. Mientras que cada grupo responde, Rosa agrega la información a la gráfica.

Durante la clase en inglés, Rosa lee unos libros adicionales acerca del crecimiento de las plantas. Comienza con *Growing Colors* (Cultivando colores) (McMillan 1988), un libro de fotografías coloridas que muestran varias frutas y vegetales. Los estudiantes y la maestra identifican las plantas y hablan de sus colores, sus formas y sus texturas. Deciden, por ejemplo, que una naranja es redonda, anaranjada y desigual en su superficie; una mazorca es larga, ovalada y desigual en su superficie; y las frambuesas y las zarzamoras son rojas, negras, ovaladas o redondas, y espinosas. Rosa escribe algunas de estas palabras descriptivas en el pizarrón.

Después, ella reparte una gráfica en blanco con la palabra *semilla* escrita en la parte superior de la primera columna y las palabras *color*, *textura* y *forma* encima de las otras columnas. Trabajando en sus grupos, los niños examinan las semillas otra vez. Escriben el nombre de cada tipo de semilla en la gráfica y después completan una descripción para cada clase de semilla.

Después de que cada grupo completa su gráfica, Rosa recoge las semillas y las gráficas. Ahora que los estudiantes han comenzado a desarrollar el vocabulario y los conceptos relacionados con las semillas, Rosa empieza la exploración del tema del crecimiento de la semilla. Ella lee *Growing Radishes and Carrots* (Cultivando rábanos y zanahorias) (Bolton y Snowball 1985), un libro animado de contenido e interactivo que pone en contraste cuánto tiempo toman los rábanos y las zanahorias para crecer. Este texto predecible proporciona información sobre el cuidado de las plantas y cómo se puede medir el crecimiento de estas. Rosa recuerda a su clase de una historia que leyeron juntos en el kínder, tanto en inglés como en español, *The Carrot Seed* (*La semilla de zanahoria*) (Krauss 1945, 1978). Esta es la historia de un niño que espera pacientemente que crezca su semilla de zanahoria a pesar de las dudas de su familia. Ella y sus estudiantes leen la versión del libro gigante, y hablan de cuánto tiempo toman las semillas de la zanahoria para crecer.

Al día siguiente, durante la clase de español, Rosa muestra otro libro gigante: *Una semilla nada más* (Ada 1990). Ella y sus estudiantes primero hablan de la portada, que muestra a un muchacho con una semilla y una azada en la mano. Los estudiantes predicen que él plantará la semilla y la cuidará. También hacen conjeturas sobre la clase de semilla que tiene. Un estudiante piensa que parece una semilla de girasol. Rosa lee el libro, y los estudiantes repiten al unísono la frase "Espérate y lo verás", mientras el muchacho espera con paciencia que crezca su semilla aunque los miembros de su familia lo duden. Con la ayuda de un pájaro, el muchacho cuida la semilla que se transforma en una planta grande. Los estudiantes de Rosa responden con mucha emoción cuando un girasol animado enorme aparece en las últimas páginas.

La historia es bastante parecida a *La semilla de zanahoria*. En cada historia hay un niño con una semilla y varios miembros de la familia que dudan que crezca. Sin embargo, también hay diferencias. Así que Rosa da a cada grupo un papel con un diagrama de Venn y les pide que anoten en qué se parecen las historias en la intersección de los círculos y en qué se diferencian en los círculos de los lados. Cuando acaban, comparten sus respuestas y Rosa hace un diagrama de Venn compuesto, usando el proyector.

Durante la clase de ciencias naturales, Rosa lee tres libros adicionales acerca del crecimiento de las plantas: *Las semillas crecen* (Walker 1995b), *¿Cómo crece una semilla?* (Jordan 1996) y *Pon una semilla a germinar* (Solano Flores 1988). Utilizando la información de estos libros, Rosa y los estudiantes enumeran los pasos que son necesarios para que una planta crezca desde una semilla. Entonces Rosa les pregunta a los estudiantes sobre el proyecto que sigue y ellos contestan: "¡Vamos a plantar semillas y cultivar plantas!".

Al día siguiente, Rosa desea repasar en inglés algunos de los conceptos importantes que los estudiantes han estudiado en español. Durante la clase de inglés, ella y sus estudiantes recitan el poema *Growing* (Creciendo) (Bogart 1995), que trata del crecimiento de un girasol. Luego les lee *I'm a Seed* (Soy una semilla) (Marzollo 1996), una historia contada desde el punto de vista de dos semillas diferentes que están creciendo, la de una flor y la otra de una calabaza. De nuevo, los estudiantes hablan de las etapas del crecimiento y también discuten sobre el recurso literario de la personificación, puesto que las semillas están hablando entre ellas. En grupos pequeños, los estudiantes escriben sus propias historias de la semilla. Eligen una semilla e imaginan que la planta habla sobre las etapas de su crecimiento. Para hacer esto, necesitan saber en qué se convierte la semilla y tener una idea de a qué se parece la semilla. También necesitan saber las etapas del crecimiento de las plantas. Rosa sugiere que utilicen las semillas de sus bolsas de plástico. Ella tiene libros alrededor del salón, así que los estudiantes pueden mirar imágenes de semillas y de productos de la semilla. Los grupos leerán sus historias a sus compañeros en la clase del día siguiente.

Más tarde, ese mismo día, Rosa recuerda a los estudiantes que van a sembrar sus propias plantas. Ella lee dos libros en inglés, *How Does It Grow?* (¿Cómo crece?) (Morrison 1998) y *Growing a Plant: A Journal* (Cultivando una planta: un diario) (Jenkins 1998). El primer libro explica cómo crece una planta. Muestra los pasos para hacer que las semillas broten. Contiene una descripción de un experimento que los estudiantes pueden hacer con las plantas para demostrar la absorción de la raíz. El libro también describe cómo crecen las semillas del fríjol. Rosa dice a los estudiantes que elegirán algunas semillas de sus bolsas de plástico y que las verán transformarse en sus propias plantas. Entonces Rosa lee la versión del libro gigante de *Growing a Plant: A Journal*, y los estudiantes discuten cómo llevarán un diario de la planta mientras sus semillas crecen. Rosa les da cartulina para hacer sus diarios.

Al día siguiente, en la hora de ciencias naturales en español, los estudiantes eligen sus semillas, envuelven sus semillas en toallas de papel mojadas y las ponen en bolsas de plástico. Rosa pide que algunos grupos pongan sus semillas en la repisa de la ventana donde recibirán los rayos del sol y que otros grupos pongan sus semillas dentro de los pupitres, en la oscuridad. Incluso otras semillas se meten en el refrigerador del salón de clases. Los estudiantes harán un experimento para descubrir cómo estas diversas condiciones afectarán el crecimiento de estas plantas.

Durante los días siguientes, los estudiantes registran en sus diarios en inglés la fecha y el número de días desde que la semilla fue puesta en la toalla de papel mojada. También hacen un dibujo para anotar en su diario cómo brotan las semillas. Además, anotan sus observaciones sobre el crecimiento de la planta. Después de varias semanas, miden el crecimiento de los brotes y los representan gráficamente, comparando el crecimiento en diversos ambientes: bajo el sol, en la oscuridad y en el frío. Los estudiantes de Rosa eventualmente plantan los brotes sanos en tierra para observar su crecimiento durante el mes que viene.

Lo que nos dan las plantas

Los estudiantes de Rosa han estado contestando a las preguntas: ¿qué hace que una semilla crezca en una planta?, ¿cuáles son las etapas del crecimiento de la planta? y ¿cuánto tiempo toman las semillas para transformarse en plantas? Rosa quiere avanzar al siguiente concepto principal y contestar las preguntas: ¿cuáles plantas podemos nosotros comer?, ¿y cómo se convierten las plantas que cosechamos, por ejemplo el trigo, en alimentos como el pan?

Ya que todos sus estudiantes son de México, Rosa comienza por leer *La tortillería* (Paulsen 1995a), un libro maravillosamente ilustrado y escrito también en inglés, *The Tortilla Factory* (Paulsen 1995b). También describe el ciclo de labrar la tierra, plantar el maíz, sembrar, cosechar y molerlo para hacer la masa, hacer las tortillas, comer las tortillas que fortifican el cuerpo y después plantar más maíz.

Rosa invita a sus estudiantes en los diferentes grupos a que dibujen un círculo en una hoja grande de papel y que planeen el diagrama de la historia como un ciclo, registrando los acontecimientos en secuencia, comenzando con "En la primavera la tierra negra es labrada por manos morenas que siembran semillas amarillas" (9 y 11). Esta actividad introduce el concepto esencial de los ciclos naturales. La gráfica ayuda a los estudiantes a entender cómo los acontecimientos en la historia comienzan y terminan en el mismo punto.

Para introducir poesía, Rosa lee *Songs to the Corn: A Hopi Poet Writes About Corn* (*Cantos al maíz: un poeta hopi escribe sobre el maíz*) (Lomatewama y Reyes 1997b) durante la clase de inglés. Este libro, que también está disponible en español (Lomatewama y Reyes 1997a), contiene una serie de poemas. Cada poema está acompañado de una explicación corta escrita por el autor, Ramson Lomatewama, un artista, maestro y poeta de la tribu hopi. Él cita hechos interesantes sobre la manera como el pueblo hopi considera el maíz y su importancia para la cultura. También explica las características de los poemas. Por ejemplo, después del primer poema, escribe que la "poesía no tiene que ser larga o elegante. Puede ser simple y corta, como este poema que demuestra cómo me siento sobre cada clase de maíz" (6). Rosa y sus estudiantes discuten por qué la gente escribe poemas y las diferencias entre la poesía y los cuentos. Durante la clase de ciencias naturales en español, los estudiantes miran un afiche que muestra cómo se siembra una semilla de maíz y cómo crece un tallo de maíz. Todas las partes de la planta están rotuladas. Usando el cartel como modelo, los estudiantes dibujan y etiquetan sus propios tallos del maíz. Mientras estos trabajan en sus grupos, Rosa escucha sus conversaciones sobre sus propias experiencias con maíz. Muchos de estos estudiantes han cosechado maíz o han ayudado a desvainar el maíz para ser molido y convertido en harina.

Durante los próximos días, los estudiantes leen libros acerca de otros productos que provienen de las plantas, incluyendo *Girasoles* (Boland 1998a), *Las diferentes cosas que vienen de las plantas* (Walker 1993b), *Alimento que obtenemos de las plantas* (Walker 1993a), *Plants We Use* (Plantas que usamos) (Shulman 2004a), *A Seed Is a Promise* (Una semilla es una promesa) (Merrill 1973) y *Crops* (Cosechas) (Ignacio 2000).

Con esta información como base, los estudiantes trabajan en parejas en la siguiente actividad. Eligen una planta y hacen una búsqueda por Internet para descubrir dónde crece la planta, cómo se cosecha y los productos que la planta produce. Las parejas investigan diversas plantas como el maíz, el algodón, las papas, las naranjas y el trigo. Los estudiantes se sorprenden al ver la variedad de productos que provienen de las plantas. El maíz les es especialmente interesante, así que Rosa lee *El maravilloso maíz de México* (González-Jensen 1997a). Este libro, que está también disponible en inglés, *Mexico's Marvelous Corn* (González-Jensen 1997b), habla de los muchos productos que vienen del maíz. Otro libro que Rosa utiliza es *El maíz* (Buckley 2002), también disponible en inglés como *Corn* (Buckley 2001). Este libro tiene fotografías claras que muestran cómo crece el maíz y también muestran los muchos productos que provienen de este, incluyendo el etanol y la gasolina. Los estudiantes de Rosa se sorprenden al descubrir que se utilizan muchas plantas comunes en diferentes productos.

Pan, pan por todas partes

De la discusión sobre los productos que vienen de las plantas, Rosa avanza a los conceptos relacionados con la salud. Ella comienza por preguntar a los estudiantes en inglés cuál es su desayuno preferido. Mientras los estudiantes responden voluntariamente, escribe las respuestas en una transparencia. Los estudiantes mencionan en voz alta muchas clases de desayunos, desde tacos con chorizo y huevo hasta crepas. Ella entonces les lee algunas páginas de *Good Morning, Let's Eat!* (¡Buenos días, a desayunar!) (Badt 1994), un libro acerca de lo que come la gente para el desayuno alrededor del mundo. Así pues, por ejemplo, Rosa lee que en Vietnam, el alimento para el desayuno más común es el arroz, mientras que en Israel el desayuno tradicional es queso, tomates, pepinos, ensalada, yogur y huevos hervidos. Mientras la clase habla de lo que come la gente en cada país, un estudiante registra las comidas en una tarjeta y después la pone al lado del país en el mapa del mundo que hay en el salón.

Rosa entonces pregunta a sus estudiantes: "¿Qué desayunaron esta mañana?". Los estudiantes enumeran lo que comieron. La lista incluye tacos, pan tostado, donas y cereal. Rosa entonces precisa que la gente come generalmente un cierto tipo de pan. Ella les muestra un afiche con el título *"Los panes del mundo"* (Scholastic 1993). Los estudiantes reconocen los panes dulces de Guatemala, el pan de Francia que llamamos el pan francés y los panes de hamburguesa. Piensan que el pan *nam* de la India se parece a las tortillas. La clase ubica en el mapa del mundo de dónde proviene cada clase de pan.

Después, Rosa lee el libro gigante *Bread, Bread, Bread* (Pan, pan, pan) (Morris 1989) y hace que los estudiantes busquen los países de donde provienen los diversos panes en el mapa. También lee *Pass the Bread!* (¡Pásame el pan!) (Badt 1995). Usando este libro, Rosa conduce a los estudiantes a una discusión sobre las diferencias entre los panes. Ella ayuda a los estudiantes a ver que algunos de los panes, al igual que las tortillas, son planos, mientras que otros son esponjados. Los estudiantes también precisan que algunos de los panes son hechos en casa mientras que otros se compran en las tiendas. Ciertos panes se utilizan para celebrar ocasiones especiales, como la rosca de reyes, que se come el 6 de enero en México para celebrar la llegada de los Reyes Magos.

Esta discusión lleva a Rosa a la siguiente actividad. Primero, ella y la clase leen en coro. Ellos recitan el poema *Tortillas* (González-Jensen 1994) en español. Entonces, Rosa muestra a los estudiantes tres diversas clases de pan: una tortilla de harina, una tortilla de maíz y un pan de hamburguesa. Ella pregunta a los estudiantes: "*¿En qué se parecen? ¿En qué se diferencian?*". Los estudiantes discuten en parejas y luego reportan sus comentarios. Precisan que las formas son iguales y que los tres son de un mismo tipo de pan. Sin embargo, los ingredientes son diferentes. También mencionan una idea que habían discutido anteriormente: las tortillas son planas, pero el pan de hamburguesa es una clase de pan esponjado porque contiene levadura. Una vez que los estudiantes mencionan la levadura, Rosa saca otro libro gigante, *Pan, pan, gran pan* (Cumpiano 1990). En esta historia dos niños ayudan a su abuela a hacer el pan, pero una lata grande de levadura cae accidentalmente en la masa. El resto de esta historia imaginativa tiene a los personajes, así como a la comunidad, intentando controlar el pan que se está extendiendo a través de la ciudad.

Este libro, que trata de diversos miembros de la comunidad como el policía y la maestra, introduce un tema sobre las ciencias sociales. Rosa continúa este tema, precisando cómo algunos panes, como las tortillas, se utilizan como un utensilio. Entonces ella lee la historia bilingüe chistosa *A Spoon for Every Bite/Una cuchara para cada bocado* (Hayes 2005), que trata de un hombre rico que se enfurece cuando sus vecinos pobres le dicen que conocen a un hombre tan rico que utiliza una cuchara diferente para cada bocado de alimento que toma. El hombre rico compra más y más cucharas y gasta toda su fortuna, solo para descubrir que el hombre pobre utiliza una tortilla como su cuchara, y así nunca utiliza la misma cuchara dos veces.

Ya que los estudiantes disfrutan tanto de este libro, Rosa lee otros dos libros. El primero, *Abuelito Eats with His Fingers* (Abuelito come con sus dedos) (Levy 1999), cuenta la conmovedora historia de una pequeña niña que llega a apreciar a su abuelo cuando descubre qué tan bien puede él dibujar. Ella hace las tortillas con la ayuda de su abuelo y se maravilla al descubrir que él también come las tortillas con sus dedos como ella lo hace. Esta historia genera una discusión sobre la importancia de los abuelos. Muchos de los estudiantes de Rosa tienen abuelos que residen con ellos en sus hogares.

Una segunda historia bilingüe, *Magda's Tortillas/Las tortillas de Magda* (Chavarría-Cháirez 2000), trata de otra pequeña niña, Magda, que intenta hacer las tortillas perfectamente redondas como las hace su abuela. Magda se desconcierta de que sus tortillas le salgan de muchas formas raras. No logra hacer sus tortillas bonitas y redondas, pero entonces todos los miembros de la familia desean comer sus tortillas porque son tan fuera de lo común. Magda se siente orgullosa porque su abuela la llama una "artista de la tortilla". Rosa y los estudiantes discuten sobre la elaboración de las tortillas en casa. Casi todas las niñas y la mayoría de los niños en la clase saben hacer tortillas. Explican que una comida no sería completa sin las tortillas calientes y recién hechas.

Para continuar el tema de ciencias sociales acerca de las tradiciones familiares, Rosa pregunta a los estudiantes cuántos de ellos comen el pan dulce mexicano. Ellos comparten sobre su pan dulce preferido, cada uno de los cuales tiene un nombre especial, incluyendo empanadas, conchas y orejas. Rosa entonces lee el libro gigante *Del padre al hijo* (Almada 1997a), la historia verdadera de cómo la tradición de hacer el pan dulce pasa en una familia de generación en generación. Ella también les dice a los estudiantes que la versión pequeña del libro en español y en inglés, así como otros libros acerca de panaderías familiares, está en la biblioteca del salón de clases. También se encuentran el libro bilingüe *The Bakery Lady/La señora de la panadería* (Mora 2001), que trata de cómo los nietos aprenden a hacer el pan mexicano de sus abuelos, y *Jalapeño Bagels* (Rosquillas de jalapeño) (Wing 1996), la historia de un muchacho que encuentra sus raíces en la panadería familiar operada por su madre mexicana y su padre judío.

Para resumir varios de los conceptos relacionados con el crecimiento de las plantas, la nutrición y las relaciones familiares que han estado estudiando, Rosa lee el libro gigante *La gallinita roja* (López 1987), la versión en español de *The Little*

Red Hen. La clase enumera los pasos que la gallina sigue, desde sembrar el trigo hasta llevar el pan a la mesa. También discuten cómo cada uno de ellos debe ayudar en una tarea si todos esperan beneficiarse de ella.

Entonces, en inglés, Rosa lee *Where Does Breakfast Come From?* (¿De dónde viene el desayuno?) (Flint 1998), un libro informativo que muestra el origen de los ingredientes del desayuno tradicional de los Estados Unidos, incluyendo el jugo, el pan, el cereal, los huevos y la leche. Este libro tiene fotografías claras y ayuda a los estudiantes a entender cómo leer una gráfica en secuencia. Siguiendo el modelo del libro *Where Does Breakfast Come From?,* los estudiantes trabajan en grupos. Cada grupo elige un alimento preferido, como pizza, enchiladas, tamales, e incluso una tarta de manzana. Hacen una investigación para descubrir los ingredientes de su plato. Entonces cada grupo crea un afiche que enumera los ingredientes y que bosqueja los pasos que se necesitan para elaborar su alimento. También incluyen la información sobre el origen de cada ingrediente.

Rosa muestra un cartel grande con la pirámide de los alimentos. Ella y los estudiantes discuten en qué consiste una dieta sana. Les pide que mantengan un diario con lo que comen durante la semana. Al final de esta, los estudiantes utilizan su diario para evaluar si su dieta siguió las porciones recomendadas por la pirámide de los alimentos. Entonces, en sus grupos, analizan el alimento que habían elegido para su cartel, con el propósito de compararlo con la pirámide y agregar esta información a su cartel. Una vez que los estudiantes han terminado, Rosa hace que cada grupo haga un informe oral. Ellos presentan el alimento que eligieron, los ingredientes, los pasos involucrados en la elaboración de este y qué tan bueno es para la salud. Mientras cada grupo hace su reporte, los otros grupos toman nota. La clase termina esta actividad, clasificando los platos que eligieron desde el más al menos sano.

Para terminar esta unidad extendida, Rosa involucra a sus estudiantes en un estudio de literatura que compara *El hombrecito del pan jengibre* (Parkes y Smith 1989) con las versiones de esa historia que son culturalmente relevantes para sus estudiantes mexicanos, *La tortilla corredora* (Beuchat y Condemarín 1997) y *The Jalapeño Man* (El hombre de jalapeño) (Leland 2000). Ellos comparan y contrastan las tres historias. Discuten semejanzas y diferencias entre los personajes, el escenario y la secuencia de la trama. También votan por su versión preferida.

Como proyecto final, los estudiantes escriben su propia versión de *El hombrecito del pan jengibre,* usando el proceso de escritura, haciendo borradores, compartiendo con otros, revisando y editando sus historias. Con un procesador de texto, digitan sus historias, las imprimen y luego ilustran cada página. Como actividad final, van a una clase de kínder y cada estudiante lee su historia a un pequeño compañero que el maestro haya elegido. Los estudiantes de segundo grado y los de kínder disfrutan juntos de este tiempo, y Rosa y la maestra de kínder planean hacer de este evento de lectura entre compañeros un evento regular. La figura 9–1 presenta una lista de los libros que Rosa utilizó para la unidad de *Del campo a la mesa*.

Análisis de la exploración temática de Rosa

Rosa ayudó a desarrollar las habilidades de lectoescritura de sus estudiantes en sus dos idiomas, a través de la lectura y la escritura extensa, organizada alrededor de un tema que relacionó con sus vidas. Está claro que Rosa adopta una concepción sociopsicolingüística de la lectura. Siempre se mantuvo enfocada en la comprensión mientras leía a sus estudiantes y mientras ellos leían por su cuenta. Rosa y los estudiantes leyeron una amplia variedad de textos, de ficción y expositivos, mientras investigaban sus preguntas. Aunque no les hizo un examen de su lectura, Rosa hizo que respondieran a los textos de maneras variadas, a través de representaciones gráficas, de informes y de historias.

Los estudiantes también escribieron todos los días, respondiendo al contenido académico que aprendían. Escribieron sus propias historias guiados por Rosa a través del proceso de escritura. Ellos leyeron y escribieron mucho en grupos. Así, los estudiantes más competentes en la lengua de enseñanza pudieron apoyar a sus compañeros de clase que todavía estaban aprendiendo la lengua.

Rosa siguió el modelo de transferencia gradual de la responsabilidad. Ella desarrolló su enseñanza mediante la lectura en voz alta y también promoviendo la lectura compartida con los libros gigantes. El hecho de que todos los textos se relacionaron con el tema apoyó aun más a los estudiantes.

Finalmente, porque ella organizó toda la exploración de las materias alrededor del mismo tema, su enseñanza proporcionó actividades de vista previa, exploración y repaso de manera natural. Debido a que todos sus estudiantes bilingües eran hispanohablantes, Rosa introdujo nuevos conceptos con las lecturas y actividades en español antes de explorarlos más a fondo en inglés. También repasó los conceptos y el vocabulario fundamentales en español para asegurarse de que los estudiantes tenían una buena comprensión de las ideas principales. Ya que los conceptos fueron tomados de los estándares de las áreas de contenido, Rosa tenía confianza en que sus estudiantes estaban bien preparados para los exámenes estandarizados que pronto enfrentarían. Rosa es un excelente ejemplo de una maestra que se apoya en sus principios, que tiene una visión clara del desarrollo de la enseñanza y que elige los métodos y las técnicas para ayudar a todos sus estudiantes a desarrollar la lectoescritura en dos idiomas.

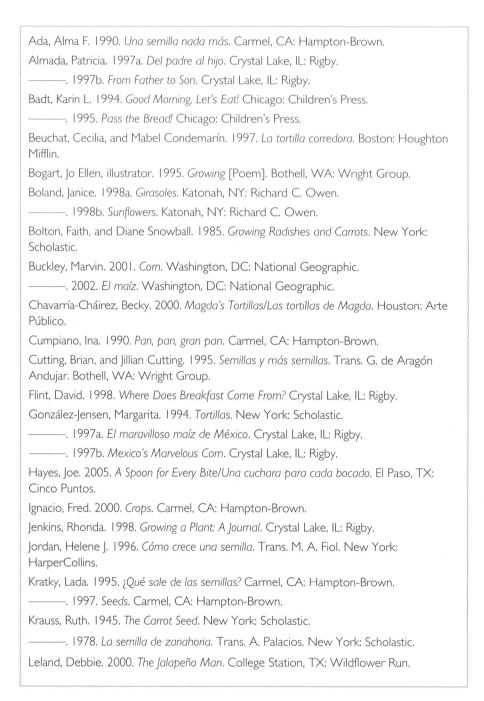

Ada, Alma F. 1990. *Una semilla nada más*. Carmel, CA: Hampton-Brown.

Almada, Patricia. 1997a. *Del padre al hijo*. Crystal Lake, IL: Rigby.

———. 1997b. *From Father to Son*. Crystal Lake, IL: Rigby.

Badt, Karin L. 1994. *Good Morning, Let's Eat!* Chicago: Children's Press.

———. 1995. *Pass the Bread!* Chicago: Children's Press.

Beuchat, Cecilia, and Mabel Condemarín. 1997. *La tortilla corredora*. Boston: Houghton Mifflin.

Bogart, Jo Ellen, illustrator. 1995. *Growing* [Poem]. Bothell, WA: Wright Group.

Boland, Janice. 1998a. *Girasoles*. Katonah, NY: Richard C. Owen.

———. 1998b. *Sunflowers*. Katonah, NY: Richard C. Owen.

Bolton, Faith, and Diane Snowball. 1985. *Growing Radishes and Carrots*. New York: Scholastic.

Buckley, Marvin. 2001. *Corn*. Washington, DC: National Geographic.

———. 2002. *El maíz*. Washington, DC: National Geographic.

Chavarría-Cháirez, Becky. 2000. *Magda's Tortillas/Las tortillas de Magda*. Houston: Arte Público.

Cumpiano, Ina. 1990. *Pan, pan, gran pan*. Carmel, CA: Hampton-Brown.

Cutting, Brian, and Jillian Cutting. 1995. *Semillas y más semillas*. Trans. G. de Aragón Andujar. Bothell, WA: Wright Group.

Flint, David. 1998. *Where Does Breakfast Come From?* Crystal Lake, IL: Rigby.

González-Jensen, Margarita. 1994. *Tortillas*. New York: Scholastic.

———. 1997a. *El maravilloso maíz de México*. Crystal Lake, IL: Rigby.

———. 1997b. *Mexico's Marvelous Corn*. Crystal Lake, IL: Rigby.

Hayes, Joe. 2005. *A Spoon for Every Bite/Una cuchara para cada bocado*. El Paso, TX: Cinco Puntos.

Ignacio, Fred. 2000. *Crops*. Carmel, CA: Hampton-Brown.

Jenkins, Rhonda. 1998. *Growing a Plant: A Journal*. Crystal Lake, IL: Rigby.

Jordan, Helene J. 1996. *Cómo crece una semilla*. Trans. M. A. Fiol. New York: HarperCollins.

Kratky, Lada. 1995. *¿Qué sale de las semillas?* Carmel, CA: Hampton-Brown.

———. 1997. *Seeds*. Carmel, CA: Hampton-Brown.

Krauss, Ruth. 1945. *The Carrot Seed*. New York: Scholastic.

———. 1978. *La semilla de zanahoria*. Trans. A. Palacios. New York: Scholastic.

Leland, Debbie. 2000. *The Jalapeño Man*. College Station, TX: Wildflower Run.

FIGURA 9–1. La bibliografía producida por Rosa sobre el tema *Del campo a la mesa*

Levy, Janice. 1999. *Abuelito Eats with His Fingers*. Austin, TX: Eakin.

Lomatewama, Ramson, and Graciela Reyes. 1997a. *Cantos al maíz: Un poeta Hopi escribe sobre el maíz*. Crystal Lake, IL: Rigby.

————. 1997b. *Songs to the Corn: A Hopi Poet Writes About Corn*. Crystal Lake, IL: Rigby.

López, Elva R. T. 1987. *La gallinita roja*. New York: Scholastic.

Lucca, Mario. 2001. *Plants Grow from Seeds*. Washington, DC: National Geographic.

————. 2003. *De las semillas nacen las plantas*. Washington, DC: National Geographic.

Marzollo, Jean. 1996. *I'm a Seed*. Carmel, CA: Hampton-Brown.

McMillan, Bruce. 1988. *Growing Colors*. New York: William Morrow.

Merrill, Claire. 1973. *A Seed Is a Promise*. New York: Scholastic.

Mora, Pat. 2001a. *The Bakery Lady/La señora de la panadería*. Houston, TX: Piñata.

Morris, Ann. 1989. *Bread, Bread, Bread*. New York: Mulberry.

Morrison, Rob. 1998. *How Does It Grow?* Crystal Lake, IL: Rigby.

Parkes, Brenda, and Judith Smith. 1986. *The Gingerbread Man*. Crystal Lake, IL: Rigby.

————. 1989. *El hombrecito del pan jengibre*. Crystal Lake, IL: Rigby.

Paulsen, Gary. 1995a. *La tortillería*. Trans. G. de Aragón Andújar. Orlando, FL: Harcourt Brace.

————. 1995b. *The Tortilla Factory*. New York: Harcourt Brace.

Scholastic. 1993. "Los panes del mundo." In *Scholastic News*. New York: Scholastic.

Shulman, Lisa. 2004. *Plants We Use*. Barrington, IL: Rigby.

Solano Flores, Guillermo. 1988. *Pon una semilla a germinar*. México, DF: Editorial Trillas.

Walker, Colin. 1992a. *Plants and Seeds*. Bothell, WA: Wright Group.

————. 1992b. *Seeds Grow*. Bothell, WA: Wright Group.

————. 1993a. *Alimento que obtenemos de las plantas*. Cleveland, OH: Simon and Schuster.

————. 1993b. *Las diferentes cosas que vienen de las plantas*. Cleveland, OH: Simon and Schuster.

————. 1995a. *Las semillas crecen*. Trans. G. de Aragón Andújar. Bothell, WA: Wright Group.

————. 1995b. *Plantas y semillas*. Trans. G. de Aragón Andújar. Bothell, WA: Wright Group.

Wing, Natasha. 1996. *Jalapeño Bagels*. New York: Atheneum.

FIGURA 9–1. La bibliografía producida por Rosa sobre el tema *Del campo a la mesa* (*continuación*)

La enseñanza temática para desarrollar la lectoescritura en dos idiomas **229**

El desarrollo de la lectoescritura apoyado en la cultura

Silvio es maestro de cuarto grado en una escuela rural. Algunos de sus alumnos comenzaron la escuela como nativos de habla inglesa, pero muchos otros llegaron a la escuela hablando solamente español. Esta escuela tiene un programa bilingüe de mantenimiento hasta el quinto grado porque muchos de los estudiantes son transitorios y muchos llegan a los grados intermedios hablando muy poco inglés. La mayoría de las familias de estos niños están asociadas con la agricultura, ya sea como trabajadores o como supervisores. Silvio comprende bien a sus estudiantes y sus familias porque él mismo fue un estudiante migratorio y se mudaba de un lugar a otro con su familia de acuerdo con las cosechas de las diferentes regiones. Cuando él era joven recibió ayuda de un profesor, quien lo animó a sacar adelante sus estudios universitarios y poder convertirse en un maestro que inspirara a otros.

Una de sus grandes preocupaciones es que sus colegas en la escuela no parecen esperar mucho de los estudiantes de habla hispana a quienes les corresponde educar. El currículo en inglés y en español que se le ofrece a la mayoría de estos estudiantes es simplificado, fragmentado y sin ninguna relación con sus intereses ni con la realidad de sus vidas. Los estudiantes de Silvio tienen diversos antecedentes; algunos han asistido a la misma escuela desde el nivel preescolar, otros provienen de escuelas cercanas. La mayoría habla español y algo de inglés pero muestran poco interés por leer o escribir en cualquiera de los dos idiomas. Algunos estudiantes que vienen de México o El Salvador solo hablan español. También tiene dos estudiantes que provienen de Oaxaca, México, y cuya lengua materna es el mixteco.

Una de las principales metas de Silvio es lograr que los estudiantes lean y escriban en ambos idiomas, comenzando con textos cortos y sencillos. Por esta razón, cuando se acercaba un festival de poesía regional, decidió comenzar con una unidad de poesía, seleccionando algunos poemas en español. Lee estos poemas al grupo y les pide que piensen en las semejanzas y diferencias que encuentran en los poemas. Lee poesía sofisticada de autores como Fernando del Paso (1990) y Pablo Neruda (1987), poemas cortos de Broeck (1983) y Sempere (1987), así como algunos simpáticos poemas tradicionales de Alma Flor Ada (1992).

Después de la lectura de cada poema, los estudiantes comentan sus impresiones y el maestro escribe sobre un papel grande las ideas de los niños. Después de haber leído diez poemas diferentes, el papel contiene una serie de impresiones y preguntas sobre la poesía, como por ejemplo: "tiene rima", "me hace sentir confundido", "me gusta porque es alegre", "algunos poemas no tienen rima", "¿una canción puede ser un poema también?", "algunos poemas son difíciles para entender", "¿por qué escribe poesía un poeta?" y "algunos poemas tienen palabras extrañas".

Silvio y sus estudiantes observan lo escrito en el papel y hablan sobre sus comentarios y preguntas. Él menciona el festival de poesía y discute cómo deberían prepararse para este. Juntos deciden la forma para estudiar la poesía en la clase y llegan al acuerdo de que deben leer muchos poemas en español y que cada estudiante debe memorizar algunos poemas para practicarlos en grupos pequeños, presentarlos a la clase y, quizás, en el festival.

Los estudiantes se preguntan si además de leer poesía de autores conocidos, podrían también escribir sus propios poemas durante el período diario de escritura. Llegan a la conclusión de que sí podrían hacerlo después de leer mucha poesía. Además, comentan acerca de la posibilidad de escribir poemas bilingües, tanto en español como en inglés, o bien solo en inglés.

Los niños comienzan el año escolar con la poesía y vuelven a ella durante todo el año. Para aprender más sobre poesía como una forma literaria, leen *Cantos al maíz* (Lomatewama y Reyes 1997a) y la versión en inglés *Songs to the Corn* (Lomatewama y Reyes 1997b) que también leyeron los alumnos de Rosa. El poeta explica por qué escribe cada poema. También explica sobre diversas clases de poemas. A medida que avanza el año escolar, Silvio recurre a libros como *Días y días de poesía* (Ada 1991) para ideas de poesía sobre las diferentes estaciones del año. También lee diversos libros de poesía de la serie mexicana *Reloj de versos* que incluye *Mínima animalia* (Bartolomé 1991), *El himno de las ranas* (Cross 1992), *Despertar* (Forcada 1992) y *La luna* (Sabines 1990).

Además, lee varios poemas de otra serie, *Cantos y cuentos*, que incluye *Trotelete* (Frank 1998) y *Un jardín secreto* (Ramírez Castañeda 1998). Para la poesía bilingüe y en inglés, Silvio usa recursos como *A Chorus of Cultures: Developing Literacy Through Multicultural Poetry* (Un coro de culturas: desarrollando la lectoescritura a través de la poesía multicultural) (Ada, Harris, et al. 1993), así como también poetas locales y la especialista en medios de comunicación de la biblioteca de su escuela. La poesía es una manera excelente para que los estudiantes de Silvio desarrollen la lectoescritura en español y en inglés.

La importancia de la agricultura

Al observar el entusiasmo de los estudiantes mientras trabajan con rimas conocidas y poemas nuevos, Silvio quiere extender la lectura y la escritura a las áreas de contenido. Algunos niños aún no son lectores competentes ni en español ni en inglés; otros, por el contrario, lo hacen bastante bien. El maestro entiende que debe proporcionar experiencias de lectoescritura que interesen e involucren a los niños que poseen diferentes antecedentes académicos y diferentes niveles de competencia lingüística. Él sabe que para que desarrollen esa competencia académica y para que se conviertan en lectores y escritores eficientes en ambos idiomas, debe enseñar los contenidos basándose en temas que tomen como fuente las experiencias de cada uno de ellos.

La pequeña comunidad donde vive y enseña Silvio depende en gran medida de la agricultura. Todos los niños comprenden la importancia de la tierra y de los cultivos, incluso aquellos cuyos padres son capataces o propietarios. Él desea que todos sus alumnos comprendan la importancia del trabajo de sus familias. Silvio les pide a los niños que reflexionen sobre la pregunta: "¿Por qué es importante la agricultura?". Él sabe que sus experiencias les serán de mucha ayuda a medida que lean literatura y textos de contenido sobre el tema.

Puesto que los niños comenzaron el año escolar con poesía, parece lógico que lleguen al tema de la agricultura a través de la misma. Silvio comienza la unidad leyendo poemas populares, adivinanzas y proverbios. Silvio lee algunos en voz alta y luego reparte libros a los grupos mientras algunos seleccionan sus favoritos para leérselos a la clase (Ada 1991, 1992a, 1992b, 1992c; Dubin 1984; Peña 1989; Morales y Fernández 1994; Ramírez 1984; Walsh 1994). Uno de los libros favoritos de los niños es *My Mexico/México mío* (Johnston 1996). Las ideas en estos textos cortos y accesibles captan el interés de los estudiantes.

Entonces Silvio lee una estrofa del poema "Son del pueblo trabajador" (Ada 1991, 41):

Cuando sale el sol

las tierras de mi tierra

cultivo yo,

cuando sale el sol,

que soy el campesino

trabajador,

cuando sale el sol.

Silvio pide a sus estudiantes que tomen nota de los pensamientos o recuerdos que este poema evoca en sus mentes. Los niños comparten sus ideas en parejas y elaboran una lista de ellas.

Silvio les entrega una copia del poema a los niños para que la lleven a su casa y la lean con sus padres. Los invita a discutir el poema con la familia para así conocer las ideas que este despierta en ellos. También les sugiere que escriban las impresiones expresadas por la familia y que se dispongan a compartirlas con sus compañeros al día siguiente. Esta información es utilizada para crear una segunda lista, la cual es comparada con la primera buscando semejanzas y diferencias. En algunos casos, los padres dan respuestas más fuertes debido a que su experiencia de trabajo es más inmediata, mientras que la información que manejan los niños surge de las conversaciones con sus padres acerca del trabajo en los campos. En otros casos, las respuestas son similares porque los niños han trabajado junto con sus padres.

Silvio pasa de la lectura de poesía a la lectura de adivinanzas, comenzando con la siguiente para el maíz (Gallego, Hinojosa-Smith, et al. 1993, 29):

Allá en el llano

está uno sin sombrero.

Tiene barbas, tiene dientes

y no es un caballero.

Después de leer y resolver varias adivinanzas, los estudiantes crean en parejas sus propias adivinanzas y las leen para que el resto de la clase adivine la respuesta. Esta actividad también se traslada a la clase de inglés: a menudo los estudiantes exploran los mismos temas sobre los que hablaron y escribieron en su lengua materna.

Para ampliar un poco más el tema de la agricultura, Silvio les lee dos cuentos: *El chivo en la huerta* (Kratky 1989a) y *La marrana dormida* (Seale y Tafolla 1993). Ambas historias tratan de animales que se encuentran en los sembrados, sitios en donde realmente no deberían estar, y los innumerables intentos realizados por otros animales para expulsarlos de allí. Al final, un insecto resulta ser el héroe en cada uno de los cuentos. Estas semejanzas ofrecen al maestro la oportunidad de estimular a los estudiantes a comparar y contrastar las dos historias.

Además, debido a que en los cuentos mencionados los animales hacen uso de los sonidos que ellos emiten para poder sacar a los intrusos de los cultivos, el maestro usa la lectura de otros cuentos y poemas que tienen que ver con esos sonidos. Algunos ejemplos son *Sonidos y ritmos* (Dubin 1984), *Pepín y el abuelo* (Perera 1993), *Alborada* (Houghton Mifflin 1993), *El coquí* (Ada 1992a) y *Concierto* (Ada 1992b), los cuales ofrecen a los estudiantes oportunidades para jugar con los sonidos de la lengua, así como para la lectura y la escritura.

Después, el maestro lee a la clase el libro gigante *Granjas* (Madrigal 1992). Este libro les fascina a los estudiantes por la descripción que allí se hace de la granja de hortalizas, la granja lechera, la granja triguera y la granja de naranjas. Silvio pregunta: "¿A qué les recuerda lo que leyeron?". Los estudiantes comparten emocionadamente sus experiencias y las de sus padres o familiares en los diferentes tipos de granjas y un alumno incluso cuenta con orgullo cómo su padre le hace a menudo el mismo comentario que aparece en el libro: "La agricultura es la actividad más importante del mundo" (6).

Después de esta discusión, Silvio le explica a la clase sobre la realización de diversos proyectos de investigación en torno al tema de "la agricultura y su importancia", y les pregunta a sus alumnos: "¿Qué más quieren saber ustedes sobre la agricultura?". Los diversos grupos elaboran sus preguntas que luego comparten para que Silvio las copie en un papel grande que coloca en un sitio visible del salón. Algunos quieren investigar sobre las cosas que pueden ayudar a crecer más a las plantas en una granja; otros desean saber por qué las piñas y los mangos que crecen en sus países no pueden crecer en la zona donde viven; otros se preguntan por qué los trabajadores de las granjas ganan tan poco dinero y cuánto cuesta administrar una granja; a dos estudiantes les interesa conocer sobre la irrigación y también lo que se necesita para criar animales de granja de forma correcta. La clase se divide en grupos para la investigación de los temas y luego, cada grupo deberá escribir y compartir con el resto de la clase un informe. Estos se combinarán para crear un libro sobre la agricultura escrito por los estudiantes de la clase.

Con el fin de poder conseguir toda la información para la exploración de las preguntas, los estudiantes deciden utilizar numerosas fuentes de investigación. Así, planean entrevistas a varios miembros de su familia y de la comunidad, llaman o escriben a la oficina local de agricultura con el fin de solicitar información o la colaboración de algún especialista para venir a dar una charla, y por último, buscan en los libros de consulta que tienen en el salón como *La vida de las plantas* (Costa-Pau 1993), *Plantas y Animales* (Sealey 1979b, 1979a), *Experimenta con las plantas* (Watts y Parsons 1993), *Los secretos de las plantas* (Burnie 1991), *Quiero conocer la vida de las plantas* (Marcus 1987a). Además, se proponen hacer investigaciones usando Internet.

Dos de los estudiantes de la clase que llegaron directamente desde México tenían muy poca escolaridad. Los poemas, las adivinanzas y los dos cuentos sobre los animales en el campo con poco texto resultan accesibles para ellos, especialmente cuando leen con toda la clase o cuando tienen oportunidades de leer con un compañero. Sin embargo, Silvio también desea que estos estudiantes realicen otras lecturas y por esto les facilita libros adicionales sobre las granjas o la agricultura. Estos tienen poco texto y los pueden utilizar para la investigación de las preguntas formuladas por la clase. Estos libros incluyen *El rancho* (Almada 1994), *Chiles* (Kratky 1995a), *El campo* (Rius y Parramón 1987), *Mi primera visita a la granja* (Parramón y Sales 1990), *Las plantas* (Walker 1995a) y *De la semilla a la fruta* (Zenzes 1987).

Silvio también involucra a sus estudiantes en un estudio de literatura. Él comienza con un cuento popular que enseña el concepto de ciencias naturales de *cultivos alternados*. Primero, Silvio lee *Ton-tón el gigantón* (Cumpiano 1992b), un cuento ecuatoriano sobre un gigante que es engañado por una mujer campesina cuando él le exige que le entregue todo lo producido en su tierra. Primero, ella le da la opción de escoger la cosecha que crece sobre la tierra o la cosecha que crece debajo de la tierra. El gigante se decide por la cosecha sobre la tierra y ella siembra papas. En la siguiente temporada de cultivo, el gigante decide que quiere la cosecha que crece debajo de la tierra, y ella cultiva frijoles. Finalmente, cuando él reclama la mitad de la tierra, la campesina cultiva trigo y lo pone en estacas, así que es imposible que el gigante coseche su mitad del campo. Una de las conclusiones del cuento es que cultivar diversas plantas en el campo produce mejores cosechas.

Después de la lectura y discusión del cuento, Silvio invita a sus estudiantes a leer otra versión del mismo cuento que se titula *El gigantón cabelludo* (Gondard 1993), para que luego comparen y contrasten las dos versiones. Luego de esto, la clase lee y discute un pequeño libro llamado *Cultivos alternados* (Gallego, Hinojosa-Smith, et al. 1993). Este libro les proporciona a los estudiantes información adicional sobre la rotación de los cultivos.

Otro cuento popular que leen los estudiantes es *La gallinita, el gallo y el fríjol* (Kratky 1989b). El cuento presenta una trama acumulativa en donde cada evento depende del anterior; la gallina sale en busca de agua para ayudar al gallo quien se atragantó con un grano de fríjol. Cuando pide agua al río, este pide una flor, quien a su vez quiere un hilo para amarrar sus enredaderas. La niña que tiene el hilo no se lo da hasta tanto no le traiga un peine y así continúa la historia con las exigencias de cada uno de los personajes hasta que finalmente la gallina logra conseguir el agua para llevársela al gallo y que este se pueda salvar. Los estudiantes escuchan el cuento y lo relacionan con otro cuento acumulativo tradicional, *El gallo que fue a la boda de su tío* (Ada 1997a), y con una canción tradicional que han aprendido en las clases de inglés "*I Know an Old Lady Who Swallowed a Fly*" (Yo conozco a una viejita que se tragó una mosca) y también con el cuento "*The House That Jack Built*" (La casa que Jack construyó) que también tiene un patrón acumulativo similar al de la historia y la canción anteriores.

Luego, Silvio trae dos libros en español que tratan de los hijos de familias migratorias que se mudan de un sitio a otro dependiendo de la cosecha: *El camino de Amelia* (Altman 1993b) y *Tomates, California* (Seale y Ramírez 1993). También les lee los libros bilingües *Calling the Doves/El canto de las palomas* (Herrera 1995) y *Radio Man/Don Radio* (Dorros 1993). Los estudiantes hablan de los jóvenes personajes de estos cuentos. La lectura conduce al tema de los derechos de los trabajadores de las granjas y a su héroe, César Chávez. Silvio menciona varios de los libros que hay en la biblioteca del salón acerca del líder del movimiento laboral: *César Chávez: Líder laboral* (Morris 1994), *Harvesting Hope: The Story of César Chávez* (Cosechando la esperanza: la historia de César Chávez) (Krull 2003), *César Chávez: The Struggle for Justice/César Chávez: La lucha por justicia* (Griswold del Castillo 2002) y *César Chávez: The Farm Workers' Friend* (César Chávez: el amigo del trabajador de las granjas) (Fleming 2004). Silvio le asigna a cada grupo uno de los libros ya mencionados. Les pide que lean el libro y luego que enumeren los acontecimientos claves de la vida de César Chávez. Cuando han terminado su trabajo, crea una línea de tiempo en un tablero de avisos. Él le pide a cada grupo que le relate un acontecimiento. Mientras los grupos responden, la clase decide dónde colocar cada evento sobre la línea de tiempo. Silvio continúa motivando las respuestas hasta que todos los grupos hayan respondido sobre los acontecimientos que escogieron de su lectura.

Al siguiente día, en la clase de inglés, Silvio les pide a los niños que copien sobre unas cartulinas un poema en inglés "*César Chávez, Farm Worker Organizer*" (César Chávez, organizador de los trabajadores de las granjas). El poema aparece en el libro *Latino Rainbow: Poems About Latino Americans* (Arco iris latino: poemas sobre latinoamericanos) (Cumpián 1994, 29). Los niños comentan que algunos versos como "*Tractors have barns, animals have stalls, but the migrant worker has nowhere to lay his head*" (Los tractores tienen granero, los animales tienen establo, pero el trabajador migratorio no tiene dónde dormirse) (29) se relacionan con los cuentos como *El camino de Amelia* y *Tomates, California*. Después, observan *Earth Angels* (Ángeles de la tierra) (Buirski 1994), un libro conmovedor con fotografías y comentarios cortos de los trabajadores del campo acerca de su dura vida que incluye el problema de los niños trabajadores y los pesticidas. Después de una discusión, Silvio le muestra a la clase otros libros que tienen que ver con los trabajadores y sus hijos: *A Migrant Family* (Una familia migratoria) (Brimner 1992), *Lights on the River* (Luces del río) (Thomas 1994) y *Voices from the Fields* (Voces de los campos) (Atkin 1993).

En las semanas siguientes, el salón de Silvio está lleno de actividad; los estudiantes leen, escriben y comparten lo que aprenden. Deciden compartir con otros niños de la escuela lo que han aprendido sobre las plantas, los animales y la agricultura en general. Deciden tomar un día para que los otros grados los visiten y ellos puedan leerles sus cuentos y los reportes que han escrito, además de explicarles todo lo que han aprendido.

Igualmente, deciden compartir su aprendizaje y experiencias con sus padres y decirles lo mucho que ellos aprecian el arduo trabajo que realizan. Después de mucha discusión proponen elaborar un libro gigante que se titule *La importancia de la agricultura.* Para realizarlo, cada grupo tendrá la responsabilidad de crear dos páginas: una página reflejará la información que ellos han obtenido en su investigación y la otra incluirá poemas que muestren sus sentimientos hacia el hecho de ser parte de la agricultura. Este libro será leído a los padres en la celebración de la fiesta de Navidad. La figura 9–2 contiene una lista de los libros usados por Silvio en esta unidad.

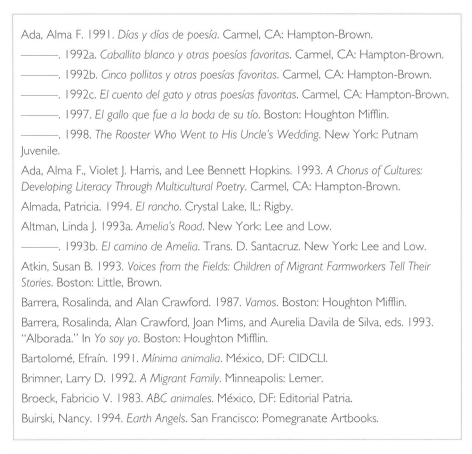

Ada, Alma F. 1991. *Días y días de poesía.* Carmel, CA: Hampton-Brown.

———. 1992a. *Caballito blanco y otras poesías favoritas.* Carmel, CA: Hampton-Brown.

———. 1992b. *Cinco pollitos y otras poesías favoritas.* Carmel, CA: Hampton-Brown.

———. 1992c. *El cuento del gato y otras poesías favoritas.* Carmel, CA: Hampton-Brown.

———. 1997. *El gallo que fue a la boda de su tío.* Boston: Houghton Mifflin.

———. 1998. *The Rooster Who Went to His Uncle's Wedding.* New York: Putnam Juvenile.

Ada, Alma F., Violet J. Harris, and Lee Bennett Hopkins. 1993. *A Chorus of Cultures: Developing Literacy Through Multicultural Poetry.* Carmel, CA: Hampton-Brown.

Almada, Patricia. 1994. *El rancho.* Crystal Lake, IL: Rigby.

Altman, Linda J. 1993a. *Amelia's Road.* New York: Lee and Low.

———. 1993b. *El camino de Amelia.* Trans. D. Santacruz. New York: Lee and Low.

Atkin, Susan B. 1993. *Voices from the Fields: Children of Migrant Farmworkers Tell Their Stories.* Boston: Little, Brown.

Barrera, Rosalinda, and Alan Crawford. 1987. *Vamos.* Boston: Houghton Mifflin.

Barrera, Rosalinda, Alan Crawford, Joan Mims, and Aurelia Davila de Silva, eds. 1993. "Alborada." In *Yo soy yo.* Boston: Houghton Mifflin.

Bartolomé, Efraín. 1991. *Mínima animalia.* México, DF: CIDCLI.

Brimner, Larry D. 1992. *A Migrant Family.* Minneapolis: Lerner.

Broeck, Fabricio V. 1983. *ABC animales.* México, DF: Editorial Patria.

Buirski, Nancy. 1994. *Earth Angels.* San Francisco: Pomegranate Artbooks.

FIGURA 9–2. La bibliografía producida por Silvio sobre la poesía y la agricultura

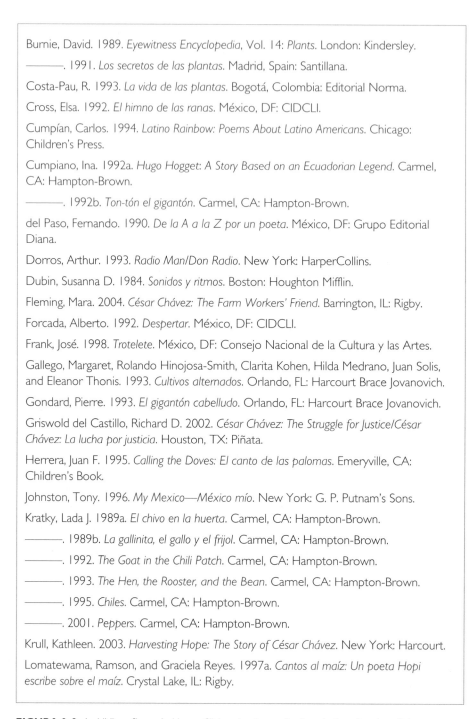

Burnie, David. 1989. *Eyewitness Encyclopedia*, Vol. 14: *Plants*. London: Kindersley.

———. 1991. *Los secretos de las plantas*. Madrid, Spain: Santillana.

Costa-Pau, R. 1993. *La vida de las plantas*. Bogotá, Colombia: Editorial Norma.

Cross, Elsa. 1992. *El himno de las ranas*. México, DF: CIDCLI.

Cumpián, Carlos. 1994. *Latino Rainbow: Poems About Latino Americans*. Chicago: Children's Press.

Cumpiano, Ina. 1992a. *Hugo Hogget: A Story Based on an Ecuadorian Legend*. Carmel, CA: Hampton-Brown.

———. 1992b. *Ton-tón el gigantón*. Carmel, CA: Hampton-Brown.

del Paso, Fernando. 1990. *De la A a la Z por un poeta*. México, DF: Grupo Editorial Diana.

Dorros, Arthur. 1993. *Radio Man/Don Radio*. New York: HarperCollins.

Dubin, Susanna D. 1984. *Sonidos y ritmos*. Boston: Houghton Mifflin.

Fleming, Mara. 2004. *César Chávez: The Farm Workers' Friend*. Barrington, IL: Rigby.

Forcada, Alberto. 1992. *Despertar*. México, DF: CIDCLI.

Frank, José. 1998. *Trotelete*. México, DF: Consejo Nacional de la Cultura y las Artes.

Gallego, Margaret, Rolando Hinojosa-Smith, Clarita Kohen, Hilda Medrano, Juan Solis, and Eleanor Thonis. 1993. *Cultivos alternados*. Orlando, FL: Harcourt Brace Jovanovich.

Gondard, Pierre. 1993. *El gigantón cabelludo*. Orlando, FL: Harcourt Brace Jovanovich.

Griswold del Castillo, Richard D. 2002. *César Chávez: The Struggle for Justice/César Chávez: La lucha por justicia*. Houston, TX: Piñata.

Herrera, Juan F. 1995. *Calling the Doves: El canto de las palomas*. Emeryville, CA: Children's Book.

Johnston, Tony. 1996. *My Mexico—México mío*. New York: G. P. Putnam's Sons.

Kratky, Lada J. 1989a. *El chivo en la huerta*. Carmel, CA: Hampton-Brown.

———. 1989b. *La gallinita, el gallo y el frijol*. Carmel, CA: Hampton-Brown.

———. 1992. *The Goat in the Chili Patch*. Carmel, CA: Hampton-Brown.

———. 1993. *The Hen, the Rooster, and the Bean*. Carmel, CA: Hampton-Brown.

———. 1995. *Chiles*. Carmel, CA: Hampton-Brown.

———. 2001. *Peppers*. Carmel, CA: Hampton-Brown.

Krull, Kathleen. 2003. *Harvesting Hope: The Story of César Chávez*. New York: Harcourt.

Lomatewama, Ramson, and Graciela Reyes. 1997a. *Cantos al maíz: Un poeta Hopi escribe sobre el maíz*. Crystal Lake, IL: Rigby.

FIGURA 9–2. La bibliografía producida por Silvio sobre la poesía y la agricultura (*continuación*)

————. 1997b. *Songs to the Corn: A Hopi Poet Writes About Corn*. Crystal Lake, IL: Rigby.

Madrigal, Sylvia. 1992. *Granjas*. Carmel, CA: Hampton-Brown.

Marcus, Elizabeth. 1984a. *Amazing World of Animals*. Mahwah, NJ: Troll.

————. 1984b. *Amazing World of Plants*. Mahwah, NJ: Troll.

————. 1987a. *Quiero conocer la vida de los animales*. México, DF: SITESA.

————. 1987b. *Quiero conocer la vida de las plantas*. México, DF: Sistemas Técnicos de Edición.

Morales, Gloria, and Catalina Fernández. 1994. *El torito*. México: CONAFE.

Morris, Clara S. d. 1994. *César Chávez: Líder laboral*. Cleveland, OH: Modern Curriculum.

Neruda, Pablo. 1987. *El libro de las preguntas*. Santiago de Chile: Editorial Andrés Bello.

Parramón, Josef M., and G. Sales. 1990. *Mi primera visita a la granja*. Woodbury, NY: Barron's.

Peña, Luis d. l. 1989. *Cosecha de versos y refranes*. México, DF: CONAFE.

Perera, Hilda. 1993. *Pepín y el abuelo*. Boston: Houghton Mifflin.

Ramírez, Elisa. 1984. *Adivinanzas indígenas*. México, DF: Editorial Patria.

————. 1998. *Un jardín secreto*. México, DF: Consejo Nacional para la Cultura y las Artes.

Rius, María, and Josef M. Parramón. 1987. *El campo*. Woodbury, NY: Barron's.

Sabines, Jaime. 1990. *La luna*. México, DF: CIDCLI.

Seale, Jan, and Carmen Tafolla. 1993. "La marrana dormida." In *Yo soy yo*, ed. Rosalinda Barrera, Alan Crawford, Joan Mims, and Aurelia Davila de Silva. Boston: Houghton Mifflin.

Seale, Jan E., and Alfonso Ramírez. 1993. *Tomates, California*. Boston: Houghton Mifflin.

Sealey, Leonard. 1979a. *Animales*. Barcelona, Spain: Editorial Juventud.

————. 1979b. *Plantas*. Barcelona, Spain: Editorial Juventud.

Thomas, Jane R. 1994. *Lights on the River*. New York: Hyperion.

Walker, Colin. 1995. *Las plantas*. Cleveland, OH: Modern Curriculum Press.

Walsh, María E. 1994. *Matutú marambá*. Buenos Aires: Compañía Editora Espasa Calpe Argentina.

Watts, Claire, and Alexandra Parsons. 1992. *Make It Work! Plants*. London: Two-Can Publishing, Ltd.

————. 1993. *Experimenta con las plantas*. Trans. B. Rodríguez and C. Ginzo. Madrid, Spain: Ediciones SM.

Zenzes, Gertrudis. 1987. *De la semilla a la fruta*. México, DF: Fernández Editores.

FIGURA 9–2. La bibliografía producida por Silvio sobre la poesía y la agricultura (*continuación*)

El maestro ha alcanzado su objetivo. Ha cumplido con los estándares estatales para el área de la lengua porque los alumnos han leído varios géneros de literatura, han progresado en su fluidez por medio de la lectura de canciones, cantos y poemas en voz alta, y han escrito para diversos propósitos. Para cumplir con los estándares de ciencias sociales, él y sus estudiantes estudiaron sobre las contribuciones que varios grupos han hecho a la nación y al área. En ciencias naturales, aprendieron sobre las cosechas y la rotación de cultivos. También han comenzado a entender la importancia de la agricultura en cuanto a la economía.

Silvio también ha logrado algo que quizás sea más importante. Por medio de un plan de estudios que tenía relevancia para sus vidas, él ayudó a sus estudiantes a apreciar la contribución que ellos y sus familias hacen a la sociedad. Los niños están desarrollando su capacidad de lectoescritura en dos idiomas, por medio de la lectura de literatura de calidad y de textos de contenido informativo, en español y en inglés. También, las discusiones sobre sus lecturas y la realización de actividades auténticas y significativas de escritura contribuyen a lograr esa competencia en la lectoescritura de las dos lenguas. La escritura les permite a los estudiantes demostrar lo que han aprendido y cómo han sido afectados por este plan de estudios tan significativo y poderoso.

Conclusión

Nuestro propósito al escribir este libro fue describir los procesos de lectura y escritura en español y en inglés y compartir con los maestros ideas sobre la mejor forma de ayudar a los estudiantes de habla hispana a desarrollar la lectoescritura en dos idiomas. Pensábamos escribir una segunda edición corta que cubriera los aspectos básicos y sirviera como referencia rápida. Sin embargo, el libro se extendió al intentar incluir ideas de la amplia y enriquecida base de estudios e investigaciones sobre la educación bilingüe y la lectura y escritura en dos lenguas. También deseábamos compartir la extensa y rica literatura en español para jóvenes lectores y escritores. Nuestro libro creció porque se trata de un tema muy importante y del cual hay mucho que decir.

No pretendemos haber agotado todo lo que se necesita decir sobre el tema. Hemos tratado, sin embargo, de compartir unas ideas claves que creemos que los maestros bilingües de español y de inglés deben saber. Es importante considerar cuáles deben ser las características efectivas de la lectura y la escritura en los programas bilingües y de doble inmersión. Para decidir lo que constituye una característica efectiva, es sumamente importante comprender el proceso de la lectura. Cuando entendemos de qué manera los lectores construyen el significado, es posible realizar una selección bien informada de lo que podría considerarse como un programa apropiado de lectura para los lectores principiantes. Esta misma toma de decisiones informada es determinante para los maestros bilingües en el área de la escritura. Solo cuando los maestros entienden cómo se desarrolla el proceso de escritura en español y en inglés, pueden ayudar a sus estudiantes a medida que estos avanzan de la invención a la escritura convencional.

Desarrollamos la literacidad con el fin de entender mejor el mundo y compartir ese conocimiento. En nuestro capítulo final hemos ofrecido ejemplos de cómo dos maestros han desarrollado programas bilingües de calidad, aprovechando la riqueza literaria que actualmente se puede encontrar y organizando el plan de estudios alrededor de temas interesantes para los estudiantes. Los maestros que trabajan en salones bilingües no solo deben enseñarles a sus estudiantes a leer y a escribir, sino que también deben enseñarles a pensar y actuar de manera consciente para que contribuyan a la construcción de un mundo mejor. Las personas que son capaces de leer y escribir en más de un idioma se convertirán en los líderes del futuro y solo si ayudamos a nuestros estudiantes bilingües a comprender cómo hacer del mundo un lugar más agradable para vivir, solo así, podremos decir que nuestra labor como educadores ha sido realmente exitosa.

 ## Aplicaciones

1. Considere el desarrollo de una unidad temática para un nivel de grado específico. Seleccione un tópico o una gran pregunta. Revise los estándares estatales de las áreas de contenido e identifique los estándares que incluirá en su unidad. Enumere estos estándares.

2. Busque algunos libros de literatura y de contenido, en español y en inglés, que sean del nivel apropiado, que estén relacionados con una unidad temática y también que satisfagan algunos de los estándares estatales. Traiga estos libros a la clase para que pueda demostrar cómo los utilizaría en su salón de clases.

3. Haga un plan de actividades que incluya materiales que podría utilizar por varios días durante la implementación de una unidad temática. Incorpore las estrategias de vista previa, exploración y repaso (*preview, view, review*) de modo que se presenten las actividades y los materiales en una lengua y se refuercen en la otra. Se deben entretejer continuamente los dos idiomas y los conceptos de contenido. Traiga este plan y los materiales a la clase para compartir las ideas con sus colegas.

Referencias bibliográficas

Libros de literatura infantil citados

Ada, Alma Flor. 1989a. *Los seis deseos de la jirafa*. Carmel, CA: Hampton-Brown.

———. 1989b. *Me gustaría tener . . .* Northvale, NJ: Santillana.

———. 1990. *Una semilla nada más*. Carmel, CA: Hampton-Brown.

———. 1991. *Días y días de poesía*. Carmel, CA: Hampton-Brown.

———. 1992a. *Caballito blanco y otras poesías favoritas*. Carmel, CA: Hampton-Brown.

———. 1992b. *Cinco pollitos y otras poesías favoritas*. Carmel, CA: Hampton-Brown.

———. 1992c. *El cuento del gato y otras poesías favoritas*. Carmel, CA: Hampton-Brown.

———. 1992d. *The Giraffe's Sad Tale*. Carmel, CA: Hampton-Brown.

———. 1997a. *El gallo que fue a la boda de su tío*. Boston: Houghton Mifflin.

———. 1997b. *Gathering the Sun*. New York: Lothrop, Lee and Shepard.

———. 1998. *The Rooster Who Went to His Uncle's Wedding*. New York: Putnam Juvenile.

Ada, Alma Flor, Violet J. Harris y **Lee Bennett Hopkins**. 1993. *A Chorus of Cultures: Developing Literacy Through Multicultural Poetry*. Carmel, CA: Hampton-Brown.

"Alborada." 1993. In *Yo soy yo*, ed. Rosalinda Barrera, Alan Crawford, Joan Mims y Aurelia Davila de Silva. Boston: Houghton Mifflin.

Allen, Marjorie, y **Shelly Rotner**. 1991. *Cambios*. Carmel, CA: Hampton-Brown.

Almada, Patricia. 1994. *El rancho*. Crystal Lake, IL: Rigby.

———. 1997a. *Del padre al hijo*. Crystal Lake, IL: Rigby.

———. 1997b. *From Father to Son*. Crystal Lake, IL: Rigby.

Alonso, Fernando. 1989. *La vista de la primavera*. Northvale, NJ: Santillana.

Alshalabi, Firyal M. 1995. *Ahmed's Alphabet Book*. Kuwait: Rubeian.

Altman, Linda Jacobs. 1993a. *Amelia's Road*. New York: Lee and Low.

———. 1993b. *El camino de Amelia*. New York: Lee and Low.

Álvarez, Carmen Espinosa Elenes de. 1979. *Mi libro mágico*. México, DF: Enrique Sainz Editores.

Ambert, Alba. 1997a. *Por qué soplan los vientos salvajes*. Crystal Lake, IL: Rigby.

———. 1997b. *Why the Wild Winds Blow*. Crystal Lake, IL: Rigby.

Aparicio, Eduardo. 1997a. *¡Huracán a la vista!* Crystal Lake, IL: Rigby.

———. 1997b. *Hurricane on Its Way!* Crystal Lake, IL: Rigby.

Atkin, S. Beth. 1993. *Voices from the Fields: Children of Migrant Farmworkers Tell Their Stories*. Boston: Little, Brown.

Atkinson, Katie. 1998. *Hide to Survive*. Crystal Lake, IL: Rigby.

Badt, Karin Luis. 1994. *Good Morning, Let's Eat!* Chicago: Children's Press.

———. 1995. *Pass the Bread!* Chicago: Children's Press.

Barberis. 1974. *¿De quién es este rabo?* Valladolid, Spain: Miñon.

Barrera, Rosalinda, y **Alan Crawford**. 1987. *Vamos*. Boston: Houghton Mifflin.

Barrett, Norman. 1988. *Monkeys and Simians*. New York: Franklin Watts.

———. 1989. *Crocodiles and Caimans*. New York: Franklin Watts.

———. 1991a. *Cocodrilos y caimanes*. New York: Franklin Watts.

———. 1991b. *Monos y simios*. New York: Franklin Watts.

Bartolomé, Efraín. 1991. *Mínima animalia*. México, DF: CIDCLI.

Beal, Kathleen. 2004. *My Rooster Speaks Korean*. Barrington, IL: Rigby.

Beck, Jennifer. 1994. *Patas*. Crystal Lake, IL: Rigby.

Berger, Melvin y **Gilbert Berger**. 1999. *Do Tarantulas Have Teeth?* New York: Scholastic.

Beuchat, Cecilia, y **Mabel Condemarín**. 1997. *La tortilla corredora*. Boston: Houghton Mifflin.

Bogart, Jo Ellen. 1995. *Growing*. Bothell, WA: Wright Group.

Boland, Janice. 1998a. *Girasoles*. Katonah, NY: Richard C. Owen.

———. 1998b. *Sunflowers*. Katonah, NY: Richard C. Owen.

Bolton, Faith, y **Diane Snowball**. 1985. *Growing Radishes and Carrots*. New York: Scholastic.

Bos, Burny, y **Hans De Beer**. 1989. *Oli, el pequeño elefante*. Barcelona, Spain: Editorial Lumen.

Brimner, Larry D. 1992. *A Migrant Family*. Minneapolis: Lerner.

Broeck, Fabricio Vanden. 1983. *ABC animales*. México, DF: Editorial Patria.

Browne, Anthony. 1983. *Gorilla*. London: Julia MacRae Books.

———. 1991. *Gorila*. México, DF: Fondo de Cultura Económica.

———. 1992. *Zoo*. London: Julia MacRae Books.

———. 1993. *Zoológico*. México, DF: Fondo de Cultura Económica.

Brusca, María Cristina, y **Tona Wilson**. 1995. *Tres amigos: Un cuento para contar*. Boston: Houghton Mifflin.

———. 1997. *Three Friends*. Boston: Houghton Mifflin.

Buckley, Marvin. 2001. *Corn*. Washington, DC: National Geographic.

———. 2002. *El maíz*. Washington, DC: National Geographic.

Buirski, Nancy. 1994. *Earth Angels*. San Francisco: Pomegranate Artbooks.

Burnie, David. 1989. *Eyewitness Encyclopedia*, Vol. 14: *Plants*. London: Kindersley.

———. 1991. *Los secretos de las plantas*. Madrid, Spain: Santillana.

Cabrera, Miguel. s. f. *Chiquilín*. Caracas, Venezuela: Conceptos.

Calmenson, Stephanie. 1993. *It Begins with an A*. New York: Scholastic.

Canetti, Yanitzia. 1997. *ABC ¡Ya me lo sé!* Boston: Houghton Mifflin.

Canizares, Susan. 1998. *Sun*. New York: Scholastic.

Cassen Mayers, Florence. 1990. *The Wild West*. New York: Harry N. Abrams.

Chanko, Pamela, y **Daniel Moreton**. 1998. *Weather*. New York: Scholastic.

Chapela Mendoza, Luz María. 2000. *Libro integrado*. México, DF: Secretaría de la Educación Pública.

Chavarría-Cháirez, Becky. 2000. *Magda's Tortillas/Las tortillas de Magda*. Houston: Arte Público.

Cherry, Lynne. 1990. *The Great Kapok Tree*. New York: Harcourt Brace.

———. 1996. *La ceiba majestuosa: Un cuento del bosque lluvioso*. Boston: Houghton Mifflin.

Chin-Lee, Cynthia, y **Terri de la Peña**. 1999. *A es para decir América*. New York: Orchard.

Clark, Patricia N. 2000. *Goodbye, Goose*. Katonah, NY: Richard C. Owen.

Clevidence, Karen. 2004. *A Disaster Is Coming*. Barrington, IL: Rigby.

Comerlati, Mara. 1983. *Conoce nuestros mamíferos*. Caracas, Venezuela: Ediciones Ekaré Banco del Libro.

Costa-Pau, Rosa. 1993. *La vida de las plantas*. Bogotá, Colombia: Editorial Norma.

Costain, Meridith. 1966. *Clouds*. New York: Scholastic.

Cowcher, Helen. 1992. *El bosque tropical*. New York: Scholastic.

Cowley, Joy. 1983. *The Farm Concert*. Bothell, WA: Wright Group.

———. 1987. *Los animales de Don Vicencio*. Auckland, New Zealand: Shortland.

Crimi, Carolyn. 1995. *Outside, Inside*. New York: Scholastic.

Cross, Elsa. 1992. *El himno de las ranas*. México, DF: CIDCLI.

Crum, Mary B. 2004. *The Power of the Wind. Barrington, IL: Rigby.*

Cumpián, Carlos. 1994. *Latino Rainbow: Poems About Latino Americans*. Chicago: Children's Press.

Cumpiano, Ina. 1990. *Pan, pan, gran pan*. Carmel, CA: Hampton-Brown.

———. 1992a. *Hugo Hogget: A Story Based on an Ecuadorian Legend*. Carmel, CA: Hampton-Brown.

———. 1992b. *Ton-tón el gigantón*. Carmel, CA: Hampton-Brown.

Cusick, Pat. 1997. *How's the Weather?* Crystal Lake, IL: Rigby.

Cutting, Brian, y **Jillian Cutting**. 1995. *Semillas y más semillas*. Bothell, WA: Wright Group.

Dawson, Hamish. 1997. *Making a Weather Chart*. Crystal Lake, IL: Rigby.

Dawson, Sarah. 2001. *Animals of the Land and Sea*. Washington, DC: National Geographic.

———. 2002. *Animales de mar y tierra*. Washington, DC: National Geographic.

del Paso, Fernando. 1990. *De la A a la Z por un poeta*. México, DF: Grupo Editorial Diana.

Detwiler, Darius, y **Marina Rizo-Patron**. 1997. *Mi libro del ABC*. Boston: Houghton Mifflin.

Díaz, Katrina. 1997a. *Storm Trackers*. Crystal Lake, IL: Rigby.

———. 1997b. *Tras las tormentas*. Crystal Lake, IL: Rigby.

Dorros, Arthur. 1993. *Radio Man/Don Radio*. New York: HarperCollins.

Drew, David. 1989. *The Book of Animal Records*. Crystal Lake, IL: Rigby.

———. 1990. *Animal Clues*. Crystal Lake, IL: Rigby.

———. 1993. *Pistas de animales*. Crystal Lake, IL: Rigby.

———. 2000a. *Amazing Animals*. Crystal Lake, IL: Rigby.

———. 2000b. *Food Alphabet*. Big book ed. Crystal Lake, IL: Rigby.

Drucker, Malka, y **Rita Pocock**. 1992. *A Jewish Holiday ABC*. New York: Trumpet.

Dubin, Susana Dultzín. 1984. *Sonidos y ritmos*. Boston: Houghton Mifflin.

Ediciones Litexsa Venezolana, ed. 1987. *Aprender a contar*. Caracas, Venezuela: Cromotip.

Ehlert, Lois. 1989. *Eating the Alphabet*. New York: Scholastic.

———. 1990. *Color Zoo*. New York: Trumpet Club.

Ellis, Veronica F. 1997. *La isla de la nube lluviosa*. Boston: Houghton Mifflin.

Fernandes, Eugenie. 1996. *ABC and You*. Boston: Houghton Mifflin.

Fernández, Laura. 1993. "Pío, pío." In *Yo soy yo*, ed. Rosalinda Barrera, Alan Crawford, Joan S. Mims y Aurelia D. de Silva. Boston: Houghton Mifflin.

Fleming, Denise. 1992. *Count*. New York: Henry Holt.

Fleming, Mara. 2004. *César Chávez: The Farm Workers' Friend*. Barrington, IL: Rigby.

Flint, David. 1998. *Where Does Breakfast Come From?* Crystal Lake, IL: Rigby.

Flores, Guillermo Solano. 1986. *El viento*. México, DF: Editorial Trillas.

———. 1997. *El viento*. Big book ed. Boston: Houghton Mifflin.

Forcada, Alberto. 1992. *Despertar*. México, DF: CIDCLI.

Fowler, Allan. 1991. *Podría ser un mamífero*. Chicago: Children's Press.

Frank, José. 1998. *Trotelete*. México, DF: Consejo Nacional de la Cultura y las Artes.

Gallego, Margaret, **Rolando Hinojosa-Smith**, **Clarita Kohen**, **Hilda Medrano**, **Juan Solis** y **Eleanor Thonis**. 1993. *Cultivos alternados*. Orlando, FL: Harcourt Brace Jovanovich.

Gondard, Pierre. 1993. *El gigantón cabelludo*. Orlando, FL: Harcourt Brace Jovanovich.

González-Jensen, Margarita. 1994. *Tortillas*. New York: Scholastic.

———. 1997a. *El maravilloso maíz de México*. Crystal Lake, IL: Rigby.

———. 1997b. *Mexico's Marvelous Corn*. Crystal Lake, IL: Rigby.

Goodall, Jane. 1989. *The Chimpanzee Family Book*. Salzburgo: Neugebaurer.

———. 1991. *La familia del chimpancé*. México, DF: SITESA.

Granados, Antonio. 1989. *Zoológico de palabras*. Hermosillo, México: Editorial UniSon.

Grande Tabor, Nancy M. 1992. *Albertina anda arriba*. New York: Scholastic.

Granowsky, Alvin. 1986a. *Los animales del mundo*. Lexington, MA: Schoolhouse Press.

———. 1986b. *¿Por qué nos preocupa?* Lexington, MA: Schoolhouse Press.

Green, Josie. 2005. *Droughts*. Washington, DC: National Geographic.

Greenway, Shirley. 1997. *Two's Company*. Watertown, MA: Charlesbridge.

Griswold del Castillo, **Richard de**. 2002. *César Chávez: The Struggle for Justice/César Chávez: La lucha por justicia*. Houston, TX: Piñata.

Guarino, Deborah. 1989. *Is Your Mama a Llama?* New York: Scholastic.

————. 1993. *¿Tu mamá es una llama?* New York: Scholastic.

Hayes, Joe. 2005. *A Spoon for Every Bite/Una cuchara para cada bocado*. El Paso, TX: Cinco Puntos.

Herrera, Juan Felipe. 1995. *Calling the Doves/El canto de las palomas*. Emeryville, CA: Children's Book.

Herzog, Brad. 2003. *What's the Weather Outside?* Barrington, IL: Rigby.

Hofer, Angelika, y **Günter Ziesler**. 1988. *The Lion Family Book*. Salzburgo: Neugebaurer.

————. 1992. *La familia del león*. México, DF: SITESA.

Hopping, Lorraine J. 2000. *Today's Weather Is . . . : A Book of Experiments*. New York: Mondo.

Horenstein, Henry. 1999. *A Is for? A Photographer's Alphabet of Animals*. New York: Scholastic.

Houghton Mifflin. 1997. *Mi libro de rimas y canciones*. Boston: Houghton Mifflin.

Hughes, Monica. 1998. *Seasons*. Crystal Lake, IL: Rigby.

Ignacio, Fred. 2000. *Crops*. Carmel, CA: Hampton-Brown.

Ingpen, Robert, y **Margaret Dunkle**. 1987. *Conservation*. Melbourne, Australia: Hill of Content.

————. 1991. *Conservación*. México, DF: Editorial Origen S.A.

Jenkins, Rhonda. 1998. *Growing a Plant: A Journal*. Crystal Lake, IL: Rigby.

Johnston, Tony. 1996. *My Mexico/México mío*. New York: G. P. Putnam's Sons.

Jordan, Denise. 2004. *What Are the Seasons Like?* Barrington, IL: Rigby.

Jordan, Helene J. 1996. *¿Cómo crece una semilla?* New York: HarperCollins.

Kasza, Keiko. 1996. *A Mother for Choco*. Boston: Houghton Mifflin.

————. 1997. *Choco encuentra una mamá*. Boston: Houghton Mifflin.

Kelly, Harold. 2002. *El sol*. New York: Rosen.

Komori, Atsushi. 1996. *Animal Mothers*. Boston: Houghton Mifflin.

————. 1997. *Las mamás de los animales*. Boston: Houghton Mifflin.

Kratky, Lada. 1989a. *El chivo en la huerta*. Carmel, CA: Hampton-Brown.

————. 1989b. *La gallinita, el gallo y el frijol*. Carmel, CA: Hampton-Brown.

————. 1991a. *Animals and Their Young*. Carmel, CA: Hampton-Brown.

————. 1991b. *Los animales y sus crías*. Carmel, CA: Hampton-Brown.

————. 1992. *The Goat in the Chile Patch*. Carmel, CA: Hampton-Brown.

————. 1993. *The Hen, the Rooster, and the Bean*. Carmel, CA: Hampton-Brown.

————. 1995a. *Chiles*. Carmel, CA: Hampton-Brown.

————. 1995b. *Orejas*. Carmel, CA: Hampton-Brown

————. 1995c. *¿Qué sale de las semillas?* Carmel, CA: Hampton-Brown.

————. 1995d. *Veo, veo colas*. Carmel, CA: Hampton-Brown.

————. 1997a. *Ears*. Carmel, CA: Hampton-Brown.

————. 1997b. *I See Tails*. Carmel, CA: Hampton-Brown.

————. 1997c. *Seeds*. Carmel, CA: Hampton-Brown.

————. 2001. *Peppers*. Carmel, CA: Hampton-Brown.

Krauss, Ruth. 1945. *The Carrot Seed*. New York: Scholastic.

————. 1978. *La semilla de zanahoria*. New York: Scholastic.

Krull, Kathleen. 2003. *Harvesting Hope: The Story of César Chávez*. New York: Harcourt.

Kuchalla, Susan. 1982. *Baby Animals*. Mahwah, NJ: Troll.

———. 1987. *¿Cómo son los animales bebés?* México, DF: SITESA.

"Las hormigas marchan." 1993. In *Yo soy yo*, ed. Rosalinda Barrera, Alan Crawford, Joan Mims y Aurelia Davila de Silva. Boston: Houghton Mifflin.

Lauber, Patricia. 1996. *Hurricanes*. New York: Scholastic.

Leland, Debbie. 2000. *The Jalapeño Man*. College Station, TX: Wildflower Run.

Levy, Janice. 1999. *Abuelito Eats with His Fingers*. Austin, TX: Eakin.

Lomatewama, Ramson, y Graciela Reyes. 1997a. *Cantos al maíz: Un poeta Hopi escribe sobre el maíz*. Crystal Lake, IL: Rigby.

———. 1997b. *Songs to the Corn: A Hopi Poet Writes About Corn*. Crystal Lake, IL: Rigby.

Longo, Alejandra. 2004. *Aserrín, aserrán*. New York: Scholastic.

López, Elva R., trans. 1987. *La gallinita roja*. New York: Scholastic.

Lucca, Mario. 2001. *Plants Grow from Seeds*. Washington, DC: National Geographic.

———. 2003. *De las semillas nacen las plantas*. Washington, DC: National Geographic.

Madrigal, Sylvia. 1992. *Granjas*. Carmel, CA: Hampton-Brown.

Mañé, Carmen de Posadas. 1997. *El señor Viento Norte*. Boston: Houghton Mifflin.

Marcus, Elizabeth. 1984a. *Amazing World of Animals*. Mahwah, NJ: Troll.

———. 1984b. *Amazing World of Plants*. Mahwah, NJ: Troll.

———. 1987a. *Quiero conocer la vida de los animales*. México, DF: SITESA.

———. 1987b. *Quiero conocer la vida de las plantas*. México, DF: Sistemas Técnicos de Edición.

Martel, Cruz. 1997. *Días de yagua*. Boston: Houghton Mifflin.

Marzollo, Jean. 1996. *I'm a Seed*. Carmel, CA: Hampton-Brown.

Maurer, Donna. 1996. *Annie, Bea, and Chi Chi Dolores*. Boston: Houghton Mifflin.

McMillan, Bruce. 1988. *Growing Colors*. New York: William Morrow.

McPhail, David. 1989. *Animals A to Z*. New York: Scholastic.

Menchaca, Robert y Estella Menchaca. 1997. *Fue David*. Boston: Houghton Mifflin.

Merrill, Claire. 1973. *A Seed Is a Promise*. New York: Scholastic.

Monreal, Violeta. 1995. *Carlota, reina de las letras, o El rapto de la ñ*. Madrid, Spain: Grupo Anaya.

Mora, Pat. 1994. *Listen to the Desert/Oye al desierto*. New York: Clarion.

———. 2001. *The Bakery Lady/La señora de la panadería*. Houston, TX: Piñata.

Morales, Gloria, y Catalina Fernández. 1994. *El torito*. México: CONAFE.

Morris, Ann. 1989. *Bread, Bread, Bread*. New York: Mulberry.

Morris, Clara Sánchez de. 1994. *César Chávez: Líder laboral*. Cleveland, OH: Modern Curriculum.

Morrison, Rob. 1998. *How Does It Grow?* Crystal Lake, IL: Rigby.

Most, Bernard. 1978. *If the Dinosaurs Came Back*. New York: Harcourt Brace.

———. 1997. *Si los dinosaurios regresaran*. Boston: Houghton Mifflin.

Neruda, Pablo. 1987. *El libro de las preguntas*. Santiago de Chile: Editorial Andrés Bello.

Nguyen, Rosemary, y Hieu Nguyen. 2004. *In the Rain*. Barrington, IL: Rigby.

Pacheco, Lourdes. 2000. *El viento y el sol*. Barrington, IL: Rigby.

Pallotta, Jerry. 1986a. *The Icky Bug Alphabet Book*. New York: Scholastic.

————. 1986b. *The Ocean Alphabet Book*. New York: Trumpet.

————. 1993. *The Extinct Alphabet Book*. New York: Scholastic.

————. 1996. *The Freshwater Alphabet Book*. New York: Trumpet.

Paqueforet, Marcus. 1993a. *A comer, mi bebé*. México, DF: Hachette Latinoamérica/ SEP.

————. 1993b. *A dormir, mi bebé*. México, DF: Hachette Latinoamérica/SEP.

————. 1993c. *A pasear, mi bebé*. México, DF: Hachette Latinoamérica/SEP.

————. 1993d. *Un cariñito, mi bebé*. México, DF: Hachette Latinoamérica/SEP.

Parker, John. 1997. *Wind and Sun*. Crystal Lake, IL: Rigby.

Parkes, Brenda. 1986. *Who's in the Shed?* Crystal Lake, IL: Rigby.

————. 1990. *¿Quién está en la choza?* Crystal Lake, IL: Rigby.

Parkes, Brenda, y **Judith Smith**. 1986. *The Gingerbread Man*. Crystal Lake, IL: Rigby.

————. 1989. *El hombrecito del pan jengibre*. Crystal Lake, IL: Rigby.

Parramón, Josep M., y **G. Sales**. 1990. *Mi primera visita a la granja*. Woodbury, NY: Barron's.

Paulsen, Gary. 1995a. *La tortillería*. Orlando, FL: Harcourt Brace.

————. 1995b. *The Tortilla Factory*. New York: Harcourt Brace.

Peña, Luis de la. 1989. *Cosecha de versos y refranes*. México, DF: CONAFE.

Perea Estrada, Altamira. 1996. *Un abecedario muy sabroso*. New York: Scholastic.

Perera, Hilda. 1993. *Pepín y el abuelo*. Boston: Houghton Mifflin.

Pratt, Kristin Joy. 1993. *Un paseo por el bosque lluvioso/A Walk in the Rainforest*. Nevada City, CA: Dawn.

Quinn, Pat, y **Bill Gaynor**. 1999. *El poder del viento*. Huntington Beach, CA: Learning Media.

Ramírez Castañeda, Elisa. 1984. *Adivinazas indígenas*. México, DF: Editorial Patria.

————. 1998. *Un jardín secreto*. México, DF: Consejo Nacional para la Cultura y las Artes.

Ritchie, Rita. 1999. *Mountain Gorillas in Danger*. Boston: Houghton Mifflin.

Rius, María, y **Josep María Parramón**. 1987. *El campo*. Woodbury, NY: Barron's.

Sabin, Francene. 1985. *Whales and Dolphins*. Mahwah, NJ: Troll.

Sabines, Jaime. 1990. *La luna*. México, DF: CIDCLI.

Samoyault, Tiphaine. 1998. *Alphabetical Order: How the Alphabet Began*. New York: Viking.

Sánchez, Isidro. 1989. *El elefante*. Barcelona, Spain: Multilibro.

Sandved, Kjell B. 1996. *The Butterfly Alphabet*. New York: Scholastic.

Scholastic. 1993. "Los panes del mundo." *Scholastic News*. New York: Scholastic.

Seale, Jan Epton, y **Alfonso Ramírez**. 1993. *Tomates, California*. Boston: Houghton Mifflin.

Seale, Jan, y **Carmen Tafolla**. 1993. "La marrana dormida." In *Yo soy yo*, ed. Rosalinda Barrera, Alan Crawford, Joan Mims y Aurelia Davila de Silva. Boston: Houghton Mifflin.

Sealey, Leonard. 1979a. *Animales*. Barcelona, Spain: Editorial Juventud.

————. 1979b. *Plantas*. Barcelona, Spain: Editorial Juventud.

Sempere, Vicky. 1987. *ABC*. Caracas, Venezuela: Ediciones Ekaré-Banco del Libro.

Shannon, George. 1996. *Tomorrow's Alphabet*. Hong Kong: South China Printing.

Sharp, Kathie. 1998. *Rain, Snow, and Hail*. Crystal Lake, IL: Rigby.

———. 2006. *Weather Words*. Austin, TX: Harcourt Achieve.

Shulman, Lisa. 2004a. *Plants We Use*. Barrington, IL: Rigby.

———. 2004b. *The Wonderful Water Cycle*. Barrrington, IL: Rigby.

Singer, Arthur. 1973. *Wild Animals: From Alligator to Zebra*. New York: Random House.

Smith, Cathy. 2001. *Animals with Armor*. Washington, DC: National Geographic.

———. 2002. *Animales con armadura*. Washington, DC: National Geographic.

Solano Flores, Guillermo. 1988. *Pon una semilla a germinar*. México, DF: Editorial Trillas.

Stolz, Mary. 1997. *Una tormenta nocturna*. Boston: Houghton Mifflin.

Sullivan Carroll, Kathleen. 1996. *One Red Rooster*. Boston: Houghton Mifflin.

Thomas, Jane Resh. 1994. *Lights on the River*. New York: Hyperion Books for Children.

Tsang, Nina. 2004. *The Weather*. Barrington, IL: Rigby.

Urbina, Joaquín. s. f. *La culebra verde*. Caracas, Venezuela: Gráficas Armitano.

Wachter, Joanne. 2004. *Around the Sun*. Barrington, IL: Rigby.

Waite, Judy. 2000. *Fox, Beware!* Barrington, IL: Rigby.

———. 2004. *Look Out the Window*. Barrington, IL: Rigby.

Walker, Colin. 1992a. *Plants and Seeds*. Bothell, WA: Wright Group.

———. 1992b. *Seeds Grow*. Bothell, WA: Wright Group.

———. 1993a. *Alimento que obtenemos de las plantas*. Cleveland, OH: Simon and Schuster.

———. 1993b. *Las diferentes cosas que vienen de las plantas*. Cleveland, OH: Simon and Schuster.

———. 1995a. *Las plantas*. Cleveland, OH: Modern Curriculum.

———. 1995b. *Las semillas crecen*. Bothell, WA: Wright Group.

———. 1995c. *Plantas y semillas*. Bothell, WA: Wright Group.

Walsh, María Elena. 1994. *Matutú marambá*. Buenos Aires, Argentina: Compañía Editora Espasa Calpe Argentina.

Watts, Claire, y **Alexandra Parsons**. 1992. *Make It Work! Plants*. London: Two-Can Publishing, Ltd.

———. 1993. *Experimenta con las plantas*. Madrid, Spain: Ediciones SM.

Wellington, Monica. 1997. *Night House Bright House*. New York: Dutton.

West, Loretta. 2006. *Maya's Storm*. Austin, TX: Harcourt Achieve.

Wexo, John Bonnett. 1981. "Los animales en extinción." *Zoobooks*. San Diego, CA.

Wilbur, Richard. 1997. *The Disappearing Alphabet Book*. New York: Scholastic.

Willow, Diane, y **Laura Jacques**. 1993. *Dentro de la selva tropical*. Watertown, MA: Charlesbridge.

Wing, Natasha. 1996. *Jalapeño Bagels*. New York: Atheneum.

Woolley, Marilyn. 2003. *Cuando llueve*. Washington, DC: National Geographic.

Wong, George. 2001. *Animals and Plants Live Here*. Washington, DC: National Geographic.

———. 2002. *Animales y plantas viven aquí*. Washington, DC: National Geographic.

Wright, Alexandra. 1992. *Will We Miss Them?* Watertown, MA: Charlesbridge.

———. 1993. *¿Les echaremos de menos?* Watertown, MA: Charlesbridge.

Zak, Monica. 1989. *Salvan mi selva*. México, DF: Sistemas Técnicos de Edición.

Zawisza, Tita. 1982. *Conoce a nuestros insectos*. Caracas, Venezuela: Ediciones Ekaré-Banco del Libro.

Zenzes, Gertrudis. 1987. *De la semilla a la fruta*. México, DF: Fernández Editores.

Libros profesionales citados

Adams, Marilyn. 1990. *Beginning to Read: Thinking and Learning About Print*. Cambridge: MIT Press.

———. 1994. "Modeling the Connection Between Word Recognition and Reading." In *Theoretical Models and Processes of Reading*, ed. R. Ruddell, M. Ruddell y H. Singer, 838–63. Newark, DE: International Reading Association.

Akhavan, Nancy L. 2004. *How to Align Literacy Instruction, Assessment, and Standards and Achieve Results You Never Dreamed Possible*. Portsmouth, NH: Heinemann.

Allen, Janet. 2002. *On the Same Page: Shared Reading Beyond the Primary Grades*. Portland, ME: Stenhouse.

Allen, Roach Van. 1976. *Language Experiences in Communication*. Boston: Houghton Mifflin.

Anderson, Richard, **Elfrida Hiebert**, et al. 1985. *Becoming a Nation of Readers: The Report of the Commission on Reading*. Champaign, IL: Center for the Study of Reading.

Anthony, Edward. 1965. "Approach, Method, and Technique." In *Teaching English as a Second Language: A Book of Readings*, ed. H. Allen and R. Campbell, 4–8. New York: McGraw-Hill.

Armbruster, Bonnie, y **Jean Osborn**. 2001. *Put Reading First: The Research Building Blocks for Teaching Children to Read*. Washington, DC: U.S. Department of Education.

Atwell, Nancie. 1987. *In the Middle: Writing, Reading, and Learning with Adolescents*. Portsmouth, NH: Boynton/Cook.

———. 1998. *In the Middle: New Understandings About Writing, Reading, and Learning*. Portsmouth, NH: Heinemann.

Barbosa Heldt, Antonio. 1971. *Cómo han aprendido a leer y a escribir los mexicanos*. México, DF: Editorial Pax-México.

Barrera, Rosalinda. 1981. "Reading in Spanish: Insights from Children's Miscues." In *Learning to Read in Different Languages*, ed. S. Hudelson. Washington, DC: Center for Applied Linguistics.

Bellenger, Lionel. 1979. *Los métodos de lectura*. Barcelona, Spain: Oikos-Tau.

Berdiansky, Betty, **B. Cronnell**, et al. 1969. *Spelling-Sound Relations and Primary Form-Class Descriptions for Speech Comprehension Vocabularies of 6–9 Year Olds*. Inglewood, CA: Southwest Regional Laboratory for Educational Research and Development.

Braslavsky, Berta. 1962. *La querella de los métodos en la enseñanza de la lectura*. Buenos Aires, Argentina: Kapelusz.

———. 1992. *La escuela puede*. Buenos Aires, Argentina: Aique.

———. 2004. *¿Primeras letras o primeras lecturas?* Buenos Aires, Argentina: Fondo de la Cultura Económica.

Bruno de Castelli, Elba, y **Rebecca Beke**. 2004. "La escritura: Desarrollo de un proceso." *Lectura y vida* 25 (3): 6–15.

Buchanan, Ethel. 1989. *Spelling for Whole Language Classrooms*. Winnipeg, MB: Whole Language Consultants.

Burton, Shelia, y **Faye Ong**. 2000. *Science Content Standards of California Public Schools*. Sacramento: California State Department of Education.

California Department of Education. 1999. *English-Language Arts Content Standards for California Public Schools Kindergarten Through Grade Twelve*. Sacramento: California Department of Education.

Calkins, Lucy. 1986. *The Art of Teaching Writing*. Portsmouth, NH: Heinemann.

———. 1991. *Living Between the Lines*. Portsmouth, NH: Heinemann.

———. 2003. *The Nuts and Bolts of Teaching Writing*. Portsmouth, NH: Heinemann.

Cañado, María Luisa Pérez. 2005. "English and Spanish Spelling: Are They Really Different?" *The Reading Teacher* 58 (6): 522–30.

Castedo, Mirta, y **Cinthia Waingort**. 2003. "Escribir, revisar y reescribir cuentos repetitivos: Segunda parte." *Lectura y vida* 24 (2): 36–48.

Chall, Jean. 1967. *Learning to Read: The Great Debate*. New York: McGraw Hill.

Chomsky, Carol. 1970. "Reading, Writing, and Phonology." *Harvard Education Review* 40 (2): 287–309.

Clymer, Theodore. 1963. "The Utility of Phonic Generalizations in the Primary Grades." *The Reading Teacher* 16 (January): 252–58.

Coles, Gerald. 2000. *Misreading Reading: The Bad Science That Hurts Children*. Portsmouth, NH: Heinemann.

Collier, Virginia. 1989. "How Long? A Synthesis of Research on Academic Achievement in a Second Language." *TESOL Quarterly* 23 (3): 509–32.

———. 1995. "Acquiring a Second Language for School." *Directions in Language and Education* 1 (4).

Collier, Virginia, y **Wayne Thomas**. 2004. "The Astounding Effectiveness of Dual Language Education for All." *NABE Journal of Research and Practice* 2 (1): 1–19.

Crawford, James. 2004. *Educating English Learners*. Los Angeles: Bilingual Education Services.

Crowell, Caryl G. 1995. "Documenting the Strengths of Bilingual Readers." *Primary Voices K–6* 3 (4): 32–37.

Cummins, Jim. 1981. "The Role of Primary Language Development in Promoting Educational Success for Language Minority Students." In *Schooling and Language Minority Students: A Theoretical Framework*, 3–49. Los Angeles: Evaluation, Dissemination and Assessment Center, California State University, Los Angeles.

———. 1994. "The Acquisition of English as a Second Language." In *Kids Come in All Languages: Reading Instruction for ESL Students*, ed. K. Spangenberg-Urbschat and R. Pritchard, 36–62. Newark, DE: International Reading Association.

———. 2000. *Language, Power and Pedagogy: Bilingual Children in the Crossfire*. Tonawanda, NY: Multilingual Matters.

daCruz-Payne, Carleen, y **Mary Browning-Schulman**. 1998. *Getting the Most Out of Morning Message and Other Shared Writing*. New York: Scholastic.

Denton, Carolyn, **Jan Hasbrouck**, et al. 2000. "What Do We Know About Phonological Awareness in Spanish?" *Reading Psychology* 21: 235–52.

Dewey, John. 1929. *My Pedagogic Creed*. Washington, DC: The Progressive Education Association.

Dubois, María Eugenia. 1984. "Algunos interrogantes sobre comprensión de la lectura." *Lectura y vida* 4: 14–19.

———. 1995. "Lectura, escritura y formación docente." *Lectura y vida* 16 (2): 5–12.

Duer, Ariel. 2004. "Los maestros recién recibidos no saben cómo enseñar a leer." Reportaje a la pedagoga Berta Braslavsky. *Clarín*. Buenos Aires, Argentina: Clarín.

Edelsky, Carole. 1986. *Writing in a Bilingual Program: Había una vez*. Norwood, NJ: Ablex.

———. 1989. "Bilingual Children's Writing: Fact and Fiction." In *Richness in Writing: Empowering ESL Students*, ed. D. Johnson and D. Roen, 165–76. New York: Longman.

Elley, Warwick. 1998. *Raising Literacy Levels in Third World Countries: A Method That Works*. Culver City, CA: Language Education Associates.

Fader, Daniel. 1976. *The New Hooked on Books*. New York: Berkeley.

Ferreiro, Emilia. 1994. "Diversidad y proceso de alfabetización: De la celebración a la toma de conciencia." *Lectura y vida* 15 (3): 5–14.

Ferreiro, Emilia, **Clotilde Pontecorvo**, et al. 1996. *Caperucita Roja aprende a escribir: Estudios psicolingüísticos comparativos en tres lenguas*. Barcelona, Spain: Gedisa Editorial.

Ferreiro, Emilia, y **Ana Teberosky**. 1979. *Los sistemas de escritura en el desarrollo del niño*. México, DF: Siglo Ventiuno Editores.

———. 1982. *Literacy Before Schooling*. Portsmouth, NH: Heinemann.

Fitzgerald, Jill. 2000. "How Will Bilingual/ESL Programs in Literacy Change in the Next Millennium?" *Reading Research Quarterly* 35 (4): 520–23.

Fletcher, Ralph. 1992. *What a Writer Needs*. Portsmouth, NH: Heinemann.

Flurkey, Alan. 1997. "Reading as Flow: A Linguistic Alternative to Fluency." In *Education*. Tucson: University of Arizona.

Foorman, Barbara R., **Jack M. Fletcher**, et al. 1998. "The Role of Instruction in Learning to Read: Preventing Reading Failure in At-Risk Children." *Journal of Educational Psychology* 90: 37–55.

Freeman, David, e **Yvonne Freeman**. 1997. *Invitaciones*. Boston: Houghton Mifflin.

———. 2004. *Essential Linguistics: What You Need to Know to Teach Reading, ESL, Spelling, Phonics, and Grammar*. Portsmouth, NH: Heinemann.

———. 2005. "Literacy Essentials for Dual Language Programs." *Language Magazine* 4 (5): 24–28.

Freeman, Yvonne. 1987. The Contemporary Spanish Basal in the United States. Unpublished doctoral dissertation. Tucson: University of Arizona.

———. 1988. "The Contemporary Spanish Basal Reader in the United States: How Does It Reflect Current Understanding of the Reading Process?" *NABE Journal* 13 (1): 59–74.

———. 1993. "Celebremos la literatura: Is It Possible with a Spanish Reading Program?" *Report Card on Basal Readers: Part II*, ed. P. Shannon y K. S. Goodman, 115–28. New York: Richard C. Owen.

Freeman, Yvonne, y **Maricela Bonett-Serra**. 2000. "El diseño de un programa efectivo para el desarrollo de la escritura." *Legenda* 3 (4–5): 45–50.

Freeman, Yvonne S., **David E. Freeman** y **Sandra Mercuri**. 2005. *Dual Language Essentials for Teachers and Administrators*. Portsmouth, NH: Heinemann.

Freeman, Yvonne S., **Yetta M. Goodman**, et al. 1995. "Revalorización del estudiante bilingüe mediante un programa de lectura basado en literatura auténtica." *Lectura y vida* 16 (1): 13–24.

Freeman, Yvonne S., y **Lynn Whitesell**. 1985. "What Preschoolers Already Know About Print." *Educational Horizons* 64 (1): 22–25.

Freire, Paulo, y **Donaldo Macedo**. 1987. *Literacy: Reading the Word and the World*. South Hadley, MA: Bergin and Garvey.

Garan, Elaine. 2002. *Resisting Reading Mandates*. Portsmouth, NH: Heinemann.

Gelb, I. 1978. *Historia de la escritura*. Madrid, Spain: Alianza Editorial.

Gibbons, Pauline. 2002. *Scaffolding Language: Scaffolding Learning*. Portsmouth, NH: Heinemann.

Goldenberg, Claude, y **Ronald Gallimore**. 1991. "Local Knowledge, Research Knowledge, and Educational Change: A Case Study of Early Spanish Reading Improvement." *Educational Researcher* 20 (8): 2–14.

Goodman, Kenneth. 1965. "Cues and Miscues in Reading: A Linguistic Study." *Elementary English* 42 (6): 635–42.

———. 1967. "Reading: A Psycholinguistic Guessing Game." *Journal of the Reading Specialist* (May): 126–35.

———. 1984. "Unity in Reading." In *Becoming Readers in a Complex Society: Eighty-Third Yearbook of the National Society for the Study of Education*, ed. A. Purves y O. Niles, 79–114. Chicago: University of Chicago Press.

———. 1986. *What's Whole in Whole Language*. Portsmouth, NH: Heinemann.

———. 1989. *Lenguaje integral*. Mérida, Venezuela: Editorial Venezolano C.A.

———. 1993. *Phonics Phacts*. Portsmouth, NH: Heinemann.

———. 1995. *El lenguaje integral*. Buenos Aires, Argentina: Aique.

———. 1996. *On Reading*. Portsmouth, NH: Heinemann.

Goodman, Yetta M., y **Bess Altwerger**. 1981. *Print Awareness in Preschool Children*. Occasional Paper, No. 4. Tucson: University of Arizona.

Goodman, Yetta M., y **Kenneth S. Goodman**. 1990. "Vygotsky in a Whole Language Perspective." In *Vygotsky and Education: Instructional Implications and Applications of Sociohistorical Psychology*, ed. L. Moll, 223–50. Cambridge, MA: Cambridge University Press.

Graves, Donald. 1983. *Writing: Teachers and Children at Work*. Portsmouth, NH: Heinemann.

———. 1994. *A Fresh Look at Writing*. Portsmouth, NH: Heinemann.

Greene, Jay. 1998. *A Meta-analysis of the Effectiveness of Bilingual Education*. Claremont, CA: Tomas Rivera Policy Institute.

Halliday, Michael A. K. 1975. *Learning How to Mean*. London: Edward Arnold.

Hansen, Jane. 1987. *When Writers Read*. Portsmouth, NH: Heinemann.

Harste, Jerome. 1992. *Reflection Connection*. Niagara Falls, NY: Whole Language Umbrella.

Harwayne, Shelley. 2000. *Lifetime Guarantees: Toward Ambitious Teaching*. Portsmouth, NH: Heinemann.

Hendrix, Charles. 1952. *Cómo enseñar a leer por el método global*. Buenos Aires, Argentina: Editorial Kapelusz.

Holdaway, Don. 1979. *The Foundations of Literacy*. New York: Scholastic.

Hornberger, Nancy, ed. 2003. *Continua of Biliteracy: An Ecological Framework for Educational Policy, Resarch, and Practice in Multilingual Settings*. Clevedon, UK: Multilingual Matters.

Hoyt, Linda. 1999. *Revisit, Reflect, Retell: Strategies for Improving Reading Comprehension*. Portsmouth, NH: Heinemann.

———. 2000. *Snapshots: Literacy Minilessons Up Close*. Portsmouth, NH: Heinemann.

———. 2002. *Make It Real: Strategies for Success with Informational Texts*. Portsmouth, NH: Heinemann.

———. 2005. *Spotlight on Comprehension: Building a Literacy of Thoughtfulness*. Portsmouth, NH: Heinemann.

Hudelson, Sarah. 1981. "An Investigation of the Oral Reading Behaviors of Native Spanish Speakers Reading in Spanish." In *Learning to Read in Different Languages*, S. Hudelson. Washington, DC: Center for Applied Linguistics.

———. 1986. "ESL Children's Writing: What We've Learned, What We're Learning." In *Children and ESL: Integrating Perspectives*, ed. P. Rigg and D. S. Enright, 23–54. Washington, DC: Teachers of English to Speakers of Other Languages.

———. 1989. *Write On: Children Writing in ESL*. Englewood Cliffs, NJ: Prentice Hall Regents.

Hughes, Margaret, y **Dennis Searle**. 1997. *The Violent E and Other Tricky Sounds*. York, ME: Stenhouse.

Hunter, Madeline C. 1994. *Enhancing Teaching*. New York: Macmillan.

Krashen, Stephen. 1996. *Under Attack: The Case Against Bilingual Education*. Culver City, CA: Language Education Associates.

———. 2004. *The Power of Reading: Insights from the Research*. Portsmouth, NH: Heinemann.

Kucer, Stephen, y **Cecilia Silva**. 2006. *Teaching the Dimensions of Literacy*. Mahwah, NJ: Lawrence Erlbaum.

Laminack, Lester, y **Katie Wood**. 1996. *Spelling in Use: Looking Closely at Spelling in Whole Language Classrooms*. Urbana, IL: National Council of Teachers of English.

Lindholm-Leary, Kathryn J. 2001. *Dual Language Education*. Clevedon, UK: Multilingual Matters.

López Guerra, Susana, y **Marcelo Flores Chávez**. 2004. "Colonialismo y modernidad: La enseñanza del español en la Nueva España." *Odiseo Revista de Pedagogía* 2 (3) (noviembre): www.odiseo.com.mx.

McCollum, Pam. 1999. "Learning to Value English: Cultural Capital in Two-Way Bilingual Programs." *Bilingual Research Journal* 23 (2 and 3): 113–14.

Moreno, María Stella Serrano. 1982. "La enseñanza-aprendizaje de la lectura." In *Escuela de educación*, 262. Mérida, Venezuela: Universidad de los Andes.

Moustafa, Margaret. 1997. *Beyond Traditional Phonics: Research Discoveries and Reading Instruction*. Portsmouth, NH: Heinemann.

North Central Regional Educational Laboratory (NCREL). 2001. *History of Professional Development in Reading Instruction*. Retrieved 7/23/05 www.NCREL.org/litweb/pd/history.php

Opitz, Michael. 2000. *Rhymes and Reasons: Literature and Language Play for Phonological Awareness*. Portsmouth, NH: Heinemann.

Opitz, Michael, y **Michael Ford**. 2001. *Reaching Readers: Flexible and Innovative Strategies for Guided Reading*. Portsmouth, NH: Heinemann.

Owocki, Gretchen, y **Yetta Goodman**. 2002. *Kidwatching: Documenting Children's Literacy Development*. Portsmouth, NH: Heinemann.

Pacheco, Margarita. 1992. *La metodología de enseñanza de la lecto-escritura: Una experiencia de lectura activa en el aula*. Caracas, Venezuela: Cooperativa Laboratorio Educativo.

Parkes, Brenda. 2000. *Read It Again! Revisiting Shared Reading*. Portland, ME: Stenhouse.

Paulson, Eric, y **Ann Freeman**. 2003. *Insight from the Eyes: The Science of Effective Reading Instruction*. Portsmouth, NH: Heinemann.

Pearson, P. David, y **M. C. Gallagher**. 1983. "The Instruction of Reading Comprehension." *Contemporary Educational Psychology* 8 (3): 317–44.

Pellicer, Félix. 1969. *Didáctica de la lengua española*. Madrid, Spain: Magisterio Español.

Pilgreen, Janice. 2000. *The SSR Handbook: How to Organize and Manage a Sustained Silent Reading Program*. Portsmouth, NH: Heinemann.

Porlán, Rafael. 1993. *Constructivismo y escuela: Hacia un modelo de enseñanza-aprendizaje basado en la investigación*. Sevilla, Spain: Díada Editora S.L.

Ramírez, J. David. 1991. *Final Report: Longitudinal Study of Structured English Immersion Strategy, Early-Exit and Late-Exit Bilingual Education Programs*. Washington, DC: U.S. Department of Education.

Read, Charles. 1971. "Pre-school Children's Knowledge of English Phonology." *Harvard Educational Review* 41 (1): 1–34.

Rigg, Pat, y **D. Scott Enright**. 1986. *Children and ESL: Integrating Perspectives*. Washington, DC: Teachers of English to Speakers of Other Languages.

Rodríguez, María Elena. 1995. "Hablar en la escuela: ¿Para qué? ¿Cómo?" *Lectura y vida* 16 (3): 31–40.

Rolstad, Kellie, **Kate Mahoney**, et al. 2005. "A Meta-analysis of Program Effectiveness Research on English Language Learners." *Educational Policy* 19 (4): 572–94.

Romero, Guadalupe. 1983. *Print Awareness of the Pre-school Bilingual Spanish-English Speaking Child*. Tucson: University of Arizona.

Routman, Regie. 2000. *Conversations: Strategies for Teaching, Learning, and Evaluating*. Portsmouth, NH: Heinemann.

Samway, Katharine Davies, **Gail Whang** y **Mary Pippitt**. 1995. *Buddy Reading: Cross Age Tutoring in a Multicultural School*. Portsmouth, NH: Heinemann.

Schickedanz, Judith A., y **Renée M. Casbergue**. 2004. *Writing in Preschool*. Newark, DE: International Reading Association.

Sequeida, Julia, y **Guillermo Seymour**. 1995. "El razonamiento estratégico como factor de desarrollo de la expresión escrita y de la comprensión de lectura." *Lectura y vida* 16 (2): 13–20.

Shannon, Patrick. 1989. *Broken Promises*. Granby, MA: Bergin and Garvey.

———. 1991. *The Struggle to Continue*: *Progressive Reading Instruction in the United States*. Portsmouth, NH: Heinemann.

Simon, T. 1924. *Pédagogic expérimentale*. Paris: Armand Colin.

Skutnabb-Kangas, T. 1979. *Language in the Process of Cultural Assimilation and Structural Incorporation of Linguistic Minorities*. Washington, DC: National Clearinghouse for Bilingual Education.

Smith, Frank. 1971. *Understanding Reading*. New York: Holt, Rinehart and Winston.

———. 1973. *Psycholinguistics and Reading*. New York: Holt, Rinehart, and Winston.

Solé i Gallart, Isabel. 1995. "El placer de leer." *Lectura y vida* 16 (3): 25–30.

Stanovich, Keith. 1986. "Matthew Effects in Reading: Some Consequences of Individual Differences in the Acquisition of Literacy." *Reading Research Quarterly* 21: 360–407.

———. 1996. "Word Recognition: Changing Perspectives." In *Handbook of Reading Research*: *Volume II,* ed. R. Barr, M. Kamil, P. Moosenthal y P. D. Pearson, 418–52. Mahwah, NJ: Erlbaum.

———. 1998. "Twenty-five Years of Research on the Reading Process: The Grand Synthesis and What It Means for Our Field." *Forty-seventh Yearbook of the National Reading Conference*, ed. T. Shanahan and F. Rodriguez-Brown, 44–58. Chicago: National Reading Conference.

Strauss, Steven. 2005. *The Linguistics, Neurology, and Politics of Phonics: Silent "E" Speaks Out*. Mahwah, NJ: Lawrence Erlbaum.

Strecker, Susan, Nancy Roser, et al. 1998. *Toward Understanding Oral Reading Fluency*. Oak Park, WI: National Reading Conference Yearbook.

Taylor, Denny. 1998. *Beginning to Read and the Spin Doctors of Science: The Political Campaign to Change America's Mind About How Children Learn to Read*. Urbana, IL: National Council of Teachers of English.

Testimony of G. Reid Lyon on Children's Literacy. 1997. Washington, DC: Committee on Education and the Workforce, U.S. House of Representatives.

Texas Education Agency (TEA), Division of Curriculum. 1998a. *Texas Essential Knowledge and Skills, Kindergarten* 75 (49): 1–6. Austin: TEA. www.tea.state.tex.us

———. 1998b. *Texas Essential Knowledge and Skills, Kindergarten* 76 (47): 11–3. Austin: TEA. www.tea.state.tex.us

———. 1998c. *Texas Essential Knowledge and Skills, Grade 1*. Provision 110.3: 1–38. Austin: TEA. www.tea.state.tex.us

Thomas, Wayne P., y **Virginia P. Collier**. 1997. *School Effectiveness for Language Minority Students*. Washington, DC: National Clearinghouse of Bilingual Education.

———. 2002. *A National Study of School Effectiveness for Language Minority Students' Long-Term Academic Achievement*. Center for Research on Education, Diversity, and Excellence. Consulta 7/20/05: www.crede.org/research/llaa/1.1_final.html.

Thonis, Eleanor. 1976. *Literacy for America's Spanish-Speaking Children*. Newark, DE: International Reading Association.

———. 1983. *The English–Spanish Connection*. Northvale, NJ: Santillana.

Trelease, Jim. 1992. *Hey! Listen to This: Stories to Read Aloud*. New York: Penguin.

———. 2001. *The Read-Aloud Handbook*. New York: Penguin.

Turbill, Jan. 2002. "The Four Ages of Reading Philosophy and Pedagogy: A Framework for Examining Theory and Practice." *Reading Online* (Feb.). Consulta 7/20/05: www.readingonline.org.

U.S. Congress. House. 1994. *Goals 2000: Educate America Act*. HR 1804. 103d Cong., 2d sess.

Vygotsky, Lev. 1962. *Thought and Language*. Cambridge: MIT Press.

Weiss, Maria J., y **Ranae Hagen**. 1988. "A Key to Literacy: Kindergartners' Awareness of the Functions of Print." *The Reading Teacher* 41 (6): 574–78.

Wilde, Sandra. 1992. *You Kan Red This! Spelling and Punctuation for Whole Language Classrooms, K–6*. Portsmouth, NH: Heinemann.

Willig, Ann. 1985. "A Meta-analysis of Selected Studies on the Effectiveness of Bilingual Education." *Review of Educational Research* 55: 269–317.

Zutell, Jerry, y **Timothy Rasinski**. 1991. "Training Teachers to Attend to Their Students' Oral Reading Fluency." *Theory into Practice* 30: 211–17.

Índice